BLOG MARKETING

La nueva y revolucionaria forma de incrementar las ventas, construir su marca y obtener resultados excepcionales

Jeremy Wright

Traducción
María Jesús Herrero Díaz
Diplomada en Traducción e interpretación
Universidad de Granada, España
Diplomado en Administración de empresas
Instituto Tecnológico de Estudios Superiores de Monterrey
Campus Ciudad de México

MÉXICO • BOGOTÁ • BUENOS AIRES • CARACAS • GUATEMALA • LISBOA
MADRID • NUEVA YORK • SAN JUAN • SANTIAGO • AUCKLAND • LONDRES • MILÁN
MONTREAL • NUEVA DELHI • SAN FRANCISCO • SINGAPUR • ST. LOUIS • SIDNEY • TORONTO

Director Editorial: Fernando Castellanos Rodríguez
Editor de desarrollo: Cristina Tapia Montes de Oca
Supervisor de producción: Jacqueline Brieño Álvarez

Blog Marketing
La nueva y revolucionaria forma de incrementar las ventas, construir su marca y obtener resultados excepcionales.

Prohibida la reproducción total o parcial de esta obra,
por cualquier medio, sin la autorización escrita del editor.

 **McGraw-Hill Interamericana**

CONTENIDO

Prólogo...v

Agradecimientos...ix

Introducción xi

1   FUNDAMENTOS DEL BLOGGING 1

2   EL INGRESO A LA MENTALIDAD
    DEL BLOGGING..15

3   EL PODER DE LOS BLOGS
    EN LOS NEGOCIOS 45

4   CÓMO PUEDE SU EMPRESA
    UTILIZAR LOS BLOGS...69

5   QUÉ TIPOS DE BLOG SON
    LOS MEJORES PARA SU EMPRESA 93

6   USO DE LOS BLOGS PARA INCREMENTAR
    LA COMUNICACIÓN INTERNA..................................123

7   ENTÉRESE DE LO QUE SE DICE
     ACERCA DE SU EMPRESA
     Y SUS PRODUCTOS 147

8   PARTICIPE EN SU BLOG...179

9   ENFRENTE LA NEGATIVIDAD 211

10   CÓMO TENER ÉXITO EN EL BLOGGING..................237

11   EL FUTURO DEL BLOGGING DE NEGOCIOS...........269

APÉNDICE   MUESTRA DE POLÍTICA DE BLOGGING 295

             GLOSARIO 301

             Notas finales.. 307

             Índice analítico 309

PRÓLOGO

Cuando un carro es de este tamaño y hace tanto ruido, es casi imposible resistirse a saltar en él, y el blogging (y en particular, el blogging para los negocios) definitivamente cae dentro de esta categoría. Ya sea que lea *Business Week, Fortune, Smart Company, Wired* o incluso *People* y *Entertainment Weekly*, se habrá encontrado con muchos rumores acerca de una reinvención de las páginas web llamadas *weblogs*, o *blogs* para abreviar.

Pero aunque muchas personas aún piensan en los blogs como diarios o periódicos en línea, un pequeño puñado de pensadores de avanzada, líderes en la marcha hacia el futuro, han reconocido el impacto más profundo en el mundo de las comunicaciones digitales. Jeremy Wright pertenece a este grupo, y usted tiene suerte de tener una copia de este libro en sus manos: sin caer en exclusivismos y sin presentar la información como una escritura sagrada o un grito de batalla, Wright explora lo que es el blogging y cómo puede ayudarle a comercializar su negocio mejor y más eficazmente en el cada vez más importante mundo en línea.

Yo también debería saberlo. Al seguir los consejos de Wright y de muchos otros bloggers, ahora comercializo mi propio negocio de consultoría en innovación administrativa y estrategias de comunicación más eficazmente de lo que lo hacía en el pasado, y sin gastar ni un centavo en anuncios, patrocinios o cualquier otro medio tradicional de marketing. Usted puede verlo por sí mismo en mi blog de negocios y administración, http://blog.intuitive. com/, el cual produce clientes para consultoría y contratos de conferencias por todo el mundo, y en mi weblog Q&A, http://www.askdavetaylor.com/, el cual produce un flujo significativo de ingresos para mi empresa.

También recuerde que no se trata de marketing de blog de por sí; ése es sólo el canal a través del cual usted tiene que reinventar la forma en la que se comunica, tanto con sus clientes como con su mercado. Después de todo, los clientes *potenciales* a los que usted *no puede* alcanzar son su mejor objetivo para su crecimiento futuro, y los dinámicos, atractivos e informativos blogs de negocios son una posibilidad asombrosa para alcanzarlos de una manera que nunca antes había sido posible con otros canales.

Pero incluso si usted no quiere bloggear y no quiere adoptar esta forma nueva, mejor y más sencilla de mantener un diálogo agradable y de actualidad con sus clientes y mercado, aun así es imperativo que lleve la cuenta de las discusiones que ocurren en lo que llamamos la *blogosfera*, el mundo de los weblogs. Miles de weblogs activos tienen una característica que podría sorprenderlo: la información se disemina con increíble rapidez. Con los blogs, las ideas y las noticias ¡realmente viajan como el proverbial fuego arrasador!

Un rápido ejemplo: Hace algún tiempo, escribí un análisis acerca de cómo una empresa en línea había manejado mal su transición de un servicio gratuito a un servicio pagado, una exposición de cómo el anuncio pudo haber sido manejado de manera más inteligente y con menos reacciones furiosas de su comunidad de clientes. En *90 minutos*, el director general de la empresa había añadido su propia respuesta y comentario; todo ello en menos tiempo del que hubiera tomado imprimir y corregir un artículo tradicional de noticias. Si yo hubiera escrito sobre su empresa, ¿se habría enterado de ello lo suficientemente rápido como para responder y detener el alboroto que se esparcía rápidamente? ¿O se habría sorprendido semanas después cuando un consenso general de la comunidad le hubiera llamado la atención por los tradicionales (léase *lentos*) reportes emitidos por los medios?

El mundo de los negocios está cambiando profundamente, redefiniendo el marketing, las relaciones públicas y la comunicación con los clientes, entre otras cosas. Si usted no permite a su propio negocio lograr este cambio, si no está saltando al carro, sus competidores sí lo están haciendo, y le garantizo que lo dejarán mordiendo el polvo mientras se pregunta adónde se han ido sus ventas y por qué sus clientes están desertando multitudinariamente.

En *Blog Marketing*, Wright habla ampliamente acerca de "transmitir versus involucrar" y de "generar experiencias positivas con sus clientes". ¡Preste atención! Son vitales para la supervivencia de su negocio; no puedo ofrecerle un consejo mejor que el de leer y estudiar este libro como si su vida corporativa dependiera de ello. Porque así es.

Dave Taylor
Editor, The Intuitive Life Business Blog
blog.intuitive.com
Boulder, Colorado

Nota del editor: Blog se podría traducir como diario o bitácora de Internet. Sin embargo, actualmente blog es más que eso, ya que es una palabra ampliamente aceptada a nivel popular, y para efectos de esta obra la usaremos como blog, blogging, bloggers, bloggeando, etcétera, a lo largo de la misma.

Para Shannon, por ser todo lo que es hermoso en el mundo.
Para Evan y Alex, por darme razones para sonreír, para estar
orgulloso y para ser humilde cada día. Para cada blogger.
Ustedes son para mí una comunidad de inspiración. Y para
Will y Jacob, quienes creyeron en mí, sin que nada importara.

AGRADECIMIENTOS

Gracias a mi esposa, Shannon, por ser mi refugio, mi estímulo, el amor de mi vida y todos los motivos que necesito para levantarme por las mañanas. Cuando no estoy contigo siento como si alguien hubiera apagado el sol. A mi agente Neil Salkind, por hacerme creer que podría escribir un libro y por ayudarme a desarrollar mi potencial. A Will Elder, por ser una inspiración en la vida y en la muerte. Te extraño Will. A Mitch Tulloch, por enrolarme en Studio B, la agencia más brillante que haya existido. A Suw Charman, Neville Hobson, Darren Barefoot, Boris Mann, Roland Tanglao, Kris Krug, Lee Lefever y a cualquier otro blogger que alguna vez haya creído en mí, se haya reído conmigo, me haya escuchado o se haya enlazado conmigo. A Sean Walberg, por abrir mi mente para escribir un libro. A Neville Hobson, por ayudarme con los blogs de GM. A Nick Wreden, por prestarme su entendimiento sobre relaciones públicas y marketing. A Michael Pusateri, por darme todo su conocimiento sobre la situación del blog de Disney. A Shel y Robert, por motivarme ¡a terminar este trabajo a tiempo! A Arieanna Foley, por pulirlo más de lo que nunca antes haya visto hacerlo. Sin ustedes este libro no estaría vivo.

A Yvonne DiVita, por ser una gran editora técnica, argumentadora y apoyo. A Margie McAneny, por ser la razón por la cual elegí a McGraw-Hill como la empresa editorial, y por no darme nunca una razón para dudar acerca de esta decisión. A Lisa Theobald, no sólo por ser una gran formadora, sino por ser también una fantástica caja de resonancia conforme las ideas evolucionaron (incluso al final del proceso de edición). A Jon Watson, por ayudarme con la investigación. A Steven Streight, por ser un "tirador certero" con respecto a todo y a todos. A Robert Scoble y Jeremy Zawodny, por inspirarme a comenzar a bloggear hace todos estos años. A Marc Orchant, por mantenerme en movimiento a mitad de la noche en una ciudad extraña a sólo dos semanas de la entrega del libro. A Jacob Murphy, por no sorprenderse nunca por nada de lo que hago. A Evan y Alex, por ser los mejores hijos que cualquier padre pudiera haber deseado. Y, por último, a Joe Flood (www.joeflood.com), por escribir una breve narración asesina que va de acuerdo con este pequeño libro sobre blogging. ¡Gracias, Joe, por ayudarme a hacer realidad mi sueño! Y, finalmente, a Dave Taylor, no sólo por escribir un fantástico prólogo, sino también por buscar siempre maneras nuevas de desafiar a los bloggers de la vieja escuela hacia nuevos y creativos pensamientos.

Revisores

Al final, pero no menos importantes, gracias a todos los revisores del libro, revisores del punto medio, editores de la comunidad, líderes de negocios y bloggers quienes ayudaron a hacer de este libro el trabajo de comunidad que es. A Arieanna Foley, Dave Taylor, Devin Reams, Duncan Riley, Eric Coleman, Jake McKee, James Kendrick, Kevin Hamilton, Kevin Humphrey, Kynan Dent, Mack D. Male, Marc Orchant, Melissa Reinke, Michael Still, Neil Salkind, Patrick O'Keefe, Richard Murray, Tris Hussey, Lee Lefever, Neville Hobson, Jacob Murphy, Rick Turoczy, Rob Hyndman, Robert Jackson, Sarah Worsham, Scott Priestley, Shane Birley, Tim Slavin, Tyme White, Victoria Martin, Wayne Hurlbert y a todo aquel que haya participado en este libro de cualquier manera.

INTRODUCCIÓN

Las noticias bullen con historias acerca de los blogs. En enero de 2005, la revista *Fortune* publicó una historia llamada "Why There's no Escaping the Blog". En mayo del mismo año, la portada de *BusinessWeek* clamaba "Blogs Will Change Your Business". Los blogs se han puesto tan de moda que algunos de los principales reporteros de noticias de la TV citan al aire extractos de los más populares. Desafortunadamente, a pesar de toda la cobertura de prensa, poco se publica acerca de cómo los blogs pueden beneficiarle a usted y a su negocio. No sólo llegaron para quedarse, sino que *tendrán* un efecto en su negocio. La pregunta es, ¿usará los blogs para beneficiar a su negocio?, ¿o los ignorará y quizás experimentará una consecuencia negativa que lo tome completamente por sorpresa?

El poder del blogging ciertamente ha tomado a algunos por sorpresa. Un importante fabricante de candados para bicicletas quedó consternado cuando surgieron noticias en los blogs de que se podía usar un bolígrafo para abrir uno de sus mundialmente famosos candados. Resultó en un enorme golpe financiero para la empresa, la cual ofreció cambiar los candados potencialmente defectuosos por otros modelos. Afortunadamente, de los blogs también han surgido cantidades de historias positivas, historias de empresas que adoptan el mundo del blogging y como resultado observan crecimientos enormes, buena disposición y visibilidad.

Es una herramienta de comunicación, una técnica de marketing, un equipo para escuchar y una forma de interactuar directamente con los clientes uno a uno en una escala global. Leyendo los blogs, un negocio puede enterarse de mucho y determinar qué dicen sobre él los clientes y los no-clientes por igual. Su negocio puede beneficiarse al utilizar blogs para difundir el mensaje acerca de lo que su empresa tiene que ofrecer a sus clientes y para obtener una retroalimentación inmediata de los mismos.

Tal vez haya visto blogging destacado en las portadas de las principales revistas de negocios, o haya comenzado a ver noticias acerca de conferencias sobre blogging por todo del mundo. Tal vez, simplemente sienta curiosidad acerca de esta herramienta que podría revolucionar su manera de pensar acerca de sus clientes y de la forma de dirigir su negocio. Sin importar en qué parte del espectro se encuentre, este libro es para usted. Si está interesado en el futuro de su empresa, necesita entender el blogging.

Una guía acerca de *blog marketing* para el lector

A lo largo de este libro, exploraré el porqué y el cómo las empresas de todo tipo bloggean, y explicaré cómo puede obtener el máximo beneficio para su propio negocio. En un principio, cubriré los fundamentos, tales como entrar en la mentalidad del blogging. El concepto de la comunicación abierta con los clientes es una idea extraña para muchas empresas, pero la capacidad de entender el valor del blogging como un medio le ayudará a entender cómo encaja en el mundo de los negocios y en sus planes de negocio.

Un concepto central del libro será el de *transmitir* frente a *involucrar*. La mayoría de las comunicaciones corporativas son simplemente cartas en un solo sentido (transmiten información *hacia* el cliente), mientras que con los blogs, la empresa puede involucrar a, o tener un diálogo de dos vías *con* los clientes. Puede tomar cierto tiempo para que las empresas den el salto para pasar de la mentalidad de transmisión a la mentalidad de involucrar, por lo que retomaré este concepto a lo largo del libro. El blogging es un medio poderoso para involucrar, y las personas que leen blogs esperan ser involucradas, lo cual es una de las razones por la que este libro es tan importante; pocos negocios se sienten cómodos con el concepto de involucrar y muchos no saben *cómo* involucrarse con los clientes.

Otro tema central será cómo el blogging le permite generar *experiencias positivas* con sus clientes; las experiencias positivas pueden cambiar completamente la manera en que sus clientes le ven a usted y a su negocio. Cuanto más valore a sus clientes, más de estas experiencias positivas sucederán y más exitoso será su negocio. Un cliente satisfecho le enviará otros clientes satisfechos.

También observaré cómo las empresas exitosas utilizan los blogs para extender sus marcas, interactuar directamente con los clientes y obtener retroalimentación real sobre sus empresas y productos, y cómo puede usted hacer lo mismo. Descubrirá que la retroalimentación directa de sus clientes es uno de sus activos más valiosos. Los clientes conocen su negocio mejor de lo que alguna vez hubiera deseado, y por lo general se sienten felices de compartir sus ideas con usted si se lo pide.

Más adelante en el libro, exploraremos cómo su empresa puede usar los blogs tanto externa como internamente, y revisaremos ejemplos de numerosas empresas (incluyendo a General Motors, Disney y Stonyfield Farm) para ver qué lecciones han aprendido ellos.

Seguir la huella del mundo de los blogs puede ser un reto, y ése es el porqué invertiré una cantidad importante de tiempo comentando cómo rastrearlos, qué información puede ser recabada a partir de ese seguimiento y cómo darle buen uso a esa información. También hablaré acerca de cómo responder a los comentarios en sus blogs, cómo respetar a sus lectores y cómo lidiar con la mina de oro del blogging: la retroalimentación negativa.

Por último, veré cómo el blogging cambiará su negocio, cómo impactará los resultados netos y cómo se puede desarrollar una estrategia exitosa para entrar en el mercado con la menor cantidad posible de errores. Cerraré con la aportación de líderes de los negocios y del bloging acerca de lo que está pasando en ese mundo, y porque es difícil prepararse para el futuro si no se sabe cuál podría ser ese futuro.

A pesar de que cada mes se crean miles de nuevos blogs de negocios, hasta este momento ningún libro guía formal ha mostrado exactamente lo que hacen y cómo los negocios pueden obtener ventajas de ellos. *Blog Marketing* es el libro guía que le ayudará con sus esfuerzos de blogging; le proporcionará el marco de referencia, pero sólo usted pondrá el deseo, el impulso y la creatividad necesarios para hacer de los blogs una realidad en su empresa.

El blog del libro

Con el fin de continuar el flujo de información y aprendizaje, he creado un blog para este libro en www.blogmarketingbook.com. Revíselo para ver ejemplos de negocios que bloggean exitosamente, y siéntase libre de compartir también sus propias historias.

Espero que este libro lo rete a pensar de nuevo en la manera en que ve a sus clientes, empleados y relaciones, así como en las estrategias de marketing y de comunicación de su empresa. Si comprende no sólo el hecho de cómo bloggear, sino también los conceptos fundamentales, puede revolucionar su negocio y atraer más clientes y la atención de sus competidores y de toda la industria.

1

FUNDAMENTOS DEL BLOGGING

Arnold Adams es el atosigado propietario de Everywhere Signs. No tiene tiempo.
Su día típico es una confusión de acción y reacción:
7:12 – revisa el correo de voz mientras conduce al trabajo.
7:30 – abre la oficina y revisa el buzón buscando pedidos.
8:00 – asigna las tareas laborales a los empleados.
9:00-12:00 – dirige el trabajo de los empleados, contesta llamadas telefónicas
tomando pedidos de entrada.
12:00-1:00 – almuerza con un cliente muy importante.
1:00-5:00 – supervisa el envío de las señalizaciones y el montaje.
5:00-6:00 – trabajo de contabilidad, que incluye llamar a los clientes con respecto
a pagos atrasados.
6:00-7:00 – todo el resto del trabajo, incluyendo contestar los correos electrónicos.
Así que, cuando June Marzipan, su gurú de la red, le dijo que necesitaba un blog,
su segunda reacción fue, por supuesto, "no tengo tiempo".
Su primera reacción fue: "¿Qué diantres es un blog?"
Después de cinco años con un sitio web, gracias a June, apenas estaba comenzando a
entender cómo funcionaba el mundo en línea. Le encantaba su sitio web; era colorido,
bien organizado y, lo más importante, le proporcionaba negocios. Estaba ahí las 24
horas del día, los siete días de la semana y los 365 días del año, recibiendo pedidos de
clientes a quienes les encantaba la idea de no tener que ir a la tienda para encargar
una señalización. Y a él le encantaba la idea de recibir dinero por algo tan sencillo.
Pero June lo estaba mirando fijamente con su desconcertante pelo color de rosa.
Él tenía que decir algo.

1

"¿Un blog es un nombre? ¿Un verbo? ¿Por qué ustedes, la gente de Internet, tiene que inventarse palabras?"
Es ambos y la segunda respuesta es porque sí, dijo June.

—Parte 1 de "Blog", una breve historia de Joe Flood,
escrita para este libro.

IMAGINE QUE USTED PUDIERA ESCUCHAR, como una mosca en la pared, a millones de personas (sus clientes, empleados, competidores, asociados y medios de comunicación) mientras hablan acerca de su negocio, su proceso de mercadotecnia, su publicidad y sus productos. Ahora imagine que pudiera usar esta información actualizada minuto a minuto para determinar lo que sus clientes quieren, cómo lo quieren, lo que finalmente comprarán y lo que están dispuestos a pagar por ello. Ése es el poder del blog.

Basar sus decisiones de negocio en la retroalimentación de los clientes y en la inteligencia de mercado es posiblemente la jugada de negocios más atinada que puede hacer. Y los *weblogs*, también conocidos como *blogs*, permiten a las empresas hacer exactamente eso. De hecho, los blogs tienen el potencial no sólo de cambiar la manera en que se comunica con sus clientes, de elevar su visibilidad y de conseguir retroalimentación directa de ellos, sino que también pueden cambiar la forma en que su empresa hace los negocios internamente. Usar los blogs puede ayudar a reducir la sobrecarga de correos electrónicos, facilitar el proceso de lluvia de ideas para generarlas más rápidamente y simplificar una variedad de tareas de administración de proyectos. Los blogs son tan poderosos que decir que revolucionarán su negocio es una subestimación; los blogs tienen el poder de crear negocios, cambiar el curso de la historia política y transformar la manera en que los medios más importantes se ven a sí mismos.

> **Basar sus decisiones de negocio en la retroalimentación de los clientes y en la inteligencia de mercado es la jugada de negocios más atinada que puede hacer.**

Como cualquier herramienta de comunicación importante, los blogs amplían la capacidad de operación de las empresas y, en última instancia, de crear oportunidades totalmente nuevas de crecimiento, desarrollo de productos y control de calidad. Sin embargo, los blogs llevan esta comunicación un paso más allá al traer los mejores aspectos de la mercadotecnia masiva y transformarlos de una vía de comunicación de un solo sentido en un diálogo de dos sentidos.

Mientras escribía este libro, entre 50 y 100 millones de bloggers estaban comunicándose activamente a través de Internet, con un número estimado de lectores de blogs entre 200 y 500 millones, de acuerdo con *The Blog Herald*.[1] Estos números son difíciles de comprobar, principalmente porque los únicos estudios concluyentes son de Norteamérica; de todos modos, el número de blogs, bloggers y lectores de blogs es masivo. En su número del 2 de mayo de 2005, la revista *BusinessWeek* estimó que casi 40,000 nuevos blogs colocan información cada día.[2]

El blogging creció desde sus comienzos como un esfuerzo comunitario. Lo que comenzó como unas cuantas personas conversando acerca de intereses comunes a través de mensajes por Internet en tiempo real, se ha convertido en una conversación continua entre millones de bloggers y de lectores. La tecnología no es lo más poderoso del blogging; es la comunidad masiva que impulsa la *blogosfera*. Con millones de bloggers expresando sus pensamientos, experiencias y la información que han aprendido en sus campos de interés, este medio se ha convertido en un foro mundial.

Parte de esta conversación puede ser acerca de su empresa, lo que puede significar buenas o malas noticias. La peor noticia, sin embargo, sería que ninguna de las millones de voces de allá afuera estuviera hablando acerca de su empresa o de sus productos.

SE TRATA DE COMUNICACIÓN

La realidad es que el *blogging* es un medio; es también un estilo de contenido. Debido a que los primeros blogs se construyeron bajo los principios de una voz auténtica, de honestidad y autoridad, se espera que la mayoría de los blogs tengan esas características, y esto sigue siendo aún más cierto para los corporativos. Los lectores (incluso los nuevos de marca) están tan condicionados a leer una voz personal en los blogs, que esperan encontrarla también en las empresas. Esto presenta desafíos únicos a los líderes de negocios que quieren entender el blogging, ya que los conceptos de transparencia y autenticidad no se asocian frecuentemente con las prácticas de comunicación corporativa.

Debido a que se encuentran disponibles al público en Internet, los blogs son sumamente abiertos y están listos para interactuar con todos sus clientes; permiten a los clientes escuchar lo que usted piensa y crean un espacio para que le digan exactamente lo que ellos piensan al respecto; son la segunda mejor cosa después de ir puerta por puerta a cada una de las casas u oficinas de sus clientes; le dan a usted y a su empresa una manera de crear y sostener relaciones reales con personas reales.

Los esfuerzos pasados de mercadotecnia eran siempre transmisiones desde las empresas, comunicaciones en un sólo sentido, dirigidas a una audiencia tan amplia como fuera posible, tales como anuncios, ventanas emergentes en Internet y similares. Con los blogs, sin embargo, usted se está *involucrando* con sus clientes, ya que cada lector está leyéndolos por deseo propio, cada lector está eligiendo interactuar con su negocio y cada lector quiere escuchar más de usted. Esta poderosa y nueva forma de comunicación crea y faculta clientes apóstoles en formas que eran casi imposibles antes de que existieran los blogs.

LO QUE PUEDEN HACER LOS BLOGS

Un blog público, abierto y honesto, escrito por una voz autorizada del interior de su empresa, permite a su negocio crear un tipo diferente de experiencia entre usted y sus clientes: le permite crear conversaciones legítimas que simplemente eran imposibles antes del blogging en línea. Bloggear significa que su empresa no necesitará nunca más depender de costosas sesiones de grupo, formularios de retroalimentación, correos electrónicos y otros métodos tediosos y consumidores de tiempo utilizados para obtener retroalimentación.

Si quiere saber por qué su último producto no se está vendiendo, puede preguntar a sus clientes en su blog; ellos le dirán la verdad. Si un ejecutivo fue recientemente despedido por un escándalo corporativo, puede afrontar el asunto de una manera abierta. Tal honestidad deja una impresión en sus clientes, que será más auténtica que casi cualquier artículo en los medios de comunicación sobre el tema. Aun más importante es que cualquier persona que lee su blog lo hace por su propia voluntad; llegó a él para ver qué es lo que usted tiene que decir. Son prácticamente la única herramienta de mercadotecnia para la que esto sigue siendo totalmente cierto.

Uno de los más grandes errores que las empresas cometen es ver los blogs solamente como un medio más para enviar el mismo mensaje anticuado de marketing. Nadie quiere leer ese tipo de cosas en un blog. En realidad, bloggear se trata de tres cosas:

- **Información** Decir a sus clientes lo que usted está haciendo y descubrir lo que ellos están pensando.
- **Relaciones** Construir una sólida base de experiencias positivas con sus clientes, que los transforme de ser consumidores poco atractivos y anticuados a ser apóstoles de su empresa y de sus productos.
- **Administración del conocimiento** Tener dentro de su empresa amplios depósitos de conocimiento a disposición de las personas adecuadas en el momento adecuado.

Sin los blogs, los mensajes de la empresa pueden verse tan filtrados por las relaciones públicas o los medios, que los directores generales y otros directivos de alto nivel han decidido hablar directamente con los clientes, ya sea en las tiendas de la empresa, en los aviones de la empresa o en eventos especiales implementados específicamente para comunicarse con ellos. El valor de la retroalimentación directa de los clientes es obvio, y los blogs lo proporcionan a una escala global.

De hecho, los blogs son una forma de publicidad gratuita por la que sus clientes están suplicando. Son fáciles de rastrear, proporcionan un medio para generar y medir los rumores y permiten crear experiencias positivas y, en última instancia, clientes apóstoles, simplemente siendo auténticos.

Usted también puede usar los blogs para apasionantes propósitos internos: para ayudar a los empleados a generar y probar nuevas ideas, para involucrarlos y darles facultades y para mejorar su capacidad de comunicarse internamente. Ya sea que la de usted sea una empresa global de *Fortune 100* o un minorista de suministros de plomería a pequeños negocios, los blogs internos le pueden ayudar a permanecer organizado, y los externos pueden cambiar la forma en que las personas se relacionan con su negocio.

LOS BLOGS CAMBIARÁN SU NEGOCIO, LE GUSTE O NO

Uno de los mayores retos que enfrenta su empresa es que, le guste o no, sus competidores están o estarán usando los blogs. No sólo eso, sino que al explorar la blogosfera pueden obtener todo tipo de información competitiva sobre lo que está haciendo, lo que sus clientes piensan acerca de usted y sus productos, y hacia dónde se dirigen su empresa y la industria. Por supuesto, todas esas herramientas pueden ser suyas también.

Entonces, la cuestión para usted no es si *debe* entrar en los blogs, sino ¿*Cómo* entrará en los blogs y cómo los apalancará para maximizar los beneficios para su negocio? *Blog Marketing* le ayudará a decidir cómo desarrollar una estrategia de blogging, cómo lanzar su blog y cómo participar no sólo en su propio blog sino también en la cultura general del blogging.

¿QUÉ HAY EN UN BLOG?

Con tantos términos nuevos del blogging en uso, podría escribir un diccionario (de hecho, incluí uno en la parte final de este libro). Sin embargo, si aprende los siguientes términos, lucirá *blog-sapiente* en su próxima invitación a cenar o junta de negocios:

- **Blog**   Sitio web que comprende mensajes de blog o contenidos escritos por el blogger, los cuales están organizados, por lo general, en categorías y clasificados en orden cronológico inverso. La mayoría de los blogs permite a los lectores comentar sobre sus mensajes individuales.
- **Blog posts o mensajes del blog**   Mensajes individuales que el blogger coloca en el blog (usando blogware).
- **Blogger**   Individuo que mantiene el blog o escribe mensajes en el mismo usando blogware.
- **Blogosfera**   Comunidad de blogs, bloggers y mensajes de blog.
- **Blogware**   Software utilizado para crear mensajes de blog y manejar los blogs.
- **Conversación**   Lo que sucede cuando los bloggers, especialmente millones de ellos, bloggean.
- **Permalinks**   Vínculos permanentes adjuntos a un mensaje de blog determinado, que permanece sin cambios.
- **Trackbacks**   Localizadores URL que otros bloggers utilizan para citar mensajes o partes de mensajes; por ejemplo, cuando usted, el Blogger A, escribe algo acerca de lo que la Blogger B colocó en su blog, es mejor hacer que la Blogger B sepa que ha sido mencionada en su blog. Los trackbacks envían a la Blogger B un mensaje de correo electrónico con una anotación de que su blog ha sido citado.

¿QUIÉN ESTÁ BLOGGEANDO HOY?

Las empresas bloggean a una tasa fenomenal. Desde las empresas grandes, tales como Microsoft y Boeing, hasta las pequeñas, como la de negocios a la medida de Thomas Mahon y la de relaciones públicas y mercadotecnia de Elisa Camahort, negocios de toda índole están utilizando el poder revolucionario del blog para crear experiencias positivas, incrementar la influencia y proporcionar diálogos continuos. Algunos de estos negocios serán sus competidores, otros serán sus asociados y algunos blogs serán escritos incluso por sus empleados.

Desde la respetada y cada vez más popular serie de blogs de GM hasta el uso de blogs por parte de Disney Channel como una herramienta de comunicación interna, más y más empresas recurren a los diferentes poderes de los blogs para enfrentar directamente los desafíos actuales y futuros. Los blogs permiten a sus clientes y asociados ver diariamente lo que las empresas están haciendo, lo que puede ser un motivador poderoso para que los clientes continúen haciendo negocios con las empresas del blogging.

El popular Blog FastLane de GM (Figura 1-1) difunde noticias, proporciona información para los entusiastas y crea un espacio comunitario en donde miles de aficionados pueden discutir lo que es importante para ellos. GM también ha creado un blog especial, el Smallblock Engine Blog, para entablar conversaciones con los clientes que tienen intereses aún más específicos. Crear un lugar en donde los clientes puedan hablar acerca de lo que es importante para ellos es sólo una del gran número de formas en que su negocio puede usar los blogs para incrementar la comunicación, redefinir su marca y cambiar la manera en la que usted hace negocios.

Microsoft, de la cual podría decirse que es una de las mayores y más exitosas empresas del mundo, conoce el poder de los blogs. Miles de gerentes, desarrolladores, probadores y ejecutivos de productos de Microsoft utilizan los blogs para hablar directamente con los clientes de una forma clara y bien documentada; para escuchar las quejas de los clientes, sus sugerencias e ideas; y para rastrear lo que clientes y socios dicen. De hecho, Microsoft utiliza investigación de blogs tan minuciosamente que cada equipo de desarrollo de producto tiene órdenes directas de buscar la retroalimentación de los blogs

Figura 1-1   El popular FastLane Blog de GM entabla una conversación directamente acerca de las pasiones de los clientes, alimentando una
comunidad dinámica impulsada por la retroalimentación.

antes de hacer cambios significativos a las aplicaciones. Los blogs no dirigen
a Microsoft, pero le dan un nivel de retroalimentación sin precedentes para
una empresa que necesita tener información real del consumidor acerca de
los productos antes de que sea demasiado tarde para hacer algo al respecto.

El propietario del equipo de baloncesto Mavericks de Dallas, Marc Cuban, comenzó a bloggear porque estaba cansado de "dar respuestas profundas a las preguntas de los medios, sólo para obtener como resultado lo que
el reportero o columnista quería escribir y yo estaba cansado de ayudarles a
que llegaran a su punto de vista". Vio los blogs como una manera ideal para
"presentar en su totalidad mi postura respecto a un tema y no tener que
preocuparme de cómo condensan una conversación de dos horas en 500
palabras".[3] Cuban construyó un blog que le permitió expresar sus pensamientos con respecto a asuntos e intereses. Su pasión por el blogging sirvió
para energizar aún más la base de admiradores de su equipo.

Si tener una conversación abierta con sus clientes fuera de su empresa puede transformar su negocio, dar espacio a los *empleados* para que compartan sus intereses e ideas de trabajo y construyan relaciones puede ser aún más poderoso. A mediados del año 2005, IBM recurrió a blogs internos para dar servicio a sus empleados. La política oficial del blogging de IBM establece que los objetivos principales de esa red de blogs son que los empleados aprendan y contribuyan.

Disney Channel también ha hecho un uso innovador de los blogs internos (Figura 1-2). Mientras que la empresa alguna vez utilizó diarios enormes en papel para dar seguimiento a los cambios y asuntos de ingeniería, hace algunos años Disney comenzó a implementar blogs para esas tareas. Ahora los blogs representan una solución integrada, impulsada por los empleados, en lugar del impráctico papel. Comentaré con más detalle en el capítulo 4 el uso que hace Disney de los blogs.

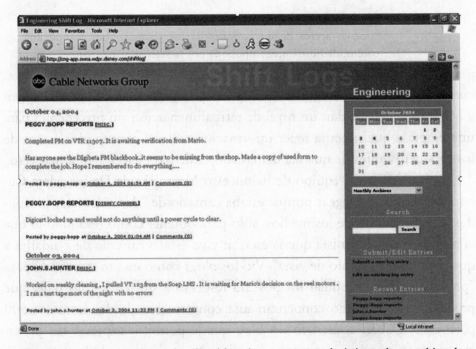

Figura 1-2   Disney Channel utiliza blogs internos para administrar los cambios de ingeniería así como otras tareas.

Muchos empleadores que permiten el blogging interno descubren que los empleados que bloggean cambian sus jornadas y actitudes laborales; disfrutan más de su trabajo, se conectan más con personas fuera de sus equipos, comparten y reciben información a una escala completamente nueva. Estas empresas están viendo un incremento en sus productos, procesos y calidad de servicio como resultado de que sus empleados se vuelven más comunicativos, más involucrados y más enfocados aparentemente.

A lo largo de este libro, veremos empresas que utilizan los blogs para marcar una verdadera diferencia en los negocios. Un considerable número de estas empresas se encuentra en el sector de la tecnología, simplemente porque en esta industria es donde el blogging tuvo su inicio. Sin embargo, el crecimiento de los blogs en todos los negocios es asombroso: desde iglesias hasta almacenes ferroviarios, desde empresas de yogurt y helado hasta tiendas minoristas y desde joyerías hasta una importante empresa de cable; todos están usándolos en forma innovadora para transformar sus negocios.

HISTORIA 101 DEL BLOGGING

La historia del blogging es larga y enrevesada. El blogging ha estado presente en algunas formas desde los primeros días de Internet. En realidad, una de las primeras páginas web se parecía a un blog en el hecho de que su autor, Tim Berners-Lee, creador de Internet, la actualizaba regularmente con una lista de otros sitios web (sólo unas cuantas docenas por aquel entonces).

Finalmente, el blogging evolucionó hacia un medio para compartir tanto expresiones personales como otras informaciones que los individuos encontraban valiosas. Desde sus comienzos, ha disfrutado de una leve dualidad: por un lado, sirve como un gran diario en línea y, por otro, es una fantástica herramienta de comunicación.

Hasta el año 2004, el blogging fue una actividad bastante específica, con sólo cerca de cinco millones de bloggers en todo el mundo, la mayoría de los cuales estaban muy recluidos en sus propios pequeños nichos, bloggeando sobre mascotas, negocios y asuntos relacionados con la tecnología. Entonces llegó la elección presidencial de 2004 en Estados Unidos, y, de repente, los blogs comenzaron a tener una atención dominante. Los bloggers desenterraron asuntos sobre los candidatos, bloggearon acerca de todo tipo de eventos que los periodistas no se molestaban en atender y recibieron incluso pases de prensa para la convención nacional del partido demócrata.

Sobre todo, el 2004 fue un enorme año para el blogging, ya que los líderes de pensamiento de los negocios, tales como el gurú de la administración Tom Peters, el autor y conferencista Malcolm Gladwell, el experto empresarial Guy Kawasaki y la autoridad en liderazgo Steven Covey, despertaron al poder de los blogs. De hecho, en estos días, ningún trabajo de un autor sobre negocios está completo si no ha comenzado un blog sobre el libro. Como resultado, las revistas de negocios del mundo, tales como *Fortune*, *Business 2.0* y *Fast Company* han despertado ante el poder de los blogs, y los negocios alrededor del mundo están tomando nota. Mientras que, en un principio, las empresas de mercadotecnia y relaciones públicas se quedaban con los ojos en blanco cuando se les preguntaba por los blogs, éstas rápidamente captaron la idea y ahora la consultoría de ellos es un elemento básico en las empresas consultoras, tanto grandes como pequeñas.

El inicio del siglo XXI ha estado marcado por fusiones y adquisiciones dentro del espacio del blogging, así como por una serie de escándalos, pero, sobre todo, ha estado marcado por el *crecimiento*. Si en el 2004, se encontraban en línea cinco millones de bloggers, a comienzos del 2005 esa cifra aumentó a más de 50 millones, y ese crecimiento no disminuirá próximamente. De hecho, el número colectivo de blogs ha crecido tan rápidamente que ningún servicio ha sido capaz de mantenerse a su nivel, lo que se ha convertido en una de las razones por las que nadie está completamente seguro de cuántas personas están leyendo blogs realmente. Baste decir que un gran número de personas los está escribiendo, muchas más los están leyendo y más todavía están siendo influidas por ellos. En estos días, la pregunta no es "¿Sabes lo que es un blog?", sino "¿Cuál es tu blog favorito?".

El crecimiento de los blogs entre los negocios ha sido astronómico. Miles de nuevos blogs de negocios están siendo creados por empresas de todos los tamaños, en todas las industrias y para casi cualquier propósito imaginable. Así que, ¿qué va usted a hacer con su blog?

CONCLUYENDO

Ahora que tiene un mejor conocimiento de lo que son los blogs, de dónde vienen y, a grandes rasgos, qué pueden hacer por usted, ¿cuál es su siguiente paso? Entre en la mentalidad del blogging. Como se mencionó, escuchar lo que los clientes piensan *realmente* puede ser intimidante, pero es una propuesta aún más intimidante para su negocio si entierra su cabeza en la arena y elige no escuchar. A la mayoría de las empresas les toma cierto tiempo sentirse cómodas con la manera de pensar del blogging, así que en el capítulo 2 comentaremos más acerca de la mentalidad de éste y de cómo puede aprender a valorar las interacciones con sus clientes.

2

EL INGRESO A LA
MENTALIDAD DEL BLOGGING

Durante décadas, los negocios han intentado, mediante grupos de enfoque, determinar lo que querían sus clientes. Al hacerse cada vez más complejo el mundo de los negocios, y los mercados más competitivos, el tipo de información que podía deducirse de estos grupos de enfoque llegó a ser inadecuada para la mayoría de las empresas. Los grupos no proporcionaban suficiente información, y ésta no era valiosa para la vida del producto.

Al darse cuenta de las limitaciones de los grupos de enfoque y de las prácticas de mercadotecnia similares, las empresas decidieron que necesitaban saber más acerca de quiénes eran sus clientes, cómo interactuaban con la empresa y cómo ésta podría llegar a ellos de una manera significativa. Esta idea de obtener una "visión de 360 grados" de los clientes era un concepto agradable, pero nunca se alcanzó realmente dentro del espectro limitado de las herramientas de mercadotecnia y comunicación que estaban disponibles.

El software de Administración de relaciones con los clientes (CRM, por sus siglas en inglés) se diseñó para intentar reunir la información de diversos sistemas, con el fin de proporcionar una idea no sólo de si un cliente había interactuado con su negocio, sino qué tipo de interacción ocurrió, quién estuvo involucrado en la interacción y qué significó para la empresa. Desafortunadamente, la mayoría de las empresas sólo podían obtener respuestas limitadas a estas preguntas: si un cliente había comprado algún producto de la empresa o si había llamado alguna vez con una pregunta o comentario, y si su información de contacto actual era válida.

El software CRM no ponía en contexto ninguna información de la que recopilaba; simplemente creaba un depósito de información; no creaba ninguna información acerca de lo que pensaba el cliente en realidad ni había ninguna manera de que los clientes proporcionaran retroalimentación directa. Para complementar estos datos del CRM, los negocios comenzaron a contratar especialistas en relaciones con los clientes y apóstoles de productos; individuos cuyo único trabajo era hacer conscientes a los clientes de los productos de la empresa, de uno por uno para que interactuaran directamente con los clientes. Para la mayoría de los negocios, esto generó algún sentido de valor, pero en la práctica simplemente no podía aplicarse a un gran número de clientes. Dado que cada empleado encargado de la relación individual con el cliente tenía sólo determinado tiempo, por lo general pasaba la mayor parte de su tiempo cultivando las relaciones que tenían el mayor retorno (los grandes compradores) y la mayoría de los demás clientes quedaban al margen.

SEPA CÓMO TRATAR A SUS CLIENTES

Todas las empresas exitosas utilizan algún parámetro de medición cuando se comparan con otras empresas similares. Los negocios que buscan tener éxito en el mercado actual interactivo, dirigido al cliente y a la conversación, deben considerar otros factores que no sean los financieros. Las empresas deben valorar el conocimiento que está a su disposición mediante las aportaciones de los empleados y los clientes. Una forma de hacerlo es no confundiendo nunca a los clientes con el popular término de mercadotecnia, *consumidor*. Nunca se debería llamar a un cliente *consumidor*. Un consumidor es alguien que usted utiliza para lograr un beneficio; un cliente es un activo.

Los clientes son sus mejores gerentes de producto, sus mejores apóstoles y, quizás, las únicas personas en el mundo que le dirán la verdad acerca de su empresa. Escúchelos. La manera más fácil de ayudar a los clientes a involucrarse de una manera positiva y apasionada acerca de su negocio es hablarles y tratarles como asociados.

Los consumidores son sus mejores gerentes de producto, sus mejores apóstoles y, quizás, las únicas personas en el mundo que le dirán la verdad acerca de su empresa. Escúchelos.

El director ejecutivo de JetBlue, David Neeleman, pronto se dio cuenta de que sin hablar con sus clientes nunca sería capaz de desarrollar una línea aérea centrada en los clientes. Como resultado de su enfoque único en la interacción con los clientes, Neeleman ha sido objeto de diversos artículos en diferentes revistas de negocios. Cuando vuela, vuela como todo el mundo, en clase turista. Incluso conduce su propio auto hasta el aeropuerto. Una vez allí, espera en la fila, como usted y como yo. Es, a todos los efectos y propósitos, sólo otro cliente... al menos hasta que el avión despega.

¿DEMASIADO ASUSTADO PARA ESCUCHAR?

Para algunos de mis clientes, nada es más atemorizante que abrir las compuertas de la retroalimentación de los clientes, hasta que se dan cuenta de que la única cosa más tenebrosa que oír lo que los clientes tienen que decir es no escuchar lo que tienen que decir y sufrir las consecuencias.

Si la idea de la retroalimentación de los clientes le espanta, pregúntese por qué tiene miedo. ¿Tiene miedo de que su servicio sea inferior y que no pueda arreglarlo? Usted tiene que aceptar la responsabilidad de sus acciones. Es mejor tener clientes descontentos llamando a su puerta que no tener clientes. Recuerde que un cliente descontento es un cliente contento que aún no se ha manifestado.

Luego camina arriba y abajo por los pasillos, hablando con los clientes, escuchando lo que tienen que decir.

Al final del día, todas las empresas viven y mueren según qué tan bien sirven, apoyan e interactúan con sus clientes. Toda la experiencia de los clientes se coloca en la escala global de "éxito" o "fracaso". Neeleman hace todo lo que puede, no sólo para reducir el número de experiencias negativas con JetBlue, sino también para crear un ambiente positivo donde él dirige con el ejemplo, mostrando que los empleados deben preocuparse por los clientes.

LOS CLIENTES SON ACTIVOS

A menudo, los negocios ven a sus clientes como si fueran filas en una hoja de cálculo. Los negocios gastan su tiempo dilucidando cómo obtener más dinero de ellos, analizando qué tan a menudo regresan y cuánto gastan en cada viaje, y averiguando cuánto gastará un cliente en un artículo en particular. Pero los clientes pueden y deberían ser mucho más que sólo un flujo de ingresos.

Las experiencias de los clientes pueden variar desde los totalmente descontentos hasta los positivos entusiastas. Ambos tipos de clientes pueden influir en gran manera en la reputación de su empresa.

Hablando en términos generales, los clientes caen dentro de una de estas cinco categorías:

- **Apóstoles** Este tipo de gente ha tenido tantas experiencias positivas con su empresa o producto que siempre que entra en la conversación un tema que se refiere aunque sea ligeramente a su empresa, producto o servicio, simplemente *tienen* que contarle a todo el mundo acerca de ello. Muchas empresas disfrutan de este tipo de cliente; por ejemplo, los apóstoles de Apple Computer pueden ser tan apasionados que dirán que Apple es una *religión*. Estos clientes apóstoles son los tipos de personas apasionadas que transformarán su negocio, y la moneda con la que tratan es la de las experiencias positivas.

- **Clientes regulares** Estos clientes disfrutan de su producto o servicio. Pueden admitir que no es el mejor del mundo, pero lo compran porque tiene valor, porque es el más barato o porque no han encontrado nada mejor. Han tenido tantas experiencias positivas que, en comparación, las negativas parecen irrisorias.

- **Clientes renuentes o reacios** Estos clientes han tenido experiencias negativas con su empresa, de hecho muchas experiencias negativas, hasta el punto en el cual simplemente esperan una experiencia negativa o un mal producto siempre. Ocasionalmente, quedarán gratamente sorprendidos y se irán contentos, pero por lo general simplemente aceptan que tienen que comprarle a usted y siguen adelante. De muchas formas, estos clientes viven un equilibrio de experiencias positivas, negativas y neutras.

- **Sufridores ocasionales** Estos clientes no disfrutan de su producto o servicio, pero lo compran cuando tienen que hacerlo, y sólo porque tienen que hacerlo. Algunas personas que comen en restaurantes de comida rápida se ubican en este rango, y aunque nunca predicarán ni hablarán positivamente de lo que están adquiriendo, lo comprarán cuando sea absolutamente necesario.

- **Saboteadores** Estos clientes han tenido tantas experiencias negativas (o quizás sólo un puñado de experiencias increíblemente negativas) que irán a cualquier extremo que sea necesario para hacer todo el daño que puedan a su empresa.

Cada una de estas personalidades se crea con el tiempo, mediante un patrón de experiencias individuales con su empresa. Las empresas exitosas se esfuerzan por crear experiencias positivas para los clientes, mediante ambientes positivos, personal bien capacitado y productos de excelente valor y calidad; lo que sea que sus clientes estén buscando que usted pueda proporcionarles es una potencial experiencia positiva.

¿Proporciona un escaparate? Invertir en un espacio positivo de compras es imprescindible. ¿Proporciona servicios de alimentación o de hospitalidad?

Contar con personal que sonría, sea cortés y eficaz es un deber. ¿Proporciona servicios de análisis o consultoría? Los consultores eruditos, servicios de valor agregado, excelente comunicación y seguimiento constante crearán experiencias positivas para sus clientes.

La mayoría de los clientes no buscan razones para estar descontentos; de hecho, la mayoría busca experiencias positivas, y a menudo se necesita sólo de una de ellas en una industria determinada para transformar la forma en que los clientes observan a cada uno de los proveedores individuales de servicios de esa industria. La influencia que ejercen los negocios que crean experiencias positivas es desproporcionada a su tamaño: Apple Computers no es el fabricante de computadoras más grande o más popular (ni por una remota posibilidad), aunque es una de las empresas de tecnología más observada del planeta. BMW y Mercedes no venden la mayoría de los autos en América, pero el deseo de los clientes de poseer uno es apetecible. Starbucks puede hacer un excelente café, pero las personas no compran necesariamente sólo el café, compran una experiencia positiva general.

Pero para crear experiencias positivas no se necesita ser realmente un proveedor de lujo, como Apple, BMW y Starbucks lo son en sus industrias. Usted puede crear experiencias positivas sin importar en qué negocio se encuentre, teniendo personal amistoso y conocedor, ofreciendo descuentos exclusivos y, generalmente, desarrollando su negocio al contribuir a sus experiencias.

Las experiencias positivas crean respuestas emocionales, y no hay nada peor que un cliente que no siente ninguna emoción por su negocio: nada de emoción significa nada de lealtad, por lo que los clientes en realidad no tienen razón de permanecer.

HABLE CON SUS CLIENTES

Una de las razones por las que el blogging es un fenómeno tan fuerte es que toma herramientas, tales como investigación de mercados y prueba de productos, desde un panorama general hasta el nivel de interacción humana de uno a uno. Si existe un blog acerca de su empresa, simplemente puede enviar un correo electrónico para hacer algunas preguntas.

Si un mensaje de blog acerca de su empresa le preocupa, o hasta le pone nervioso, usted puede aprovechar la oportunidad para crear una experiencia positiva que se le está poniendo a su disposición y responder directa y apropiadamente.

Los blogs tratan de mantener conversaciones; sólo recuerde contribuir de una forma significativa, y asegurarse de crear una experiencia positiva para la persona a quien usted está respondiendo y para todos aquellos que lean el mensaje en el futuro.

Sin embargo, mejor que todo esto es que, si usted tiene su propio blog, puede preguntar directamente a sus clientes lo que piensan. ¿Piensa lanzar una nueva línea de bebidas? Pregunte a sus clientes qué tipo de bebidas les gustan. ¿Quiere lanzar un nuevo software? Pregunte a sus clientes qué características quieren, qué características no quieren y cuánto estarían dispuestos a pagar para obtener lo que quieren.

Los blogs tratan de mantener conversaciones; sólo recuerde contribuir de una forma significativa, y asegurarse de crear una experiencia positiva para la persona a quien usted está respondiendo *y* para todos aquellos que lean el mensaje en el futuro.

CINCO PASOS DE COMUNICACIÓN EFICAZ

Sus clientes hablan, sus empleados hablan, y sus asociados y proveedores hablan. Con el blogging, la conversación es potencialmente ilimitada.

El reto para la mayoría de las empresas que entablan una conversación con los clientes no es obtener retroalimentación; es cómo ocuparse mejor de ella, tanto la positiva como la negativa. Al final del día, tiene que darse cuenta de que estas conversaciones incluyen clientes actuales, clientes potenciales, empleados y asociados. Si usted ignora estos comentarios, está ignorando retroalimentación valiosa, nuevas estrategias potenciales de mercadotecnia, ideas de nuevos productos y conceptos que podrían transformar completamente su negocio. La conversación continuará con o sin usted, y sus competidores estarán, más que seguro, escuchando.

MICROSOFT ESCUCHA

El ejemplo dado por el director general de JetBlue, David Neeleman, aunque raro, no es único. Muchas empresas hablan directamente con los clientes para obtener su retroalimentación y para mejorar sus productos o lanzar otros nuevos. Microsoft, la empresa de software más grande del mundo, regularmente lleva a sus clientes y expertos de la industria a su campus de Washington para powwows fantásticos. La empresa invita al evento a docenas de clientes y asociados claves, donde pasan varios días trabajando con lluvias de ideas en grupos. Los equipos individuales de productos obtienen un enorme valor de estos eventos, se las ingenian para entablar una conversación directamente con los clientes, dirigen su visión para el futuro, escuchan las respuestas de los clientes a esa visión e interactúan con los clientes de una manera que sería imposible fuera del evento.

Érase una vez que el mecanismo más eficaz de retroalimentación de los clientes de Microsoft eran estos powwows en el sitio, aunque ahora la empresa está utilizando de forma masiva los blogs. Se ha dicho que Microsoft es lenta para darse cuenta de una nueva tendencia, pero rápida en aplicarla, y el blogging no es una excepción.

En el transcurso de un año, más de 1000 blogs de empleados de Microsoft pusieron de relieve a desarrolladores y gerentes de productos que hablaban directamente con los clientes cada día, en lugar de sólo una vez al año. Actualmente, muchos empleados están leyendo docenas (si no es que cientos) cada día para ver exactamente cómo están respondiendo los clientes a los productos y servicios de Microsoft. Los empleados de Microsoft también están contribuyendo con otros blogs, buscan términos que sean importantes para ellos y que puedan estar apareciendo en la *blogosfera*, y generalmente están atentos al hecho de que personas de verdad están hablando acerca de la empresa. Ahora Microsoft es capaz de escuchar y de contribuir fácilmente a la conversación a diario.

La mejor manera de entablar una conversación en el mundo real es atender estos cinco pasos para la comunicación efectiva: escuchar, entender, valorar, interpretar y contribuir.

Escuchar

Escuchar es como ser una esponja, y las mejores esponjas retienen el agua indefinidamente. Hasta que usted esté listo para contribuir (estrujando algún conocimiento de su esponja) necesita asimilar mucho más que sacar.

Entender

Cuando se entiende lo que en realidad se dice, aparte de cualquier prejuicio o agenda (especialmente las suyas propias), se comienza a valorar la retroalimentación. Tiene que asegurarse de que mantiene ese valor. Valore la conversación, al individuo y a la retroalimentación más de lo que usted valora su propia opinión. Si no lo hace así, cuando llegue el momento de

¿QUÉ ES LA AUTENTICIDAD?

Por Aaron Brazell, blogger y comentador social (www.technosailor.com)
La autenticidad es…

Pasión. Impulsa a las personas a tener éxito en lo que hacen. Es el impulso de un blogger exitoso. La pasión es el motor que da potencia al barco y hace que las personas regresen.

Convicción. Provoca que las personas se relacionen con el blogger. Aunque no se tenga que estar necesariamente de acuerdo con el tema, la convicción demuestra que el blogger ha creído totalmente en su perspectiva.

Con estos ingredientes, los bloggers exitosos asegurarán nuevos lectores y retendrán a los ya existentes. No hay nada peor que un escritor raro. Los lectores lo saben y el blogger lo sabe muy dentro de sí.

contribuir, sus comentarios estarán fuera de contexto y tendrán mucho menos valor de lo que tendrían de la otra manera.

Valorar

Valorar la contribución *de todo el mundo* puede ser difícil en el mejor de los casos; algunas personas no escuchan en ninguna conversación importante, no valoran las contribuciones de los demás y, por lo tanto, simplemente no merecen hablar. Sin embargo, cuando usted es un oyente de negocios con el fin de obtener retroalimentación para su empresa, productos o industria es muy fácil descartar ciertas contribuciones como indignas de su atención. No caiga en esa trampa. Antes de poder contribuir y responder apropiadamente a lo que está pasando en una conversación tan importante como el blog, tiene que valorar a todo el que esté implicado; después de todo, cualquier persona que usted valore una vez, podría bien ser su próximo gran cliente apóstol.

Interpretar

Antes de dar el paso de llegar a involucrarse en la conversación global que está ocurriendo en los blogs, tiene que interpretar y evaluar lo que ya se ha dicho y determinar si usted tiene en realidad alguna intuición valiosa y única que ofrecer. Después de todo, si la única cosa que tiene que decir en una conversación importante es "¡Sí, estoy de acuerdo!", posiblemente es mejor vivir según el refrán que dice que "Hasta un tonto parece sabio si está callado".

Contribuir

El paso final de la comunicación eficaz es contribuir con algo de valor al grupo. ¿Qué información valiosa puede ofrecer? Cuando la conversación se centra en el área en la que usted es experto, puede ofrecer autoridad, pasión y una perspectiva única. A diferencia de la mayoría de las fiestas, donde no todo el mundo tiene la oportunidad de hablar con todos los demás, miles de lectores y escritores de blogs están esperando ansiosamente oír lo que

¡YO NO TENGO MILLONES DE CLIENTES!

Usted puede no tener millones, ni siquiera miles de clientes pero en el mundo del blogging todo el mundo tiene una voz en igualdad de condiciones. Sin importar qué tan grande o pequeño sea su negocio, o cuántas personas estén interesadas en su producto, el blogging proporciona una oportunidad única para hablar con sus clientes potenciales, al menos aquellos que por casualidad estén en línea y leyendo, y para que ellos le hablen a usted. Los grandes negocios son excelentes para gritar, pero los pequeños negocios son excelentes para hablar. Facilita el equilibrio: permite a los grandes negocios hablar con sus clientes de uno en uno, y permite a los pequeños negocios lograr visibilidad al utilizar lo que ellos saben para crear oportunidades y crecimiento al estilo de los grandes negocios.

El blogging *puede* ayudar a que su negocio crezca. Por ejemplo, dos de mis clientes son pequeños negocios de tiendas de modas, quienes, gracias a que el blogging posibilitó un aumento de la visión y una retroalimentación de los clientes, han podido abrir nuevas tiendas. El aumento de la visión así como las ventas en línea y su capacidad para llegar a su público objetivo y descubrir el mejor lugar para lanzar nuevas tiendas son responsables de su crecimiento. El blogging les dio una oportunidad única para exponer sus negocios a los aficionados a la moda, editores de moda y columnistas de periódicos de todo el país, en gran parte porque a estas pequeñas tiendas les encanta contar historias y compartir secretos de por qué les encanta la moda. Su pasión fue contagiosa, y pronto se escribieron artículos acerca de ellos en todo tipo de publicaciones.

Aunque su negocio puede que no tenga millones de clientes en este preciso momento, nunca se sabe sobre quién podría influir, quién leerá su blog, y hasta dónde puede conducirle esto. Hable como si fuera pequeño, pero piense en grande al no olvidar que las oportunidades reales para el crecimiento existen.

usted y su empresa tengan que decir. Una vez que se haya preparado adecuadamente para contribuir en la conversación, puede estar seguro de que no sólo será escuchado, sino que también obtendrá retroalimentación.

LA PARTICIPACIÓN PRODUCE PASIÓN

Aunque escuchar y participar en la conversación puede parecer intimidante y a veces abrumador, los beneficios de hacerlo son imposibles de ignorar. Más allá del valor de simplemente obtener retroalimentación de los clientes, puede crear relaciones con todos y cada uno de ellos, lo cual era imposible antes del blog.

Participar en esta conversación ofrece algunos beneficios:

- Crea clientes apóstoles.
- Desarrolla confianza entre toda su base de clientes.
- Le ayuda a convertirse en un líder de pensamiento dentro de su industria.
- Le permite compartir y obtener conocimiento.
- Le proporciona retroalimentación del producto.
- Descubre nuevas oportunidades de crecimiento y nuevos mercados.

De hecho, las formas en que el blogging beneficia a su negocio están limitadas sólo por las formas creativas que usted pueda encontrar para utilizarlo, ya sea mediante blogs internos que ofrezcan a sus empleados la información que necesitan saber, blogs externos que le ayuden a convertirse en un líder de su industria o de productos específicos que permitan a sus clientes interactuar con usted de una manera significativa. Tanto si un individuo es un saboteador como un apóstol, cada relación que usted genere y cada vez que salga de las fronteras de su empresa, puede crear experiencias nuevas positivas con todos y cada uno de los individuos con quienes interactúa.

LA CREACIÓN DE CLIENTES APÓSTOLES

Uno de los beneficios más poderosos del blogging es que le ayuda a crear apóstoles. En su libro del año 2002, *Creating Customer Evangelists*, Ben Mc-Connell y Jackie Huba nos dicen que los apóstoles apasionados de una empresa pueden informar y facultar a sus clientes para llevar el mensaje de su marca a otros. Los clientes apóstoles son herramientas poderosas. Cuando usted da a otros clientes el poder de abrazar su marca, ellos llevarán consigo el mensaje de su marca a donde quiera que vayan, contándoles a otros acerca de sus experiencias con su empresa y, de ese modo, extendiendo su marca de una forma positiva que de otra manera no habría sido posible.

Los mensajes apasionados pueden propagarse como un incendio fuera de control; tan pronto como una persona apasionada entra en una comunidad, la dinámica de esa comunidad cambia por completo. La mayoría de los clientes se convertirán en felices apóstoles para su negocio y sus productos si usted proporciona suficientes experiencias positivas. Tienen que amar a su empresa y sus productos, aun cuando sus productos no sean "perfectos".

Crear pasión no consiste en hacer que las personas sean como usted; es simplemente utilizar su pasión para potenciar más pasión. La realidad es que las empresas que crean revuelo, viven al límite e intentan nuevas ideas para ser amadas y odiadas. Y, al igual que en cualquier relación, algunas veces no podrá estar seguro de si un cliente es un amigo verdadero, a menos que usted escuche lo que tiene que decir. Un blog es el lugar perfecto para eso.

EL DESARROLLO DE LA CONFIANZA
DENTRO DE SU BASE DE CLIENTES

La mejor manera de desarrollar confianza es ser digno de ella de manera consistente. Los médicos se ganan la confianza después de años de ser justos, comprensivos, profesionales y de demostrar sus conocimientos. De manera similar, su negocio desarrolla confianza con sus clientes del mundo real al cumplir sus promesas.

Por ejemplo, si usted promete tener los mejores precios, pero no lo hace, está traicionando la confianza de sus clientes; sin embargo, si cumple esa promesa de manera consistente, la confianza de los clientes aumenta como resultado natural.

Los blogs son una manera excelente de desarrollar confianza, porque permiten que usted, una persona real (y no algún folleto corporativo de mercadotecnia) se comunique con sus clientes, usuarios y comunidad más regularmente de lo que se lo permitiría cualquier otro medio. Idealmente, su blog debería atraer al menos un mensaje al día; como resultado, usted tiene una oportunidad de desarrollar confianza al cumplir sus promesas diariamente.

LLEGAR A SER UN LÍDER DE PENSAMIENTO

El *liderazgo de pensamiento* no es un concepto nuevo; fue propuesto en la década de 1960 y, finalmente, se le puso un nombre en la década de 1990. El término se refiere a la capacidad de liderar mediante la proposición de ideas nuevas e innovadoras. La aplicación moderna de liderazgo de pensamiento con referencia a los negocios se ha aplicado a empresas que publican boletines respetados en su industria, participan en conferencias (o convocan la suya propia) y, generalmente, difunden información con la esperanza de que más personas estarán expuestas a la empresa y dispuestas a invertir en sus productos.

La fuerte atracción de la mercadotecnia basada en el liderazgo de pensamiento tiene mucho sentido, ya que volverse más visible en lo que a información respetada se refiere, significa a fin de cuentas, más interacción con los clientes y con los clientes potenciales. El reto para la mayoría de las empresas comprometidas en una campaña de liderazgo de pensamiento es que puede ser caro. Mantener boletines, asistir y hablar en conferencias y permanecer visible públicamente no es ni fácil ni barato.

Los blogs proporcionan una oportunidad única para el liderazgo de pensamiento, en el sentido de que permiten a los negocios publicar la información que la gente quiere de la manera en la que la quieren. Añada a

¿POR QUÉ BLOGGEAR?

Esta pregunta es importante. Paul Chaney, destacado consultor de blogs de Radiant Marketing Group, recopiló esta lista (http://radiantmarketing-group.com/2005/05/26/blogs-beyond-the-hype/) de razones por las que un negocio debe contar con un blog:

- **Mercadotecnia de motores de búsqueda**   Proporcionan una mayor presencia en los motores de búsqueda importantes, como Google y Yahoo!

- **Comunicaciones directas**   Proporcionan una manera para que usted hable directa y honestamente con su cliente.

- **Construcción de marca**   Sirven como otro canal para poner su marca frente al cliente.

- **Diferenciación competitiva**   Dado que los blogs le dan la oportunidad de contar su historia una y otra vez, ayudan a diferenciarlo de la competencia.

- **Mercadotecnia relacional**   Le permiten desarrollar relaciones personales y duraderas con sus clientes, las cuales fomentan la confianza.

- **Sacar provecho de los nichos**   Le ayudan a llenar su nicho particular de la industria.

- **Medios y relaciones públicas**   Son excelentes herramientas de relaciones públicas. Los medios le llaman a usted, no a la competencia.

- **Administración de reputación**   Permiten administrar su reputación en línea.

- **Posicionamiento como un experto**   Permiten articular sus puntos de vista, conocimientos y pericias en los temas concernientes a su industria.

- **Intranet y administración de proyectos**   Son aplicaciones excelentes y fáciles de usar para las comunicaciones internas dentro de una organización. Ésta puede ser una de las áreas menos conocidas y más subutilizadas de los blogs.

eso la comodidad de encontrar, suscribir y contribuir con los blogs, y es obvio que son una de las maneras más sencillas de comprometerse en una campaña de liderazgo de pensamiento. El reto, por supuesto, es que usted necesita crear material, investigar y comentar acerca de las noticias y, por lo general, descubrir e impartir información de valor, igual que lo haría si utilizara cualquier otro medio. La mayoría de las empresas que están muy acostumbradas a sus industrias son conscientes de estos retos y ya están tratándolos.

TRANSMITIR VS. INVOLUCRAR

La mayoría de los negocios y empresas funcionan con una mentalidad de "transmisión". Cuando tienen un nuevo producto, exhiben algún tipo de anuncio, ya sea una señal puesta en la ventana exterior o un anuncio en la televisión nacional. Intentan y generan barullo al anunciar *¡REBAJAS!* en anuncios y en el escaparate, en letras muy grandes imposibles de no ver. La realidad es que a las personas no les gusta que les *hablen*; les gusta que *conversen con* ellas.

Las empresas de todo el mundo están empezando a darse cuenta de que, a pesar de que la comunicación basada en la transmisión es una parte importante a la hora de emitir su mensaje, hay herramientas mucho más eficaces a su disposición. El diálogo es una forma poderosa de transmitir su mensaje a la vez que obtiene de manera simultánea retroalimentación de los clientes.

Antes de los blogs, los comunicados de prensa eran una de las mejores formas de comunicar noticias acerca de su empresa. Se enviaba el comunicado de prensa a un periódico local o servicio de telegramas, esperando que algún periodista lo percibiera, y luego usted obtuviera alguna exposición por un costo bastante bajo. Aunque el problema con los comunicados y similares esfuerzos de ese estilo de transmisión es que una vez que éste deja la empresa, raramente se ve un retorno. Las tasas tradicionales de respuesta para los anuncios basados en transmisión, tales como anuncios de televisión, campañas de radio y comunicados de prensa, se reportan en un miserable uno por ciento. En el mejor de los casos, usted podría ver uno o dos artículos en las noticias, aunque posiblemente sólo será un artículo reproducido de forma mecánica de su comunicado. O, lo que es peor, no oirá nada en absoluto.

Las herramientas como los blogs le permiten ir más allá del comunicado de prensa y de la cobertura tradicional de los medios; le ayudan a involucrarse con sus clientes y a crear un diálogo real. Estas iniciativas basadas en los diálogos no reemplazan los comunicados, la publicidad o las sesiones de grupo, sino que los complementan.

Consideremos a Boeing, fabricante líder de la aviación y de la industria aeroespacial, que comenzó a lanzar la producción y la mercadotecnia de su nuevo avión, el 787 Dreamliner. La empresa utilizó la mercadotecnia tradicional de estilo de transmisión: comunicados de prensa, fiestas de lanzamiento, recorridos para los medios de comunicación, entrevistas con los ingenieros y similares; sin embargo, Boeing también permitió que Randy Baseler, vicepresidente de mercadotecnia, bloggeara (www.boeing.com/randy). Mediante su blog, Baseler pudo extender el mensaje a un diálogo que incluía información acerca de la oferta del competidor de Boeing, el Airbus A380.

Baseler responde a los mensajes en otros blogs, comenta lo que están diciendo y lee una amplia muestra representativa de blogs de aviación y de vuelos. Éstos permiten a Boeing utilizar un mensaje de estilo de transmisión —lo cual es excelente para extraer los fríos y duros hechos del mundo— además de un diálogo personal —que resulta excelente para comunicar pasión, tener una conversación y escuchar lo que los clientes y entusiastas de la aviación piensan—.

CÓMO EMPEZAR A BLOGGEAR

Cuando hablo con ejecutivos, propietarios de negocios, especialistas en Marketing o consultores, invariablemente me hacen una de estas dos preguntas: "¿Qué es un blog?" o "¿Cómo empiezo mi propio blog?" Con un poco de suerte, hasta ahora he contestado la primera pregunta, pero la segunda merece una revisión a profundidad.

El proceso para contribuir en cualquier conversación sigue pautas como éstas:

1. Escuche la conversación.
2. Entienda lo que se dice en la conversación.
3. Valore la audiencia y la conversación en sí misma.
4. Interprete lo que se está diciendo y evalúe lo que usted tiene que decir.
5. Contribuya a la conversación.
6. Escuche algo más.

Todos los blogs exitosos siguen este patrón. El primer paso es encontrar algunos en su área de interés, leerlos y estudiarlos. Supongamos que usted es propietario de una empresa constructora. Si va a comenzar a bloggear en la industria de la construcción, debe buscar otros blogs que traten de la industria. La mejor manera de encontrarlos por área es hacer una búsqueda en Internet utilizando Google o su motor de búsqueda favorito. Aquí el objetivo no es necesariamente encontrar el sitio más popular, sino encontrar blogs que le den valor al leerlos. La figura 2-1 muestra los resultados de una búsqueda de Google para *blogs de construcción*. Como se puede ver, hay un gran número relacionado con la construcción; de hecho, Google encontró más de tres millones.

Muchos blogs contienen *blogrolls*, es decir, una serie de vínculos con otros weblogs que el blogger lee, admira y respeta. Si encuentra un blog que le gusta (o que no le gusta) y el blogger añade vínculos con otros blogs de la industria, puede encontrar más tesoros ocultos o más de lo que esté buscando. Una vez que haya encontrado dos o tres blogs de interés, comience a leerlos diariamente. Si ve un mensaje en el cual esté interesado o uno acerca del cual tenga su propia opinión, piense en dejar un comentario.

Haga esto durante al menos dos semanas. Durante este periodo, puede localizar otros blogs que le guste leer o puede decidir utilizar un lector de noticias o canal de información (*feeds*) para seguir los mensajes (vea la

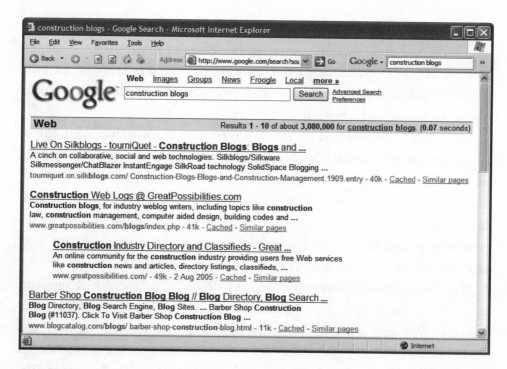

Figura 2-1   Más de tres millones de resultados aparecieron en una búsqueda de *blogs de construcción* en Google.

próxima sección). Un blogroll es una forma rápida y sencilla para que blogs similares de la misma comunidad o industria construyan recíprocamente el tráfico del otro, y es algo que usted no debería ignorar para su propio blog. Sin incluir un blogroll, el blog de su empresa puede marchitarse en la oscuridad. Si no hay nada más, una lista de "Blogs para leer" puede mostrar otros bloggers que usted sepa que son importantes para la industria, y que no teme leer.

FEEDS: EL SECRETO PARA UNA LECTURA EFICAZ DE BLOGS

Como sin duda ya se habrá dado cuenta, comprobar diariamente más de un pequeño grupo de blogs para ver sus actualizaciones puede ser un proceso que consuma mucho tiempo. Para evitar la búsqueda en la vasta Internet, blog por blog, y encontrar lo que está buscando, puede utilizar un *feed* para suscribirse a la información, de tal forma que ella llegue hasta usted, en lugar de ser usted quien tenga que encontrarla. Utilizar feeds en su blog también puede ayudar a los lectores y clientes a encontrar, de manera rápida y sencilla, lo que están buscando.

En realidad, un feed no está destinado para el uso humano, sino que se usa para la interpretación por parte de diversas aplicaciones, más conocidas en español como *lectores de feeds*, *lectores de noticias* o *agregadores* (en esencia, todos son la misma cosa). Permiten a un usuario suscribirse a un feed, de manera muy parecida a la forma en que un individuo se suscribe a un periódico; así, el usuario es informado automáticamente cuando un blog determinado se ha actualizado y se ha colocado algo nuevo.

Hay disponibles dos tipos de lectores de feeds: de escritorio, que son aplicaciones que se instalan en la computadora, y los lectores de feeds basados en la Web, que son aplicaciones en línea a las que se puede tener acceso desde cualquier sitio y con cualquier computadora. Puede encontrarse en línea una lista de lectores de feeds y una comparación de cada uno en Weblogs Compendium, www.lights.com/weblogs/rss.html. El lector de feeds de escritorio más popular es NewsGator (www.newsgator.com), una extensión para Microsoft Outlook que permite leer los blogs como si fueran mensajes de correo electrónico. El lector de feeds más popular basado en la Web es Bloglines (www.bloglines.com).

Después de descargar un lector de feeds, debe suscribirse a los feeds para los blogs que quiera leer. La mayoría de los blogs y de los lectores permiten escribir la dirección del blog en el lector y éste hará el resto. Una vez que se haya suscrito a los feeds para los blogs que lee, ya no necesita comprobarlos diariamente. Cuando se actualiza uno, su lector descargará automáticamente la actualización y le permitirá saber que un nuevo contenido está listo para ser leído.

Utilizar el lector de feeds no sólo le ahorrará el problema de visitar una serie de blogs, sino que también le permitirá buscar mensajes pasados, escritos por sus autores favoritos y que tengan un contenido valioso.

Los lectores están diseñados para ahorrarle tiempo y darle el control de la información que recibe: dado que ya no tiene que visitar los blogs sólo para ver si se ha añadido un nuevo contenido, usted es libre de utilizar su tiempo de manera más eficiente. Y dado que usted suscribe el feed, tiene el control de qué tipo de información recibe. Si no le gusta el material, simplemente retira su suscripción a ese blog en particular.

Después de haber leído los blogs de su elección durante al menos dos semanas y de haber hecho algún comentario ocasional, puede pensar en comenzar el propio, en el cual pueda responder eficazmente los mensajes de sus bloggers favoritos y sacar a flote algunas de sus propias ideas.

Lea *Choosing the Ideal Blog Platform*, escrito por el consultor de blogs Paul Chaney, para encontrar más información acerca de qué herramienta o plataforma utilizar.

COMIENCE A BLOGGEAR

Después de haber elegido una plataforma, su próximo paso es comenzar a bloggear, pero no se lo diga a nadie todavía. Si la herramienta de blogging de su elección le permite proteger su blog con una contraseña, le recomiendo mucho que lo haga. Como con cualquier aventura nueva, las primeras dos semanas pueden ser la época más difícil, dado que estará aprendiendo cómo lograr sus objetivos. Durante las dos primeras semanas de escribir su blog, aprenderá cómo utilizar el software, cómo vincularse y rastrear, cómo hacer uso de los comentarios y cómo desempeñar todo tipo de actividades relacionadas con los blogs. Además, y dado que el blogging se parece mucho a la escritura creativa, usted puede batallar para encontrar su propia voz. Todo esto es normal, aunque es un medio nuevo para muchos, y el proceso de encontrar su voz es importante, tanto que es posible que su voz como blogger permanezca consistente durante toda su carrera de blogging.

Intente no pasar más de 15 a 20 minutos cada día leyendo y comentando blogs y escribiendo sus propios mensajes. En mi experiencia, 15 minutos diarios es el lapso ideal para la mayoría de los nuevos bloggers, ya que ofrece

ELIJA LA PLATAFORMA IDEAL PARA LOS BLOGS

Por Paul Chaney, consultor de blogs (www.radiantmarketinggroup.com)

La primera cosa que necesita saber es que no hay una plataforma "ideal" de blogs. Lo que puede ser útil en una situación no será suficiente en otra. Cuál plataforma es la adecuada para usted depende de sus necesidades.

Aunque hay muchas plataformas disponibles, quiero mencionar las tres más populares y destacar algunas de sus características.

TypePad

Aunque pensado más para uso personal, esta plataforma (www.typepad. com) proporciona suficiente versatilidad para hacerla útil para las aplicaciones de negocios; contiene todos los componentes estándar de una plataforma de blogs, tales como comentarios, categorías y rastreadores. Su interfaz de edición WYSIWYG (siglas del inglés What You See It's What You Get) lo hace muy fácil de usar y no requiere ningún conocimiento de HTML, aunque hay una opción de edición de HTML, en caso de que requiera acceso al código fuente. Además, una de las características más atractivas de TypePad es su capacidad para establecer álbumes de fotos e incorporarlos al blog.

La plataforma TypePad requiere una tarifa mensual, que oscila entre los 5.00 y los 15.00 dolares. La tarifa puede pagarse por un año con un ahorro adicional.

TypePad ofrece una serie de plantillas estándar, pero cuenta con un alto grado de personalización mediante el uso de sus aplicaciones. Sin embargo, debido a que es lo que se conoce como una solución hosted, personalizar totalmente la plataforma para que se vea y se sienta como su sitio web existente puede ser un reto, excepto para los diseñadores más experimentados. Si eso es lo que usted desea, las últimas dos opciones son para usted.

Movable Type

El hermano mayor de TypePad, Movable Type (www.movabletype.org), está diseñado especialmente para uso de negocios. La plataforma forma parte de su servidor y puede ser totalmente personalizada para que se adapte al aspecto de su sitio; de hecho, esencialmente se convierte en otro directorio de su sitio.

La interfaz no es tan amigable para el usuario como el TypePad y requiere cierto conocimiento de HTML. Hay una tarifa por licencia de uso de la plataforma, la cual se paga en una sola exposición; esta tarifa varía, dependiendo del tipo de uso y del número de usuarios.

WordPress

Esta plataforma (www.wordpress.org) quizás requiere el nivel más sofisticado de conocimiento técnico para su implementación; sin embargo, dado que es un software de fuente abierta, WordPress es gratuito. Esto no significa que carezca de características. Muchos bloggers profesionales juran por la plataforma y la utilizan de manera exclusiva. Su interfaz administrativa es extraordinariamente fácil de usar, y es quizás una de las plataformas más versátiles que hay disponibles. Al igual que Movable Type, reside en su servidor y requiere el uso de una base de datos MySQL.

unos cuantos minutos para leer, unos cuantos para comentar y otros para bloggear.

Muchos bloggers nuevos sienten la compulsión de escribir docenas de mensajes al día, leer cientos de blogs y comentar casi todos ellos al menos una vez. Estos individuos bien intencionados rápidamente se queman y abandonan el blogging. En lugar de eso, como nuevo blogger, comience despacio. No se ocupe de demasiadas cosas de una vez. Intente no agobiarse por cuánto podría estar haciendo. Enfóquese en la causa por la cual comenzó y en los valores que encuentran usted y su negocio en el blogging.

Después de que haya bloggeado en privado durante dos semanas, considere lanzar el sitio de su negocio. Lanzar un blog es un proceso bastante sencillo: simplemente lo hace público y se lo cuenta a unos cuantos clientes y amigos. En este punto, se sentirá tentado a desarrollar tráfico. Pero, al principio, el tráfico no es lo importante; en cambio, lo más importante es encontrar su voz, asegurarse de que el blogging satisface sus objetivos estratégicos y escuchar y responder los mensajes.

Como comentamos en el capítulo 1, el blogging comenzó como una comunidad de personas con pensamientos similares que se enlazaban mediante Internet. Además de enlazarse con otros, el dejar comentarios y enviar correspondencia ocasional por correo electrónico puede tener un profundo efecto en su red de lectores. En el blogging, se construye confianza, reputación y autoridad sobre los méritos propios. Si se colocan consistentemente opiniones basadas en información precisa, el número de bloggers que se conectarán con su sitio crecerá constantemente, así como su influencia.

RASTREAR LA ACTIVIDAD DEL BLOG

Puede contratar un millón de especialistas en datos para transcribir toda la información que recopile de los blogs, o puede utilizar uno de los muchos servicios de rastreo disponibles actualmente. Daré más detalles de éstos en los capítulos 7 y 8. Por ahora, demos un vistazo a unas cuantas formas con las que puede rastrear lo que está pasando en su blog:

- Sistemas de rastreo de blogs
- Sistemas de rastreo de feeds
- Sistemas de tendencias (trending)

Por lo general, los *sistemas de rastreo de blogs*, tales como Technorati (Figura 2-2), monitorean qué tan a menudo se conectan unos con otros. Esto da,

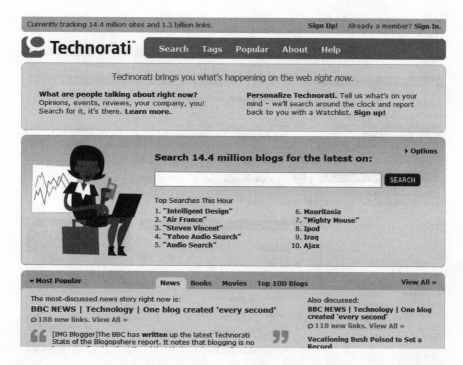

Figura 2-2   Technorati le permite buscar blogs en tiempo real y rastrear cuántas personas están conectadas con usted y con sus competidores.

tanto al blogger como al lector, una idea más clara de su tráfico de blogs. Más enlaces no sólo significan más lectores, sino más credibilidad.

Los *sistemas de rastreo de feeds* son parecidos, pero dependen de los feeds que publican la mayoría de los blogs. Los programas de cómputo, como sistemas de rastreo de feeds y los lectores de feeds, los utilizan para determinar lo que es nuevo en un blog; por lo tanto, los sistemas de rastreo pueden decirle diariamente todos los blogs que se han conectado con el suyo o entregar una lista de los que mencionan términos específicos. Los más grandes son PubSub (www.pubsub.com), que se muestra en la figura 2-3, el cual le permite obtener diariamente resultados de búsqueda como feeds, de tal forma que no tiene que buscar nuevos resultados cada día, y Feedster (www.feedster.com), que le permite buscar, de manera parecida a Google, los millones de feeds disponibles.

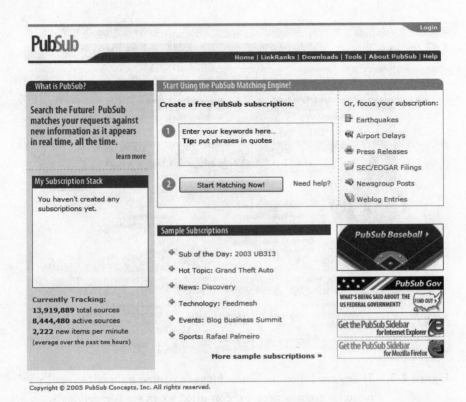

Figura 2-3 PubSub le permite obtener nuevos enlaces y menciones que le son enviadas directamente, en lugar de tener que buscarlas diariamente.

Gracias a herramientas tales como Technorati (www.technorati.com) y PubSub (www.pubsub.com), los bloggers pueden ver quiénes se conectan con sus sitios a los pocos minutos de haberse creado el vínculo, tal y como se muestra en el blog de Tinbasher, en la figura 2-4.

Los *sistemas de tendencias*, tales como BlogPulse (www.blogpulse.com), figura 2-5, rastrean conversaciones desde que comienzan hasta que terminan, de tal forma que se puede ver cómo crece una conversación; también rastrean términos específicos durante algún período, permitiendo comparar ese gráfico con otros términos importantes. Podría utilizar un sistema de tendencias para monitorear cuántas veces se menciona su empresa y compararlas con cuántas veces se menciona a su competencia, rastrear cómo

Figura 2-4   Los resultados de Technorati del blog de Tinbasher muestran el número de mensajes enlazados con el sitio.

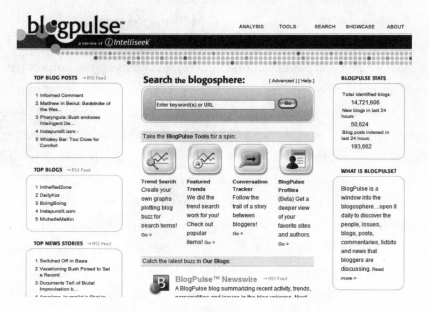

Figura 2-5   BlogPulse rastrea lo que dicen los blogs, y luego grafica esos resultados en el tiempo.

se difunden por los blogs las noticias específicas de la empresa, y rastrear cómo responden los bloggers a esas noticias.

La buena noticia acerca de estos servicios es que todos son gratuitos. Esto no significa que no se pueda pagar por servicios de mayor esmero o contratar empresas consultoras que produzcan reportes diarios, semanales o mensuales.

EXPERIENCIAS DE ESTRATEGIA DE MARCA Y DE CLIENTES

Demasiadas empresas piensan en sus marcas en términos de algo concreto: un producto, un logotipo, una marca registrada, pero su marca es más que eso: es la impresión que usted deja en sus clientes. Por supuesto, su logotipo y las imágenes corporativas, así como la publicidad, son parte de eso, pero no dejan la impresión más duradera de su marca.

Las experiencias, las relaciones y la confianza, todos ellos activos intangibles, son la única y mayor fuente de valor para su marca de negocios. Su marca vive en las experiencias que tienen sus clientes con su empresa, sus productos y sus equipos de primera línea. Su marca reside en las mentes de sus clientes y, como un fuego fuera de control, cada uno de sus clientes puede difundir el mensaje de su marca (la forma en la que ellos la perciben) a otros, y a menudo lo harán bien porque tuvieron una experiencia positiva o, lo que es más importante, porque tuvieron una negativa.

De hecho, como se describe en diversos libros de mercadotecnia, como 2002's *The Tipping Point* de Malcolm Gladwell, incluso los cambios muy pequeños en la forma en que sus clientes perciben su empresa pueden tener efectos radicales en sus resultados.

Trate a sus clientes con el respeto que se merecen, y ellos respetarán también su marca.

CONCLUYENDO

En este capítulo hemos observado las formas en que puede ingresar en la mentalidad del blogging, algunos de sus beneficios, además de cómo participar en la conversación. En el capítulo 3 exploraremos el poder de los blogs para sus negocios, incluyendo cómo pueden utilizarse para generar nuevas ideas, construir equipos, atraer clientes y afectar su porcentaje de recordación de marca.

3

EL PODER DE LOS BLOGS
EN LOS NEGOCIOS

Ahora que está familiarizado con la forma en que los blogs han añadido una nueva dimensión a la comunicación corporativa y con el hecho de que entablar una conversación en la blogosfera es absolutamente esencial para el éxito de su negocio, está listo para ver las poderosas posibilidades que le ofrece el blogging. Desde que comenzó a leer este libro, es posible que haya estado haciéndose las siguientes preguntas: "¿Cómo puede el blogging beneficiar a mi empresa?" y "¿Cómo se verá mi blog?"

Este capítulo cubre los detalles prácticos del blogging de negocios y lo que significa para usted, incluyendo cómo puede impactar sus resultados, cómo atraerá clientes y cómo afectará su porcentaje de recordación de marca; también examina algunas empresas de diversas industrias que tienen éxito al bloggear; estos primeros bloggers han allanado el camino para las luminarias posteriores, como usted.

CÓMO PUEDEN LOS BLOGS AYUDAR A SU NEGOCIO

Regresemos a lo fundamental de los negocios, no porque yo crea que usted no conoce su propio negocio, sino porque honestamente creo que el blogging puede ayudar a cada una de las partes clave que constituyen una empresa viable y exitosa. Las necesidades esenciales para cualquier negocio son las siguientes:

- Ideas decentes
- Un gran producto
- Visibilidad
- Un equipo de personas bien entrenadas, que trabajen duro para hacer que la empresa tenga éxito

También se necesita buena mercadotecnia, excelentes relaciones con los clientes, una increíble fuerza de ventas, un servicio de apoyo a los clientes bastante bueno y otros factores. Pero si tiene ideas, un producto digno de venderse, un sólido equipo detrás de él y clientes potenciales, el resto se dará de forma natural.

CREACIÓN DE GRANDES IDEAS

Todas las empresas tienen grandes ideas que esperan salir a la superficie. El problema de hacer subir esas ideas a flote consta de tres partes: darles un espacio para desarrollarse, ayudarlas a mejorar e implementar las mejores.

Frecuentemente se necesita una sola persona para que surja una gran idea, pero pueden necesitarse hasta 100 o más personas para apoyar e implementar esa idea. Si la idea pierde apoyo, la empresa necesitará otra gran idea para continuar. Las grandes ideas pueden aumentar los costos de un negocio y el poder de las personas, pero también pueden incrementar los ingresos del negocio y el poder de la mercadotecnia. Éste es el porqué las grandes empresas, que viven o mueren por sus grandes ideas, emplean a investigadores que pasan su tiempo buscando revelaciones.

El reto para las empresas que invierten en ideas es que, con frecuencia, las mejores ideas no llegan hasta la cima, no son revisadas o incluso no son consideradas. Esta *barrera a las ideas* puede estar matando a su empresa. Un blog de ideas verdaderamente abierto e internamente visible (o incluso blogs individuales para los empleados) que permita que las personas saquen a flote nuevas ideas para someterlas a evaluaciones por sus pares, debería permitir que las mejores ideas alcancen la superficie para llegar a la selección y revisión. Veremos más acerca del concepto de los blogs de ideas en el capítulo 6, ya que son una manera emocionante de facultar a sus empleados y generar pensamientos.

CREACIÓN DE GRANDES PRODUCTOS

El siguiente reto es decidir qué grandes ideas pasan a convertirse en productos. Después de todo, ¿qué tiene de bueno el pensar en la mejor idea del mundo si su negocio en realidad no puede venderla?

Las empresas inteligentes contratan personas que son capaces de convertir las grandes ideas en grandes productos. Estas personas, llamadas frecuentemente *especialistas de producto* o *directores de producto*, conocen a los clientes, conocen el mercado y conocen cómo entregar nuevos productos a tiempo y dentro del presupuesto. Sin embargo, para desempeñar bien sus trabajos, los especialistas de producto necesitan hablar directamente con los clientes. Aquí es donde las sesiones de grupo, las jornadas de demostraciones a los clientes y otras técnicas para escuchar a los clientes entran en juego. Algunas empresas incluso emplean apóstoles en su personal para trabajar individualmente con cada cliente con el fin de mantener una buena relación.

Todos conocemos casos en los cuales hasta los productos mejor intencionados obtuvieron resultados inferiores a lo esperado. Confiar en una pequeña muestra de clientes para obtener un reflejo de lo que desea todo el mundo es, en el mejor de los casos, un riesgo, y una temeridad, en el peor. Si no se puede preguntar a todo el mundo qué es lo que quieren, entonces será poco probable que se pueda entregar lo que verdaderamente desean. Con el blogging, usted *puede* preguntar, si no a todo el mundo, por lo menos a todos los lectores, que muy probablemente se encuentren conectados o leyendo otros blogs de todo el planeta. Una vez que se tiene una perspectiva de lo que una gran comunidad de lectores quiere, puede comenzar a entregárselo.

AUMENTE SU VISIBILIDAD

El marketing se trata de visibilidad, de hacer que las personas correctas se enteren del producto correcto en el momento adecuado. Allen Weiss, fundador de MarketingProfs.com, dice que el marketing trata de clientes, y tiene razón. Aunque la dura realidad es que con frecuencia el marketing no se trata de clientes individuales; a menudo, se trata de crear un mensaje global al cual respondan clientes individuales.

Los nuevos métodos de marketing eficaz incluyen crear campañas "virales", eventos centrados en los clientes y otras formas de ayudar a los clientes a difundir el discurso a través de programas de incentivos y concursos. También se busca la visibilidad a través de informes en los medios de comunicación, patrocinio de eventos y sitios web interactivos.

Sin embargo, estas campañas de visibilidad carecen de eficacia en el nivel de relación individual. Las empresas suponen que contactarán millones de personas, pero sólo un pequeño porcentaje de esas personas responderá. Este método tiene su lado bueno, pero no hace nada por crear relaciones con los clientes, experiencias positivas o clientes apóstoles.

¿ATRAPÓ AL VIRUS?

Recientemente, el *marketing viral* se ha convertido en una moda. La estrategia es animar a los clientes a traspasar información a otros, frecuentemente por medio del correo electrónico. Es eficaz porque puede subirse una vez y dejar que cada consumidor difunda el mensaje por sí mismo. Halo 2, un popular juego de video para la consola XBox de Microsoft, entabló una de las campañas de marketing viral más exitosas que hayan existido, con la creación del pseudojuego "I Love Bees".

En el estreno de uno de los avances publicitarios para el juego, exhibido en cines de todo el mundo, el logotipo final de XBox se desvanecía brevemente hasta aparecer www.ilovebees.com, la dirección del sitio web de un fabricante de miel, hasta ese momento desconocido, en el Valle Napa, en California. Los visitantes eran recibidos con una serie de mensajes perturbadores y enigmáticos, que incluían una cuenta regresiva para algún evento desconocido (aunque los astutos visitantes finalmente adivinaron que era el lanzamiento del juego).

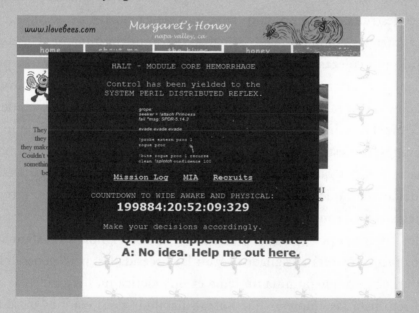

La campaña desarrolló un increíble alboroto que fue transmitido al mundo por medio de millones de visitantes curiosos obsesionados con resolver el rompecabezas. Aparecieron sitios web y comunidades enteras tratando de encontrar una solución. ¿Por qué? Porque a todo el mundo le encanta el misterio.

Las campañas como la de "I Love Bees" confían en que los usuarios difundan el mensaje, algo en lo que los blogs también confían. Confiar su mensaje a sus usuarios es una de las maneras de permitirles "poseer su marca".

TENER UN GRAN EQUIPO

Una de las mejores maneras de construir un gran negocio es crear un gran equipo. Los grandes equipos tendrán grandes ideas, construirán visión y descubrirán los defectos en los productos, los cuales luego corregirán. Si se le proporcionan los recursos adecuados, un gran equipo puede solucionar casi cualquier problema y estará feliz de aceptar casi cualquier desafío.

Desafortunadamente, puede ser difícil crear y mantener motivados a los grandes equipos. Cualquiera que haya creado equipos exitosos sabe que, más pronto de lo que uno se imagina, algún "factor X" particular consolidará o destruirá al equipo: con frecuencia, la capacidad de encontrar una base e intereses comunes puede ser una cuestión determinante. Un equipo formado por colegas con intereses, antecedentes o pasiones comunes podrá confiar en esos puntos comunes, incluso en las circunstancias más adversas. El reto es encontrar empleados que sean compatibles; pocos perfiles de empleados incluyen información que lo ayude a encontrar la base común.

Para resolver este dilema, muchas grandes corporaciones están cambiando hacia equipos que se forman y sustentan ellos mismos. Estas personas han descubierto que tienen cosas en común y que trabajan bien juntos. Las empresas colocan mensajes acerca de oportunidades internas, con el fin de que los "ultraequipos" puedan participar en ellas o ignorarlas. Algunas veces los proyectos serán asignados según las necesidades, pero generalmente tener un equipo que domina un tema es una táctica más eficaz.

El reto para las empresas que buscan habilitar estos equipos dinámicos es descubrir cómo hacer que los empleados se conecten de acuerdo con sus pasiones. La pasión es una parte importante de cualquier equipo exitoso; sin pasión, un equipo no sólo no se pondrá rápidamente en marcha, sino que posiblemente descubrirá que sus miembros son incapaces de cuajar, divertirse o ayudar a la empresa de una forma significativa. Aprenderemos cómo crear equipos internos dinámicos en el capítulo 6.

CÓMO IMPACTAN LOS BLOGS A SU NEGOCIO

Por supuesto, crear un negocio exitoso incluye algo más que tener excelentes equipos, grandiosas ideas, grandes productos y aumentar la visión; pero si su negocio pudiera hacer bien sólo estas cuatro cosas, estaría en el camino de un buen comienzo. La verdadera cuestión es cómo puede el blogging aumentar o ayudar en cada una de estas áreas.

Ideas   Siempre es difícil que lleguen las buenas ideas. Algunas empresas aventureras han empezado a bloggear para obtener nuevas ideas de productos, suponiendo que sus usuarios saben lo que quieren mejor que las empresas. El blog FastLane de GM (http://fastlane.gmblogs.com) es un gran ejemplo de esto: GM mantiene los nuevos conceptos de los lectores en el sitio, invitándolos a comentar. Al proporcionar un espacio para que los clientes interactúen, uno puede estar seguro de que *interactuarán*. Como empresa, usted debe estar preparado para la retroalimentación que llegará como resultado.

Productos   El tradicional desarrollo de productos se apalanca en una habitación llena de clientes que toman decisiones para un mundo lleno de personas. El resultado final es una serie de perspectivas de grupos de enfoque que no tienen aplicaciones en el mundo real. El blogging ofrece la oportunidad de preguntar al mundo de los clientes qué es lo que de verdad quieren.

Visión   Las campañas más tradicionales de visión son eventos únicos que raramente van más allá de la primera experiencia del cliente. Incluso las mejores campañas virales que animan a los clientes a difundir el mensaje, en realidad sólo son eventos de interacción única. Los blogs permiten a sus lectores decidir cómo y cuándo interactuar con usted. No sólo dan a los clientes el control sobre la relación, sino que también los animan a continuar entablando una conversación con usted a lo largo del tiempo, proporcionándoles así un sinnúmero de experiencias que pueden compartir posteriormente con amigos y asociados. Fomentan que los clientes se vuelvan participantes y que los participantes se conviertan en apóstoles; animan a todos a unirse como una comunidad.

Trabajo en equipo   Al crear oportunidades para que los miembros de su personal se comuniquen de manera eficaz, se crea un espacio para interacciones más significativas. Los blogs llegan a donde otros tipos de comunicación no pueden. Se ha dicho que los correos electrónicos es donde la información muere. ¿Cuándo fue la última vez que de verdad miró un mensaje que había archivado hacía tiempo "sólo por si acaso"? En los blogs reside la información viva. Las personas de su empresa pueden encontrar a otras con intereses similares al buscar temas que otros bloggers internos hayan considerado. Crear conexiones *ad-hoc* basadas en el contenido que se crea y que es propiedad de los bloggers internos es una gran manera de mantener sus equipos bien aceitados, motivados y en contacto con personas que tienen pasiones similares a lo largo de su organización. Piense en los rendimientos que se pueden obtener para toda la empresa, si estos expertos tuvieran una manera fácil de intercambiar y archivar ideas.

IDEAS PARA AYUDAR A SU NEGOCIO

Más allá de los conceptos esenciales de mejorar sus ideas, productos, visión y trabajo en equipo, los blogs pueden mejorar su negocio en docenas de formas. Éstos son algunos ejemplos para darle una probadita mientras profundizamos más en la exploración de los mismos.

Mejorar la lealtad de los clientes   Elisa Camahort es una blogger apasionada; ayuda a los teatros en su área, como el 42nd St. Moon (http://42ndstmoon.blogspot.com), al bloggear los detalles detrás de la escena, los cuales encantan a los fanáticos del teatro. También destaca los descuentos en los teatros para rastrear qué tan eficaz es el blogging para dirigir nuevas ventas de boletos. En general, la capacidad de conectar con su nicho de audiencia ha sido una enorme bendición para los teatros pequeños a los que Camahort sirve con pasión.

Crear un primer rumor Nooked (http://blog.nooked.com/) fue primero *visualizada* y *construida* en el blog y ha *crecido* a través de éste. Nooked es una empresa de rastreo RSS; éstas son las siglas en inglés de Really Simple Syndication y se refiere a un formato utilizado para distribuir fácilmente noticias en Internet por medio de feeds o canales. A cada paso del camino, el blog de Nooked ha estado lleno de información interna que es devorada con despreocupación por aquellos que siguen el progreso del proyecto. Es el ejemplo perfecto de cómo usar los blogs para construir un primer rumor acerca del ciclo de desarrollo de productos.

Reaccionar a los eventos negativos A principios de este año, General Motors se vio inmersa en una reestructuración importante. El presidente de GM, Rick Wagoner, tomó un elevado grado de control sobre la empresa al reestructurar determinadas unidades, de tal manera que éstas le reportaban a él directamente; estas unidades seleccionadas estuvieron previamente bajo el cuidado de ejecutivos claves, como Bob Lutz. Lo interesante es que Lutz es el autor principal de los extremadamente populares blogs FastLane de GM. En lugar de permanecer en silencio sobre el evento, Lutz pudo convertir en algo positivo lo que muchos hubieran considerado como una degradación: fue capaz de enfocarse completamente hacia lo que amaba, el desarrollo de productos. Algunos cientos de bloggers y comentaristas apoyaron su actitud al comentar y seguir su ejemplo de cómo lidiar con la negatividad en un foro público.

Extender su influencia a sus influencias Para muchas empresas, la clave del éxito es conocer quién influye en la industria. Para Microsoft, los desarrolladores son una prioridad total. Para influir en los desarrolladores, Microsoft lanzó el Channel 9 (http://channel9.msdn.com), el cual dio una visión interna real a la empresa a través de videos de perfiles diarios de las figuras importantes en cada grupo de producto. La respuesta a este blog y a su ángulo de video tomó a todos por sorpresa en Microsoft; la comunidad del blog creció a más de 50,000 miembros, haciendo de ella una de las mayores comunidades de desarrolladores que haya existido.

CÓMO LOS BLOGS ATRAEN CLIENTES Y AFECTAN LA RECORDACIÓN DE MARCA

Actualmente, el reto que las empresas enfrentan es de *recordación de marca (mindshare)*. Básicamente, la recordación de marca trata de cuántas personas están al tanto de su producto. Piense en ello como participación de mercado, excepto que en lugar de tener un porcentaje del mercado en términos de valor en dinero, se valora la recordación de marca como el porcentaje de personas que conocen qué hace usted. El problema es que todos compiten por la recordación de marca, y los clientes sólo tienen una cantidad determinada de *espacio mental*.

> **Genere lugares que sean importantes para sus clientes; sólo entonces su recordación de marca crecerá.**

LOS BLOGS COMO HERRAMIENTA DE MARKETING: LA HISTORIA DE STONYFIELD FARM

Aun si su empresa es relativamente pequeña, su blog puede tener un efecto enorme en su perfil, en las relaciones con sus clientes y en la manera en que ellos piensan acerca de usted y de sus productos.

En abril de 2004, la empresa de yogurt Stonyfield Farm comenzó a bloggear (www.stonyfield.com/weblog/). Stonyfield tiene cinco blogs, cada uno de ellos dirigido a una parte diferente de su mercado. Algunos tienen como objetivo a granjeros y aquellos que recuerdan con nostalgia el trabajo de las granjas tradicionales; otros están dirigidos a los padres y el estilo de vida saludable, ya que tener una imagen saludable atrae a los padres ocupados.

El enfoque en el estilo de vida saludable, el medio ambiente y los valores familiares son facetas importantes de la personalidad de la empresa y algo de lo que se enorgullece de haber mantenido a pesar de su fenomenal crecimiento.

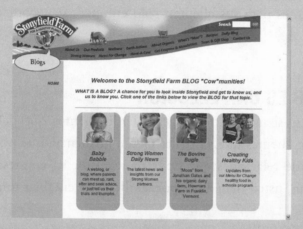

Stonyfield Farm se dio cuenta de que los compradores toman decisiones de compra en la sección de comida refrigerada en la tienda de abarrotes; están condicionados para elegir los artículos de menor precio de la mayoría de las mercancías, como es el caso del yogurt. Sin embargo, Stonyfield cree que al enlazar sus valores con los valores de sus clientes, puede crear una impresión duradera que hace que el costo extra por la compra parezca que valga completamente la pena.

Usar sus blogs como una forma de reflejar los valores, la cultura y las prioridades de su negocio es una de las mejores maneras de asegurar que su blog no sea simplemente otro vehículo para repetir la misma y vieja historia del marketing ante la cual los clientes se van desensibilizando. Los blogs le permiten hablar directamente con sus clientes como personas importantes, lo que es una oportunidad que nunca se debe ignorar.

La realidad es que cuantas más empresas compiten por la recordación de marca a través de los métodos normales de transmisión, menos eficaces son todas las campañas. La razón simple es que los clientes son capaces de dedicar menos y menos de su espacio mental a cada empresa o producto. La respuesta al reto es sencilla: genere espacios en donde sus clientes puedan entablar un diálogo con usted de forma consistente. Genere lugares que sean importantes para sus clientes; sólo entonces su recordación de marca crecerá.

BLOGGEAR ES UNA ELECCIÓN

Está claro que si usted no bloggea, pierde clientes que debería estar ganando, pierde clientes que ya tenía, pierde influencia que podría estar ejerciendo y pierde relaciones que podrían redefinir su empresa. Cuando sus clientes hablan, usted tiene la responsabilidad de entablar una conversación con ellos.

Lo maravilloso de esto, es que puede obtener beneficios para el negocio sin importar si tiene o no realmente su propio blog: aun así puede escuchar a sus clientes y entablar una conversación con ellos, incluso en blogs que no sean suyos. Obviamente, tener su propio blog le reportará mayores beneficios, como que los clientes puedan comunicarse directamente con usted, que tenga la posibilidad de crear experiencias positivas en su blog y de que la voz humana de su blog sea asociada con su empresa.

Todos los negocios tienen que elegir entre ignorar el blogging o aprovecharlo. El blogging no va a desaparecer más de lo que vayan a desaparecer los sitios web normales. Muy pronto, los clientes darán por sentado que cada empresa tiene un blog. Los negocios participarán y entablarán una conversación o lo ignorarán y ellos mismos se distanciarán.

Cada vez más, los clientes buscan negocios que hagan más que simplemente proporcionar el precio más bajo; buscan relaciones. Las empresas que sigan recortando precios, recortando tiempos o costos y pensando que tienen garantizados los clientes, de seguro están metidas en una carrera hacia el fondo. Por el contrario, los negocios que valoran a sus clientes, entablan una conversación con ellos y los hacen partícipes del futuro de la empresa ya que están comprometidos en un tipo muy diferente de carrera, una carrera hacia la cima. ¿En qué carrera le gustaría estar? ¿Qué les sucede a las empresas que ganan la carrera hacia el fondo? ¿Sobreviven, prosperan o se hunden? ¿Y qué pasa con las empresas que ganan la carrera hacia la cima de sus mercados? Ciertamente, el tiempo lo dirá. De cualquier forma, los clientes están tomando nota. Empresas como JetBlue y WestJet, ambas definitivamente comprometidas en una carrera hacia la cima, están derrotando a competidores tan grandes como United o Delta en la industria de la aviación, en primer lugar porque esas exitosas líneas aéreas prestan atención a sus clientes mediante el blogging.

Los clientes son sensibles al precio sólo cuando usted es sensible al precio. Es mucho más valioso para su negocio y sus clientes enfocarse al valor único en el que usted crea (los ejemplos de Starbucks, Apple Computers y BMW no tienen por qué ser únicos). La sensibilidad a los precios es una creación de las empresas que siguen lo que hace el mercado; es mucho mejor *definir* el mercado que servirlo.

En todas las industrias, en todos los continentes, las empresas dedicadas a servir a los clientes con una experiencia comprometida centrada en el cliente se enfrentan a un desafío común: manejar el crecimiento. El blogging, escuchar los blogs y participar en las conversaciones son meras extensiones de tener un negocio centrado en los clientes. Siempre que se valora a los clientes, éstos se convierten en los mayores apóstoles de la empresa y harán su marketing por usted. No obstante, los blogs pueden hacer más que sólo marketing; pueden ayudar al desarrollo de su producto y a las relaciones públicas, e incluso pueden abrir mercados y oportunidades completamente nuevos.

EMPRESAS QUE BLOGGEAN

Una vez que ha establecido que escuchar la blogosfera es una manera natural y valiosa de encontrar valor en la conversación en curso, el siguiente paso lógico es que surja algo que decir. La mejor manera de hacerlo es comenzar su propio *blog*. La mayoría de las empresas tienen que determinar primero qué tipo de *blog* establecer, quién deberá escribirlo y otros asuntos importantes. Desafortunadamente, lo más "seguro" que muchas empresas eligen hacer, es establecerlo como un YAMO (*Yet Another Marketing Outlet, Sólo otra salida de marketing*). Contratan un escritor de textos para convertir las noticias de su empresa en anuncios elocuentes, con palabras llamativas como *innovación* y que hablan sólo de las fortalezas de su empresa.

El problema de tratar su *blog* como otro punto de reunión tecnológica es que no hace nada para respetar a sus clientes. Sus clientes ya ven y escuchan sus clichés en sus comerciales, comunicados de prensa, entrevistas y por medio de todos los canales regulares. Si quieren saber qué tan innovador es, pueden ir a su sitio web. En lugar de eso, por qué no ayudarlos a utilizar su *blog* para leer sus opiniones sobre asuntos de la industria, noticias (noticias de usted y de otros) y perspectivas.

Tiene que comunicar más que un mensaje estándar de marketing; tiene que comunicar algo auténtico, apasionado y con autoridad, exactamente el tipo de cosas que surgen cuando está hablando cara a cara con un cliente.

Si usted va a crear un único *blog*, deje que la pasión y autoridad del autor brillen de una manera auténtica. Para muchas empresas el director general o un ejecutivo puede proporcionar la mejor perspectiva. Sun Microsystems tiene cientos de blogs del personal, pero el que más se lee es el del presidente, Jonathan Schwartz (http://blogs.sun.com/jonathan), que aparece en la figura 3-1. Nadie es más apasionado, ni tiene más autoridad con respecto al tema de Sun, que Schwartz, y afortunadamente él aborda los asuntos de frente de una manera impresionante.

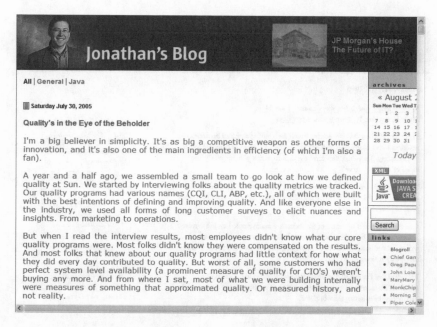

Figura 3-1   Jonathan Schwartz aborda con frecuencia los asuntos difíciles de una manera apasionada y autorizada.

Sea real: La historia de Scoble

Por el contrario, a veces la persona más importante para bloggear en su empresa puede que no sea un ejecutivo. Para Microsoft (uno de los competidores directos de Sun) podría decirse que el blogger más importante es Robert Scoble (http://scoble.weblogs.com), cuyo sitio se muestra en la figura 3-2. Scoble comenzó a bloggear antes de unirse a Microsoft; su blog existente fue, de hecho, una fuerza importante por la que aterrizó en su empleo actual. En su papel de apóstol técnico, Scoble necesita tener tanto autoridad como honestidad.

Una de las reglas de Scoble es decir la verdad, incluso si eso significa admitir que el producto de un competidor es mejor o si significa que Microsoft está haciendo algo mal. Esto puede ser aterrador para que lo haga un ejecutivo, aunque Schwartz, de Sun, lo hace con mucho éxito. En Scoble, esto es natural, y el efecto neto es que se ha convertido en una de las personas más influyentes dentro de una empresa con más de 55,000 empleados.

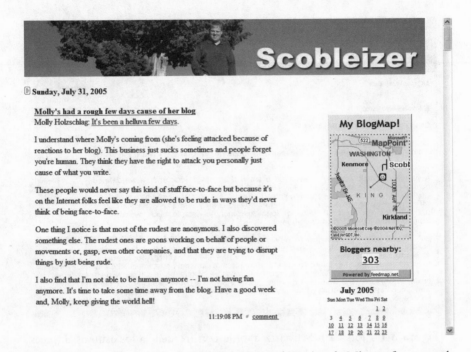

Figura 3-2   Robert Scoble, un modesto apóstol técnico de Microsoft, es una de las personas más influyentes en la empresa, gracias en gran parte a su blog abierto y honesto.

El efecto exterior es que Microsoft tiene ahora una voz confiable que dará una respuesta apasionada y directa hasta a las preguntas más duras.

Contestar la pregunta de quién debería bloggear en su empresa no es sencillo. Sin embargo, si va a crear un único blog, asegúrese de que su blogger tiene las siguientes tres características: Pasión, autoridad y autenticidad. No puede perder.

Deje que sus empleados hablen
por usted: La historia de Monster

Monster.com, un sitio importante de empleos, ilustra exitosamente el concepto de otorgar poder a los empleados para ser su voz en el blogging. Su blog oficial (http://monster.typepad.com), figura 3-3, incluye mensajes de blogs de docenas de miembros del personal, quienes contribuyen con una variedad

Figura 3-3 El blog de Monster, escrito por docenas de empleados, es un excelente ejemplo de cómo cada empleado puede expresar su pasión mientras continúa proporcionando valor a los clientes.

de temas, desde sus primeros días en el trabajo, pasando por el mal humor de sus mascotas (incluso con compañeros de trabajo y directores), hasta sus sueños y aspiraciones. Algo de esto es único en el blog de Monster: debido a que la empresa ayuda a las personas a encontrar empleo, permitir que sus empleados comenten asuntos similares a los experimentados por empleados de otras empresas es una buena manera de relacionarse con clientes potenciales.

Aunque lo genial que hace Monster es dejar que sus empleados sean personas auténticas en el blog. No se dan muchas pláticas sobre marketing o gritos de "¡Ra! ¡Ra! ¡Monster campeón!" Se puede decir que los empleados trabajan felizmente en la empresa debido a la pasión y energía mostrada en sus mensajes en el blog. Se puede decir que a los empleados les encanta ayudar a otras personas a encontrar buenos empleos porque se ve fácilmente en el texto. Monster no está *utilizando* a sus empleados para obtener recordación de marca; está facultándolos para tener una voz. Esto es valioso para una empresa cuyo objetivo principal es ayudar a otros a encontrar el empleo de sus sueños.

EMPRESAS QUE NO BLOGGEAN

Tener su propio blog no es un requisito previo para beneficiarse de lo que está pasando en la blogosfera. Por supuesto que tener representación directa, establecerse como un líder de pensamiento y tener una localización atractiva para que los clientes se comuniquen por el sitio web es muy, muy bueno. Pero su negocio puede obtener valor del bloggeo aunque no tenga uno propio.

Si todo lo que usted hace con los blogs es escuchar lo que está pasando y responde apropiadamente, tiene ya una gran parte del camino andado hacia el establecimiento de una estrategia exitosa de bloggeo.

No obstante, debe darse cuenta de que hay una conversación en marcha, y que es una conversación que usted quiere escuchar. Al reconocer este hecho fundamental, usted puede apalancar y monitorear lo que ya está pasando en la blogosfera, tenga o no su propio blog. Más adelante en este libro, profundizaremos en la forma de rastrear la blogosfera; por el momento, demos un vistazo a algunos breves ejemplos de las maneras en que puede escuchar la conversación de los bloggers: Technorati (www.technorati.com) y PubSub (www.pubsub.com).

Technorati vigila los blogs como un halcón. Permite buscar blogs bien por términos específicos (como el nombre de su empresa o sus productos) o por direcciones web específicas (como el sitio web de su empresa) para ver quién está hablando de usted. Technorati también proporciona otra información vital: cuántos bloggers están vinculándose con la persona que está hablando o conectándose con usted. Servicios similares a Technorati también le permiten rastrear los vínculos de sus *competidores*, lo que puede ser uno de los servicios de inteligencia competitiva más poderosos que jamás haya usado, ya que le da una retroalimentación e información real de sus competidores y los retos que ellos están enfrentando. No sólo aumentará su sabiduría con base en las aportaciones de los clientes, sino que también podrá evitar cometer los errores de sus competidores.

Nunca sugeriría que considerara más importantes a los blogs que tienen 1000 blogs vinculados a ellos, que a los que sólo tienen 10 o 20; debe estar pendiente del alcance de cada blogger. Trate a todos y a cada uno de los bloggers como a un cliente, y con el respeto que cada cliente merece. Sin embargo, esté alerta, ya que si usted hace enojar a un blogger con una gran audiencia, dicha audiencia también puede enojarse. De cualquier manera, este saboteador furioso puede finalmente convertirse en un poderoso apóstol, ya que cada mala situación tiene un potencial de beneficios aún mayores cuando se enfrenta rápida y abiertamente y con respeto.

PubSun monitorea los feeds que los bloggers producen (para mayor información sobre los feeds, vea el capítulo 2). Dado que PubSub monitorea los que son producidos en toda la blogosfera, puede solicitarle que produzca un feed de clientes sólo para usted. Éste podría incluir los nombres de sus productos, el nombre de su empresa, el nombre de su director ejecutivo e incluso los nombres de sus competidores, lo que le permitirá controlar eficazmente toda su esfera de influencia. Por supuesto, usted puede querer que los divida en feeds separados; PubSub le permite tener tantos como desee y puede organizarlos de la manera que quiera.

PubSub se especializa en hacerle saber quién está diciendo algo tan pronto como se haya dicho. Technorati, sin embargo, puede decirle qué tan importante es un tema en particular, quién está hablando de él, quién está respondiendo y qué tan rápido se está diseminando la noticia. Utilizar ambas herramientas juntas le proporciona un poderoso arsenal para entender y participar en el flujo de las conversaciones.

Una vez que se ha suscrito al feed que ha producido PubSub, su agregador o lector le notificará automáticamente cada vez que PubSub vea algo nuevo que cubra los criterios que usted estableció. Nunca antes usted había tenido el poder de reaccionar a una situación, crisis o revolución de clientes negativa tan rápidamente como en el mundo de los feeds. En la mayoría de los casos, usted puede estar al tanto de un asunto en menos de 10 minutos después de que un blogger haya bloggeado acerca de él. Esto transforma por completo su capacidad de trabajar con los clientes rápidamente, y gracias al poder del blog de su empresa, responderlo en cuestión de minutos u horas en lugar de días o semanas. Esto puede ayudar a detener los comentarios negativos de boca en boca; pero, aún mejor, crea una asociación positiva con su empresa. Las personas no esperan experiencias prístinas, pero aprecian y respetan un debate honesto, auténtico y abierto acerca de cómo una empresa está dispuesta a mejorar sus productos y experiencias.

RESPONDA A SU AUDIENCIA: LA HISTORIA DE KRYPTONITE LOCKS

Las empresas pueden no responder eficazmente a los asuntos que suceden en el mundo del blogging por varias razones: pueden no estar al tanto de que existen, o están al tanto de su existencia, pero subestiman su importancia. Kryptonite Locks es un poco una historia singular, en la cual la empresa sabía de la existencia de los blogs, pero simplemente eligió no responder a los bloggers por múltiples razones.

En el año 2004, Kryptonite, fabricante de candados más vendidos, sufrió en manos de un blog. Un blogger descubrió que era posible abrir un candado Kryptonite sin nada más que un bolígrafo Bic estándar.

Después de que lo puso en el blog, el asunto fue rápidamente recogido por Engadget (www.engadget.com), popular blog de artilugios y adictos a las computadoras con una base de lectores diarios de más de un cuarto de millón de personas (vea el artículo en www.engadget.com/entry/7796925370303347). La conversación acerca del asunto se salió rápidamente de control. Lo peor de todo fue que Kryptonite no tenía ni idea de lo que estaba sucediendo, hasta que fue demasiado tarde. En poco tiempo

The New York Times y Associated Press habían recogido la historia… y ya no hubo punto de regreso.

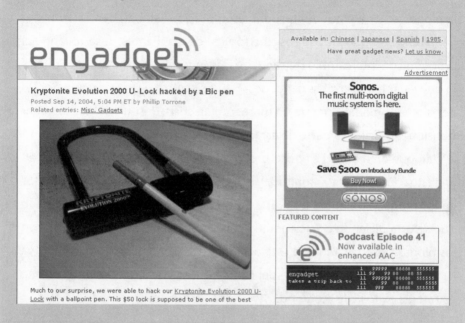

El negocio de Kryptonite había sido golpeado con una demanda conjunta (www.kryptonitesettlement.com/), y la empresa se comprometió con un programa masivo de intercambio de candados (www.kryptonitelock.com/inetisscripts/abtinetis.exe/templateform@public?tn=product_exchange_faq), que le costó mucho dinero.

Para nosotros la pregunta no es si los candados eran fácilmente vulnerables; en lugar de eso, la pregunta es: "¿Cómo se habría visto esta situación si, en menos de una hora, Kryptonite hubiera respondido en el blog original del blogger, en Engadget y en su propio blog (si hubiera tenido uno)?" El equipo de manejo de la crisis no estaba en absoluto preparado para las realidades de la nueva blogosfera, en donde un blogger puede identificar un asunto con el producto, hablar acerca de él, y contárselo a más de

20 millones de personas en menos de una semana. Los representantes de Kryptonite dijeron que estaban más que al tanto del furor que sucedía en la blogosfera, pero que no respondieron porque estaban demasiado ocupados contestando los correos electrónicos de los clientes, desarrollando el programa de intercambio de candados y averiguando exactamente qué es lo que estaba mal con los candados. Es difícil culpar a una empresa por las decisiones tomadas durante un momento de crisis; después de todo, tomar decisiones difíciles es parte de estar en el modo de crisis.

Aunque en realidad es poco probable que su empresa se encuentre en una situación de esta magnitud, la capacidad de cortar de raíz los asuntos en los primeros minutos u horas es un potente motivador para rastrear lo que se está diciendo o haciendo en la blogosfera. Si todo lo que hace con los blogs es escuchar lo que está pasando y responde apropiadamente, ya ha avanzado una buena parte del camino hacia el establecimiento de una estrategia exitosa de blogging.

CONCLUYENDO

Apalancar el poder del blogging para su empresa implica más que sólo leer y rastrear blogs y escribir algunos mensajes aquí y allá. La primera parte de este libro cubrió los aspectos fundamentales del blogging: qué es y de dónde viene, la conversación y por qué es tan importante, así como el poder de los blogs para su negocio.

A continuación cubriremos la forma de empezar con el blogging en su negocio, incluyendo ejemplos de dos empresas de *Fortune 500*, las cuales están realmente innovando en el espacio del blogging: Disney y General Motors; y veremos las mejores formas en las que su empresa puede utilizar los blogs tanto externa como internamente.

Esto no significa que este libro le vaya a dar una lista exhaustiva de todas las formas posibles en las que se pueden o deben usar los blogs. Al final del día, usted conoce su empresa mejor de lo que yo lo haré jamás. Sin embargo, los próximos capítulos le proporcionarán principios esenciales para llevar a cabo un blogging exitoso y obtener la mentalidad requerida para implementarlo exitosamente, así como todo tipo de ideas. Le animo a que haga algo *diferente*. Sí, cada uno de estos ejemplos ha funcionado bien para otras empresas en el pasado, y pueden trabajar bien para usted. Pero no haga lo mismo que todos los demás. Descubra lo que es mejor para su empresa y persígalo, incluso (y especialmente) si es nuevo, emocionante y aterrador. No se arrepentirá.

4

CÓMO PUEDE SU EMPRESA UTILIZAR LOS BLOGS

Ahora que conoce los elementos fundamentales del blogging, es el momento de que descubra cómo exactamente puede su empresa utilizar los blogs y qué significarán esos usos para su negocio. Esta parte del libro proporciona el tipo de información para ponerse manos a la obra, para el punto donde el hule toca el camino, para la hora de la verdad, que estoy seguro estará esperando por suceder.

"¿Lo entiendes ahora?", preguntó June. Lo había explicado todo en su típica forma, minuciosa y a veces sobreprotectora, como si estuviera tratando con un niño.

"Lo entiendo", dijo Arnold. "Podríamos usar un blog para involucrar a nuestros clientes en una conversación. Además, podemos escudriñar sus cerebros buscando ideas para nuevos negocios."

"Bueno, si quieres ponerlo de esa manera", refunfuñó June.

Arnold se reclinó en su silla. "Después de todo, ¿qué tan bien conocemos esta ciudad? Todos esos desarrollos a lo largo de la interestatal ¿quién vive allí?"

"Sólo recuerda, Arn, que esto es una conversación, tenemos que darles algo de valor."

Arnold se inclinó hacia delante en su silla. "Apuesto a que hay pizzerías, escuelas, gasolineras, todo tipo de lugares que necesitan señalizaciones. No saben de lo que se están perdiendo. Esa bandera de seis metros que hicimos para Bratz Daycare... me dijeron que su negocio había subido un 30 por ciento."

June respondió, "Claro. ése es el tipo de historias que serían excelentes para el blog. Podríamos darles ideas sobre cómo mejorar sus negocios con algo de señalización seria. Qué tan económicas pueden ser las señales y cómo el color hace una gran diferencia a la hora de atraer a aquellas personas que pasan conduciendo. Podríamos darles a conocer qué funciona y qué no".

"¿Qué no funciona? ¿Por qué querríamos decirles eso?", preguntó Arnold. "Y todo eso de contar historias... ¿no sería como renunciar a algo de nuestra inteligencia de negocio?"

Una vez que June dejó de reír acerca del comentario de la "inteligencia de negocio", se sentaron a discutir largamente algunas reglas para su blog.

—Parte 2 de "Blog", una breve historia de Joe Flood

Ahora que conoce los elementos fundamentales del blogging, es el momento de que descubra exactamente cómo puede su empresa utilizar los blogs y qué significarán esos usos para su negocio. Esta parte del libro proporciona el tipo de información para ponerse manos a la obra, para el punto donde el hule toca el camino, para la hora de la verdad, que estoy seguro está impaciente por conocer.

Como mencioné anteriormente, un blog es realmente una herramienta para alcanzar un fin, y, como tal, está destinada a apoyarlo a usted, a su negocio, a los objetivos y a los activos de su negocio. Tener esta herramienta sin un objetivo es como un pingüino caminando por Central Park: seguro que sería interesante, pero no ayuda a nadie.

Y como con cualquier instrumento nuevo, usted tiene que descubrir cómo utilizarlo. En los siguientes capítulos, verá cómo puede usar el blogging al incluir algunas tácticas creativas e innovadoras empleadas por empresas grandes y pequeñas con el fin de apalancar los blogs para su propio bienestar estratégico. Lo único que limita su uso es su capacidad de soñar con nuevas maneras de usarlos.

¿CÓMO USO LOS BLOGS? DÉJEME CONTAR LAS FORMAS...

Le pedí a Arieanna Foley de Blogaholics (www.blogaholics.com) que compilara una lista de los usos de los blogs, lo que afortunadamente hizo en la tabla 4-1.

Externos	Internos
Comunicación	Administración y participación del conocimiento
Marketing	Herramienta administrativa
Soporte para los boletines del correo electrónico	Revisión interna de documentos
Sección de preguntas frecuentes	Colaboración
Opinión de las noticias de la industria	Archivo de ideas
Servicios de actualización	Diálogo interno
Capacitación	Archivo dinámico (no obsoleto, como los correos electrónicos)
Periodismo interactivo	Inteligencia corporativa (saber qué están
Fuente de investigación	diciendo y pensando sus empleados y observar patrones)
Retroalimentación pública	Lealtad (crear identificación con la
Búsquedas personalizadas/listas de observación	empresa a través de la interacción)
Agrupación de nuevas fuentes	Reporte de status (en qué estamos
Autoexpresión	trabajando y con quién, todo rastreado en el agregador de cada empleado)
Relatar historias	Establecimiento de ideas/objetivos de arriba hacia abajo
Servicios personalizados	Generación e interacción de ideas de abajo hacia arriba
Relaciones públicas	Creación de la cultura corporativa de
Mercadotecnia viral	expresión, colectividad, participación del conocimiento
Hacer campaña/reformas sociales	Obtención más rápida de información:
Desarrollo de la comunidad	¿Tiene una idea? ¿Frustrado con la cadena
Mecanismo de ventas	para poner a una persona a escuchar? Grítelo y será notado, apoyado y escuchado.
Lealtad a la marca, un rostro humano	Participación de calendarios

Tabla 4-1   Usos de los blogs de Arieanna Foley (*continúa*)

Externos	Internos
Gestión del conocimiento (escala amplia-ourmedia.com)	Anuncios en las reuniones
	Noticias en las reuniones vs. difusión de noticias por correo electrónico
Tendencias	Participación de inteligencia de mercado
Administración de Relaciones con el Cliente (CRM, por sus siglas en inglés)	Tormenta de ideas sobre estrategia, establecimiento de características y procesos
	Participación de noticias de los clientes
Compra de comportamiento	Petición de ayuda a otros
Inteligencia competitiva	Capacidad de segmentar los blogs por individuos o departamentos para una suscripción fácil
Votación	
Liderazgo de pensamiento	Mejores prácticas
Cambios en el producto	Liderazgo de pensamiento
Gestión de crisis	Creación de equipos (reunir a aquellos apasionados de un tema o reunir personas con ideas diferentes de tal manera que puedan encontrar la solución óptima)
	Enlaces organizados (categorizar los enlaces dentro del blog para la información más frecuente, estrategia, manuales técnicos, ventas de materiales, capacitación en línea)

Tabla 4-1   Usos de los Blogs de Arieanna Foley

Obviamente, ésta no es una lista exhaustiva, ya que cada día las empresas inventan nuevas maneras de usar los blogs. De la misma forma, es obvio el hecho de que no puedo cubrir todos estos usos en este pequeño libro. Sin embargo, daré un vistazo a algunas de las principales maneras en las que puede usar los blogs interna y externamente para mejorar su negocio.

Como puede ver en la tabla 4-1, el problema no es encontrar maneras de usar los blogs, sino encontrar la manera correcta de llevar el mayor valor a su negocio. Si sus objetivos son internos, y usted está intentando incrementar la comunicación, puede lograrlo de diversas maneras. Si sus objetivos son externos y usted está intentando aumentar la confianza y la visión de su empresa, un blog orientado al liderazgo de pensamiento puede ser ideal.

Podríamos llegar a más o menos profundidad y con más o menos rapidez, pero por ahora veamos dos empresas que los usan de manera innovadora para rediseñar la manera en que hacen negocios en las áreas hacia las que los blogs están dirigidos.

DÉLE A SU EMPRESA UNA VOZ: LA HISTORIA DE GENERAL MOTORS

En enero de 2005, aconteció un hecho memorable: Bob Lutz, vicepresidente de General Motors, comenzó a bloggear. Lutz fue el primer líder ejecutivo de una empresa no tecnológica del *Fortune 100* en ser colaborador principal de un blog. Su estilo personal y su pasión accesible crearon un canal de comunicación completamente nuevo para GM, que permitía a los clientes entablar una conversación directamente con él acerca de los productos, servicios y el futuro de la empresa. Lutz siente la misma pasión por el diseño de los automóviles que por su blog, lo que es una parte importante de ser un blogger exitoso a cualquier nivel de una empresa, y constantemente afirma su creencia en su audiencia y en el blogging. "Queremos que continúe vigilándonos y hablándonos, por eso estoy aquí", declaró Lutz en su segundo mensaje en el blog (7 de enero de 2005, http://fastlane.gmblogs.com/archives/2005/01/great_comments_1.html).

En sólo cinco meses, el blog FastLane de GM (vea figura 4-1) se convirtió en una de las voces sin filtrar más importantes en Internet, cuando la empresa se expresaba libremente a través de Lutz y de otros ejecutivos, y cuando los clientes aprendieron que sus voces eran escuchadas. Los resultados para los entusiastas de los automóviles que frecuentan el blog FastLane, así como el primer esfuerzo de GM en el blogging, el Smallblock Engine Blog, es tener en Lutz un comunicador dispuesto y capaz, cuya pasión por los automóviles en general, y por los vehículos de GM en particular, es contagiosa.

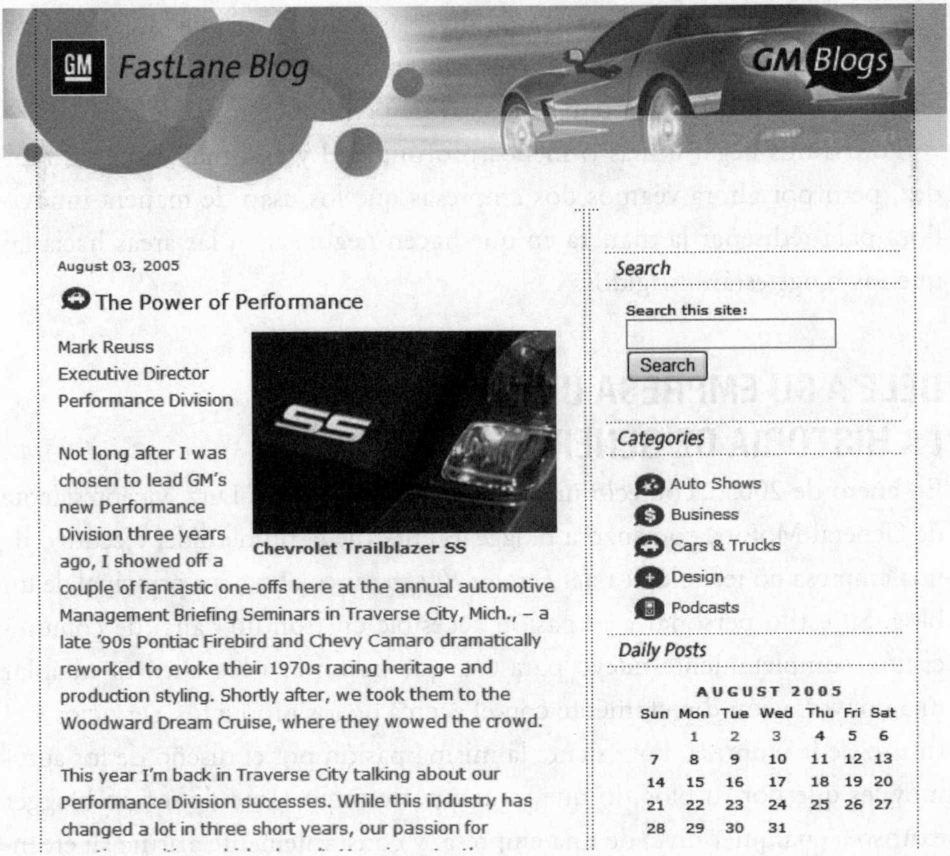
GM FastLane Blog
GM Blogs
August 03, 2005
The Power of Performance
Mark Reuss
Executive Director
Performance Division
Not long after I was chosen to lead GM's new Performance Division three years ago, I showed off a couple of fantastic one-offs here at the annual automotive Management Briefing Seminars in Traverse City, Mich., – a late '90s Pontiac Firebird and Chevy Camaro dramatically reworked to evoke their 1970s racing heritage and production styling. Shortly after, we took them to the Woodward Dream Cruise, where they wowed the crowd.
This year I'm back in Traverse City talking about our Performance Division successes. While this industry has changed a lot in three short years, our passion for
Chevrolet Trailblazer SS
Search
Search this site:
Search
Categories
Auto Shows
Business
Cars & Trucks
Design
Podcasts
Daily Posts
AUGUST 2005
Sun Mon Tue Wed Thu Fri Sat
1 2 3 4 5 6
7 8 9 10 11 12 13
14 15 16 17 18 19 20
21 22 23 24 25 26 27
28 29 30 31

Figura 4-1 El popular blog FastLane de GM permite a Lutz y a otros ejecutivos tener conversaciones reales con clientes reales.

La mayoría de los mensajes en el blog FastLane, así como en otros de GM, atraen comentarios, que crean una comunidad dinámica, apasionada y vibrante. Si hubiera cualquier duda de que el blogging se trata de todo lo concerniente a la conversación que se lleva a cabo entre empresas, clientes y bloggers, el blog FastLane entierra esas dudas. De acuerdo con Feedster Top 500, para agosto de 2005 (http://top500.feedster.com/), el blog FastLane se encuentra entre los primeros 500 de Internet, y la voluntad del equipo detrás de él de aprender y adaptarse al blogging ha sido fenomenal.

GM se convirtió en una de las primeras empresas en crear un *podcast* (un programa de radio en línea que se distribuye directamente a los reproductores MP3), lo que es un éxito entre los clientes. Los blogs, los podcasts y la interacción en general con los clientes proporcionan a GM una valiosa retroalimentación directa de los clientes, propietarios de automóviles y entusiastas acerca de lo que piensan de GM como empresa, como fabricante de automóviles y como innovador. Ésta es una retroalimentación que la empresa nunca hubiera podido obtener de una manera tan directa.

UN CASO EMBLEMÁTICO DEL BLOGGING EJECUTIVO

A principios de 2005, Neville Hobson (www.nevon.net) escribió un estudio de caso, el cual incluía información acerca de los esfuerzos de blogging de GM así como del crecimiento y las lecciones aprendidas en ellos. Hobson se refiere al blog FastLane de GM como "indudablemente, un caso emblemático actual de los blogs ejecutivos". Desde el lanzamiento de FastLane, algunos otros ejecutivos de GM se han visto implicados, añadiendo una "amplitud y profundidad de interacción que se desarrolla en el blog a la vez que permanece totalmente enfocado al objetivo clave del mismo: entablar un diálogo acerca de los productos y servicios de GM".[1]

Las incursiones de GM en el blogging han sido desafiantes, ya que continúa en ello mientras todavía está aprendiendo a caminar. El blog incluyó trackbacks, comenzó un podcast e interactuó exitosamente con bloggers de todo el mundo. Cada paso nuevo a la hora de alcanzar a la comunidad de entusiastas en el blogging ha creado nuevas y positivas experiencias para los clientes. Sin embargo, más que eso, los blogs de GM se han convertido en un lugar para que los clientes compartan sus pasiones y experiencias positivas, creando así una comunidad autosustentable de apóstoles de productos de GM.

GM ha dado a sus clientes una voz dentro de la empresa, pero ha aumentado tanto la confianza de sus clientes, que también tiene una línea directa y sin filtros de comunicación con el mercado, la cual ha llegado a ser indispensable.

LECCIONES APRENDIDAS

General Motors, y Lutz en particular, han liderado el campo en términos del uso del blogging, podcasting y de otras formas emergentes de comunicarse *directamente* con los clientes. Entre las lecciones que pueden aprenderse de Lutz y del equipo que mantiene los blogs de GM, se encuentran las siguientes:

- *No tenga miedo de ser honesto.* Varias veces desde que empezó el blog de GM, ésta podría permanecer en silencio con la esperanza de que el comentario o asunto negativo generado simplemente desapareciera o se olvidara; en lugar de ello, Lutz y otros colaboradores de los blogs han afrontado rumores, despidos, reestructuración corporativa y controversias con la línea de producción; han sido abiertos y honestos, y al hacerlo así no sólo han sacado la verdad acerca de lo que sucede en GM (como lo haría cualquier *blogger de ventana*, como veremos en el capítulo 5), sino que también han creado un sentido de confianza con los lectores.

- *Use blogrolls.* Los blogrolls resaltan los otros blogs que usted lee y respeta. Desde el primer día del lanzamiento del blog de GM, se incluyó un blogroll, no sólo para aumentar su visibilidad (todos los bloggers que se enlazaron a él eran avisados rápidamente de los vínculos, gracias a los servicios de rastreo de blogs), sino también para mostrar que los bloggers de GM sabían de qué estaban hablando: el blog de GM no se enlazaba con cada blog de autos del mundo, sólo con aquellos que se correspondían con sus pasiones e intereses.

- *Pregunte a las personas qué es lo que quieren.* Si usted no hace preguntas, no obtendrá respuestas. Desde el principio, GM ha estado solicitando abiertamente la retroalimentación de los clientes y, como resultado, no sólo ha seleccionado una enorme cantidad de retroalimentación gratuita de los clientes, sino que también ha ganado una reputación entre los lectores y entusiastas de los autos por preocuparse de lo que las personas piensan.

- *Sea apasionado.* Cuando está hablando en nombre de su empresa, a veces es fácil caer en una mezcolanza de lenguaje legal, vulgar y de relaciones públicas que use una gran cantidad de palabras sin decir nada en absoluto. La mayoría de los comunicados de prensa usan este tono. GM ha mostrado, principalmente a través de Lutz, que la pasión no es algo de lo que se deba tener miedo. Este blog ha demostrado que es mucho mejor apasionarse por algo correcto que ser desapasionado con respecto a todo.

- *Juegue limpio con sus competidores.* Es muy fácil pensar en su empresa como la mejor en el negocio, o al menos tratar de convencer de ello a los lectores. En este blog, GM no ha tenido miedo de alabar a sus competidores; el resultado es que ha desarrollado una gran confianza entre sus lectores, así que cuando GM *dice* que es la mejor en algo, sus lectores tienden a creerlo.
- *Tenga una voz auténtica.* Su blog deben escribirlo personas reales, así que ¿por qué no dejarlas sonar como tal? GM ha permitido de manera consistente a las personas que escriben los diversos blogs que actúen, suenen y respondan normalmente, sin usar la jerga de las relaciones públicas. Las relaciones que se han desarrollado y el alboroto que, como resultado se ha generado, han sido fenomenales.

Esta lista de lecciones aprendidas no es un requisito para que usted tenga éxito en el blogging. Sin embargo, al adoptar estos principios, usted, como GM, no sólo puede levantar su perfil entre los bloggers y los lectores, sino que también puede desarrollar un enorme sentido de confianza, buena voluntad y pasión. Cualquier empresa puede producir un anuncio que diga que se apasiona por su producto, pero GM lo demuestra cotidianamente a través de sus blogs. Usted también puede.

UTILICE LOS BLOGS DE FORMAS INNOVADORAS: LA HISTORIA DE DISNEY CHANNEL

Disney Channel está en antena gracias a más de 130 técnicos que trabajan en diversos turnos. Estos individuos se hacen cargo del canal, así como de las operaciones de Toon Disney, SOAPnet y ABC Family. Juntos, ofrecen más de 100 horas de programación diariamente.

Debido a la naturaleza del trabajo, cada turno produce una bitácora de turno en la que se anotan los sucesos que ocurrieron durante el mismo, así como cualquier asunto destacable. Esto permite un flujo de información consistente que es crucial para el éxito de la operación. En el negocio del entretenimiento, el cambio es constante y debe ser comunicado tanto a la administración como a los turnos entrantes. Además, conforme llegan los turnos, deben poder entrar en funciones fácil y rápidamente.

La versión original de las bitácoras de turnos se realizaba en papel (como lo muestra la figura 4-2), lo que significaba que se debían distribuir y archivar físicamente las diversas bitácoras. Tratar de leer la escritura a mano de

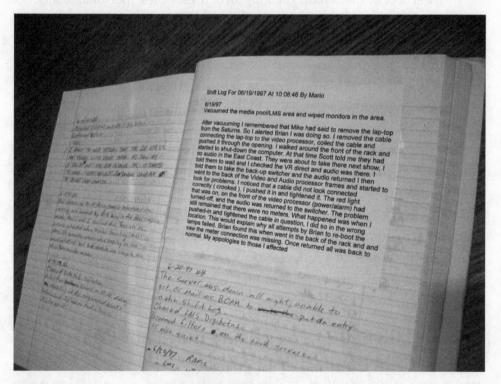

Figura 4-2   Las bitácoras de turnos originales en papel de Disney no solamente eran inefi-
caces, sino que podían ser difíciles de leer y era imposible buscar en ellas.

las personas y no poder archivar o buscar en las bitácoras de una manera fluida era problemático, por decir lo mínimo.

Como resultado de estos desafíos a sus objetivos, Disney Channel ha estado trabajando durante varios años en una solución más elegante.

TRABAJANDO EN UNA SOLUCIÓN

La primera solución fue una base de datos básica desarrollada por ellos mismos. El conjunto de características eran mínimas (sin capacidad de búsqueda ni de edición), pero definitivamente no era peor que el sistema de papel y significó el final de los montones de carpetas guardadas en un almacén. Cambiar a un sistema guiado por una base de datos aclaró verdaderamente las ideas de Disney con algo más robusto y útil.

Como lo cuenta Michael Pusateri, vicepresidente de ingeniería, en algún punto alguien tuvo la brillante idea de usar software de blogging para la bitácora de turnos. En ese momento el software de blogging más popular era Movable Type, de Six Apart (www.sixapart.com), que el equipo eligió usar. Instalaron el software en sus servidores Linux existentes, importaron las entradas 9000-plus previas hacia Movable Type y comenzaron a juguetear con el software. Su primer ajuste fue incorporar sus nombres de usuarios y contraseñas existentes al Movable Type, de tal manera que los usuarios no tuvieran que recordar más de una contraseña.

El nuevo sistema de bitácoras de turnos (figura 4-3) se introdujo gradualmente, y se permitió a los usuarios que ellos eligieran el momento en que estuvieran listos para usarlo. En el transcurso de dos semanas, más de 100 técnicos estaban utilizando el nuevo sistema.

NUEVO SISTEMA, NUEVOS DESAFÍOS

El nuevo sistema basado en blogs pronto se volvió popular, tanto que los usuarios del sistema comenzaron a solicitar nuevas características y capacidades. En particular, a los usuarios no les gustaba que tuvieran que *comprobar* el sistema para ver nuevas entradas, a pesar del hecho de que cada sistema

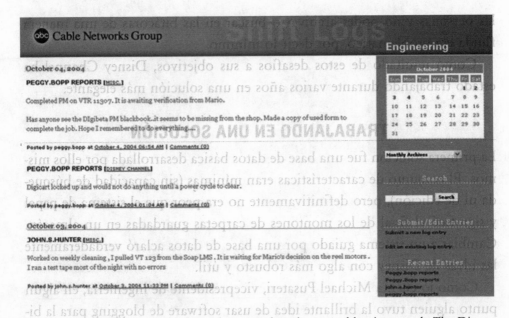

Figura 4-3   El sistema de bitácora de turnos basado en un blog interno de The Disney Chanel.

anterior requería que los usuarios revisaran las bitácoras manualmente para ver las nuevas entradas. Los usuarios también encontraron difícil retransmitir la información a otras personas en la empresa o al grupo de ingeniería.

Como resultado, Pusateri y su grupo hicieron algunos cambios en el sistema. Notablemente, resistieron la tentación de usar el correo electrónico como método de notificación y en su lugar decidieron usar RSS (Really Simple Syndication), en ese momento el método más popular de producir feeds.

En conjunción con los feeds, decidieron utilizar NewsGator (www.news-gator.com) como mecanismo para las actualizaciones sobre los feeds (figura 4-4). NewsGator es una extensión para Microsoft Outlook que hace que los nuevos artículos RSS lleguen a la pantalla tal como lo haría un correo electrónico normal. El resultado neto fue que los usuarios no sólo pudieron retransmitir los artículos RSS rápida y fácilmente, sino que también tuvieron el control de suscribirse a los feeds, en contraposición a ser automáticamente incluidos en un correo electrónico, tanto si el usuario quería como si no.

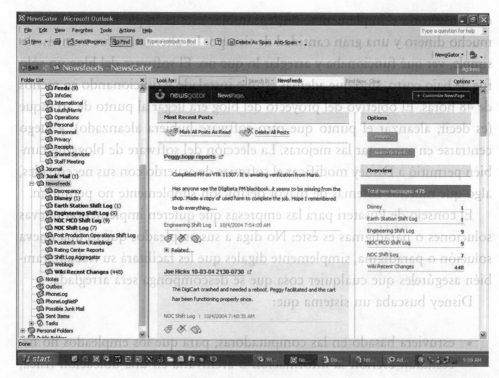

Figura 4-4 Muestra de la versión modificada de Outlook para Disney, el cual incluye NewsGator.

LOS RESULTADOS

Al hacer un sistema enfocado al usuario en lugar de al software (con el software que establece las reglas), Disney tuvo una rápida respuesta del sistema y una servicial comunidad de usuarios. Los cambios tenían un nivel de visibilidad mucho mayor, gracias a la combinación de RSS y NewsGator, y trasladó la mayor parte del medio de transmisión de la información fuera del correo electrónico y dentro del blog. Además, los usuarios podían hacer comentarios por sí mismos en una entrada al blog, lo que era una excelente ayuda cuando se buscaban archivos.

La sabiduría convencional dicta que un sistema de gestión de cambio de alta definición debería haber sido mejor para un ambiente de bitácora de turnos, aunque el costo se hubiera extendido más allá del software, a costos en consultoría e implementación; ensamblar este enfoque hubiera costado mucho dinero y una gran cantidad de tiempo. La alternativa fue mantenerlo simple, ver qué funcionaba y arreglar lo que no. El software del blog no sólo fue de bajo costo, sino que además estuvo instalado y funcionando en menos de 48 horas. El objetivo del proyecto del blog era llegar al punto de arranque (es decir, alcanzar el punto que otro software hubiera alcanzado), y luego centrarse en aumentar las mejoras. La elección del software de blogging también permitió a Disney modificar el software de acuerdo con sus necesidades, algo que muchos sistemas de mayor definición simplemente no permitían.

El consejo de Pusateri para las empresas que quieren implementar nuevas soluciones o paradigmas es éste: No diga a sus empleados que es una nueva solución o paradigma, simplemente dígales que les facilitará su trabajo; también asegúreles que cualquier cosa que se descomponga será arreglada.

Disney buscaba un sistema que:

- estuviera basado en las computadoras, para que los empleados no necesitaran escribir la información o archivarla en una ubicación física,
- permitiera editar aportaciones pasadas,
- tuviera capacidades razonables de búsqueda,
- permitiera a los usuarios no sólo ser notificados, sino también tener el control de esas notificaciones,
- fuera fácil de mantener, de bajo costo y fácil de implementar,
- se pudiera personalizar.

Movable Type cumplía con los requisitos, gracias principalmente al pensamiento innovador y original de Pusateri y su equipo.

LECCIONES APRENDIDAS

El estudio del caso de Disney Channel fue esclarecedor por diversas razones, y las diferentes lecciones aprendidas en este caso pueden aplicarse a la estrategia de blogging y al crecimiento de su empresa:

- *Comience con cosas simples.* Una de las razones por las que la solución final funcionó tan bien es que Disney no diseñó software masivo para resolver su problema; en cada paso, sólo resolvieron problemas mínimos. Como resultado, finalmente se establecieron en una solución que funcionó, y en ese punto pudieron implementar características más avanzadas que hicieron más fácil la vida de las personas.

- *Piense en algo original.* Cuando esté implementando su estrategia de blogging, llegará a ser más fácil hacer lo que cualquier otro está haciendo. Deténgase y piense en formas en las que su empresa puede ser diferente. Los blogs son excelentes, pero son sólo herramientas, y cuantas más personas usen esta herramienta, cada vez será menos notable cuando nuevas empresas se unan. Para llamar verdaderamente la atención, tendrá que hacer algo diferente. Quizás produzca un pod cast semanal o invitará a analistas de la industria a comentar algún asunto; quizás incluya entrevistas con los empleados. La manera en que diferencie su blog llegará directamente de los objetivos y metas que establezca en su estrategia de blogging. Atrévase a ser único.

- *Dé a las personas lo que quieren.* El primer paso es establecer las metas iniciales de su empresa. Después de ello, necesita estar preparado para escuchar, para que pueda continuar respondiendo y satisfaciendo las necesidades y deseos de su negocio, su industria y sus lectores. No tenga miedo de reexaminar su estrategia de blogging y sea lo suficientemente flexible para intentar una variedad de soluciones. A las personas les gusta que las escuchen.

ESTABLECER UNA ATMÓSFERA SALUDABLE DE BLOGGING

Cuando comience a bloggear y a apreciar las complejidades, beneficios y potenciales ramificaciones del blogging, sin duda comenzará a imaginarse cómo hacer que sus empleados participen del blog. El primer paso es darse

La clave para una atmósfera saludable de blogging es que la empresa, los líderes y los directivos den valor al blogging, a los bloggers y a la retroalimentación del blog.

cuenta de que es muy probable que alguno de sus empleados *ya esté bloggeando*. Con millones de blogs en el mundo, suponer que ninguno de sus empleados está bloggeando es tan ingenuo como suponer que jamás ninguno de sus empleados haya bajado música de Internet; puede ser cierto, pero las probabilidades están, definitivamente, en su contra.

Comuníquese con sus empleados acerca del blogging. Para algunas empresas, esto puede significar una reunión del personal acerca de este tema; para otras, puede ser una solicitud por correo electrónico para que hagan aportaciones. Como mínimo, debe incluir una política de bloggeo y alguna información para los directores acerca de cómo manejar los asuntos relacionados con ello. El objetivo de cualquier política o lineamientos de blogging debe ser comunicar lo que es y no es aceptable; de hecho, algunas empresas escogen hacer de él una parte *obligatoria* del día normal de trabajo de los empleados.

Sin embargo, crear una atmósfera de bloggeo sana va más allá de la política que usted genere. Tener ejecutivos que bloggean y que lo estimulan es una excelente manera de introducirlo, aunque no es un requisito. La clave para una atmósfera sana de bloggeo es que la empresa, los líderes y los directivos den valor al blogging, a los bloggers y a la retroalimentación.

Ésta es la razón por la cual es importante tener un blog corporativo, blogs específicos de producto (si usted hace productos como automóviles o software) o blogs específicos de mercado (si usted fabrica una amplia variedad de productos): permiten a sus clientes proporcionar retroalimentación en una serie de ubicaciones y, de esa manera, le permite usar esa retroalimentación de diversas formas. Muchas empresas que bloggean tienen un único blog oficial que está tan enfocado, que parece simplemente otro vehículo de marketing. Este enfoque es problemático, siendo el mayor problema que permite a los clientes comunicarse con usted tan sólo por medio de un blog, en lugar de muchos.

Construir una cultura que valore los blogs requiere que se generen declaraciones fundamentales de valor como éstas:

- Nosotros valoramos los blogs.
- Nosotros valoramos a los bloggers.
- Nosotros valoramos las aportaciones basadas en blogs.
- Nosotros valoramos a los empleados que bloggean.
- Nosotros valoramos a los clientes que bloggean.

Cada una de estas declaraciones de valor es importante.

Valorar los blogs significa darse cuenta de que mientras se hace afuera una gran cantidad de ruido, encontrar y leer la retroalimentación real del cliente puede ser más valioso que cualquier otra forma de comunicación con el cliente. Valorar a los bloggers implica más que simplemente decir "Sí, ellos están ahí afuera"; significa llegar a ellos y a los clientes para obtener retroalimentación sobre la empresa y sus productos. Crear clientes apasionados es eficaz, pero llegar a los influyentes existentes y crear relaciones con ellos no sólo revolucionará su negocio, sino que también allanará el camino para la tercera declaración de valor: valorar la aportación basada en los blogs.

El reto con esta aportación no es obtener retroalimentación; es conocer qué hacer, tanto con la retroalimentación positiva como con la negativa, así como tener un lugar en el que se pueda responder la retroalimentación de una manera abierta y a tiempo.

EL VALOR DE LA CONVERSACIÓN:
LA HISTORIA DE iUPLOAD

Una empresa que valora la aportación basada en los blogs es iUpload, la cual crea software para gestión de contenidos y blogging para empresas como Adobe y CTV, una de las cadenas de televisión más grandes de Canadá. iUpload es una empresa bastante pequeña, con cerca de 20 empleados, aunque la empresa está creciendo rápidamente. A principios de 2005, el blogger

Mark Vandermaas se acercó a la empresa buscando información sobre sus servicios, precios y otras características. Durante la conversación, los cables se cruzaron y las personas se confundieron (como pasa algunas veces en la comunicación del mundo real).

Mark colocó información acerca de sus experiencias con iUpload en su blog: http://voiceoflondon.iuplog.com/default.asp?item=99350, cuyo soporte era realizado, irónicamente, por software de iUpload:

> Hasta el día de hoy, 11 de abril, casi un mes después de mi solicitud inicial, todavía no conozco el precio del software Community Publisher, y nadie de iUpload me ha contactado. Mi esposa lo resumió muy bien cuando preguntó: "¿Cuál es el gran secreto?" — Mark Vandermaas

iUpload había metido la pata, ¡y con razón quería saber por qué!

Días después del mensaje de Mark, Robin Hopper, director ejecutivo de iUpload contestó (http://hopper.iuplog.com/default.asp?item=85308). Hopper explicó sucintamente dónde y cómo las cosas habían ido mal, se disculpó y prometió mejorar las cosas. Aclaró, en público, la cuestión acerca del precio y prometió tomar una serie de pasos concretos para evitar este tipo de confusiones en el futuro.

El resultado neto fue que Mark actualizó su mensaje con lo siguiente:

> Tengo que admitir que después de la notificación del director ejecutivo de iUpload, Robin Hopper, a este mensaje, esperaba que el interruptor de mi blog estuviera en la posición de apagado.
>
> Ya que mi intención era ayudar más que ofender, ofrecí retirar mi mensaje una vez que él hubiera tenido la oportunidad de revisarlo. Aquí es donde se pone bueno: no sólo no quiso que lo retirara; sino que Robin me dijo que apreciaba la retroalimentación, y que quería colocar algo en su blog ¡con un trackback hacia él! Usted puede leer su mensaje haciendo clic en el enlace de su comentario debajo.

Hoy, supe de iUpload. Se puede ver que no estaban tratando de ignorarme; simplemente me perdí en medio de un estado de crecimiento frenético y malinterpreté sus acciones. Todos cometemos errores. Si eres bueno, los arreglas. [Las negritas son mías] **Si eres verdaderamente bueno arreglas los errores y luego arreglas los procedimientos que no funcionaron. Pero si estás destinado a la grandeza, tienes las agallas de dejar que alguien como yo le diga al mundo qué es lo que has aprendido de todo ello. ¡Bien hecho, iUpload!** —Mark Vandermaas

Esta historia ilustra varios conceptos esenciales para el bloggeo exitoso en los negocios. Primero, Mark se quejó en público de lo que le había sucedido. Cuando metas la pata, los clientes se *quejarán*. Segundo, iUpload no tuvo miedo de responder honestamente al comentario de Mark. No sólo colocó iUpload su mensaje en el sitio, sino que el director ejecutivo respondió a las preocupaciones de Mark en público y en su propio blog. ¿El resultado neto? La respuesta y el esfuerzo de Hopper transformaron a Mark de un cliente maltratado en un cliente apóstol. Y todo lo que se necesitó fue un poco de amor al blog.

Imagine la situación si Hopper no hubiera respondido o si hubiera respondido desestimando las quejas de Mark. Es muy posible que Mark no sólo no hubiera comprado el software de iUpload, sino que le hubiera contado a un gran número de personas en su círculo de influencia acerca de su experiencia.

¿La lección? Crear una cultura amigable hacia los blogs requiere dejar atrás los miedos. Los miedos nos paralizan en todo, desde el paracaidismo (en mi caso) hasta las arañas (entre comillas), para responder eficazmente a los clientes. No hay nada malo con asustarse de algo nuevo, pero tomar ese primer paso y saltar de verdad en paracaídas, o hacia el blogging, es una experiencia increíble. ¡Créame!

¿POR QUÉ QUERRÍA QUE SUS EMPLEADOS BLOGGEEN?

Escuchar los blogs de los clientes es obviamente una parte importante del crecimiento de su negocio, debido a que le ofrece una ventana hacia lo que piensan de su empresa; crea pasión real y entendimiento. Los blogs de los empleados son similares. En "Por qué mantener el blog interno", Suw Charman, un renombrado experto británico en blogging interno, expone algunas de las principales razones por las que los blogs internos son críticos para el éxito de su empresa.

¡POR QUÉ MANTENER AL BLOGGING INTERNO!

por Suw Charman

El mejor software se inclina ante su voluntad. Encaja con la manera en la que usted trabaja, en lugar de hacerle cambiar su comportamiento para adaptarse a él. Aquí es donde tantos grandes y pesados sistemas de administración del conocimiento (km, por sus siglas en inglés) y de gestión de contenido (cms, por sus siglas en inglés) fallan: obligan al usuario a comportarse de una manera no natural e incómoda, y cualquiera que esté obligado a usarlo se detendrá tan pronto como piense que puede escaparse de él.

Los blogs, por otro lado, son inherentemente flexibles. Usted puede tener un blog con un autor y acceso abiertos, o varios con múltiples autores y un sistema complejo de permisos de acceso. Sea lo que sea que quiera, encontrará software que simplemente funcione o que pueda adaptar a lo que usted necesita exactamente.

Rápidos y sencillos de implementar, los blogs no requieren un enorme presupuesto de tecnología de la información. Aun la más cara de las soluciones de blogging es una fracción del costo tradicional de las plataformas de km y cms, así que usted puede juguetear con ellas y si no funcionan puede simplemente tirarlos; también son fáciles de usar: no hay un manual del usuario de 300 páginas o un curso de tres días para aprender a usarlos. Si usted puede navegar por la red, puede utilizar un blog.

Los blogs son apropiados para casi cualquier propósito, por ejemplo, registro de eventos, comunicaciones de turnos cruzados, creación de equipos, administración de proyectos, participación del conocimiento o conversaciones de negocios. Cualquier escenario en el que los individuos tengan que compartir lo que saben, comentar los problemas y hacer nuevas conexiones con otros individuos puede beneficiarse de un blog. Flexibilidad, simplicidad, facilidad de implementación, eficiencia en costos son sólo algunas de las razones por las cuales sostener el blogging interno.

Como con cualquier gran proyecto, lanzar blogs internos en una empresa puede ser un desafío, y hacer que las personas los adopten, lean y se comuniquen usándolos puede ser todavía más desafiante. Lo que sigue es una serie de reglas, guías y consejos de cómo crear una plataforma interna de blogging exitosa, así como la manera de lograr que sea adoptada apropiadamente. El primer paso es llegar a sus empleados: cuantos más posean el concepto del blogging, mejor.

Incluso no necesita llamarlo *blogging*. A no ser que su organización ya esté a favor del blog, usted puede usar un nombre más específico de una organización. Algunas de las empresas con las que he colaborado en el pasado han llamado a su plataforma simplemente mi *Empresa* (donde *Empresa* es el nombre de la empresa). Esto ha dado a los empleados un sentido de propiedad sobre el blog y también ha permitido a la empresa construir las características de la plataforma de blogging alrededor de los empleados individuales.

IMPLICAR A LOS EMPLEADOS

Cuando llegue a sus empleados para obtener retroalimentación, es posible que quiera atraer a un selecto grupo de empleados como parte del proceso de planeación. Estas personas regresarán a sus grupos o departamentos y predicarán en favor de la nueva oferta, además de que asegurarán que la nueva plataforma de blogging interno se dirija a sus necesidades como empleados. Aquí la meta es proporcionar valor a cada empleado, facultar a cada uno de ellos y hacer que sea más fácil encontrar otros empleados que piensen igual.

Las plataformas de blogging interno más exitosas tienen en común las siguientes tres propiedades:

- *Dan valor al individuo.* Si no hay valor para el empleado como individuo, no habrá mensajes en el blog; eso significa que no hay ningún valor para nadie.
- *Facilitan la forma de encontrar empleados que piensen de la misma manera.* Algunas empresas facilitan esto por medio de un sistema de categorías unificado o al solicitar a los empleados que generen una lista de intereses (muy parecido a los servicios actuales de establecimiento de redes sociales, como LinkedIn, www.linkedin.com); otras lo hacen por medio de un motor de búsqueda enfocado al blog interno. Cuanto más fácil sea para los empleados encontrar a los demás, más conexiones se harán.
- *Facilitan leer, hojear y suscribirse a los blogs.* "Encontrar blogs similares" y "Encontrar comentarios por este autor" son excelentes características que permiten a las personas encontrar a otras con las cuales concordar. Al igual que en el mundo más amplio del blogging, las conexiones que se hacen son frecuentemente más abstractas que simplemente "Soy ingeniero, y ese tipo es ingeniero; por lo tanto, debemos conectarnos". Las personas se conectarán más con base en la personalidad que en la carrera.

Asegúrese de que mientras despliega su sistema interno de blogging, no lo hace restrictivo. Cuanto más control tenga cada empleado, mejor. Aunque algunos directores temerán que los empleados usen el blog para cosas frívolas, si usted ha contratado personas inteligentes, usarán la tecnología de forma inteligente y eficiente, especialmente si todos en la empresa pueden leerlo. En gran medida, y al igual que en el mundo real, en la comunidad del bloging el precio de ser un tonto es que todo el mundo se ría de ti, y ¡no de buena manera!

Algunas empresas han establecido blogs específicos para proyectos y procesos, y cualquiera puede contribuir, en contraposición a lo que sucede con los individuales. Cuanto más importantes sean los blogs no individuales para los trabajos e intereses de los empleados, más los leerán y, por lo tanto, más valiosos serán.

Si usted anima a los empleados a bloggear, tiene que darles tiempo para ello. La última cosa que los empleados quieren es sentir que, mientras lo hacen, les están quitando tiempo a sus otros proyectos. Asegúrese de que los empleados (y directivos) sepan que el blogging es parte del trabajo y de que es muy fomentado. Esto no significa que los empleados puedan hacerlo durante ocho horas al día, pero sí que debe ser parte de sus labores diarias. Anime a los empleados a ser responsables en su bloggeo, y a que tanto su blog como los otros de la empresa sean una extensión de sus responsabilidades, no una sustitución de ellas. Sea tan abierto como sea posible, y hable acerca de ello con los empleados o sus representantes.

CONSEJOS PARA UN BLOGGING EXITOSO

Anime a sus empleados a comentar. Los comentarios crean comunidades, confianza y difunden el conocimiento aún más libremente que los mensajes en los blogs. Cuantos más empleados piensen que poseen su propio blog, sus ideas y su microcomunidad, mejor.

Es importante darse cuenta de que el blogging puede incluir o ser un catalizador para los cambios culturales, y saber que algunas personas se sentirán amenazadas con esa idea. Asegúrese de que tiene un proceso establecido no sólo para dirigir las preocupaciones de las personas, sino también para mejorar la oferta. Es poco probable que lo haga bien la primera vez.

Comience de manera simple. Como se ilustró en los ejemplos de Disney y GM, un gran éxito no requiere grandes planes. Cuanto más simple sea la solución, más fácilmente pueden ver los empleados cómo los beneficia a ellos y a sus trabajos. El crecimiento orgánico es la mejor manera para cada tipo de comunidad o iniciativa basada en el conocimiento.

Finalmente, tenga un propósito. No comience a bloggear porque el blogging está de moda o porque lo hace tener más estilo; tenga metas específicas adjuntas al proyecto interno, tales como "ayudar a los empleados a conectarse más fácilmente", o "crear un depósito de conocimiento en línea para el futuro" o, incluso, "generar nuevas ideas". Luego, puede volver a visitar la nueva plataforma cada cierto tiempo y ver qué tan bien está alcanzando el éxito en cada una de estas metas, además de aprender qué puede hacer para ayudarla a continuar. Su blogging interno debe crecer orgánicamente, pero también necesita estar preparado para cambiar orgánicamente.

CONCLUYENDO

En este capítulo, vimos brevemente cómo utilizar los blogs y unos cuantos ejemplos de prominentes empresas que hacen un uso innovador de los mismos. Finalmente, las opciones para usarlos son ilimitadas. La clave es decidir hacia dónde va su negocio y luego descubrir si son la herramienta adecuada que lo llevará allí.

En los siguientes dos capítulos, veremos la manera en que los blogs pueden utilizarse interna y externamente y más ejemplos de empresas que utilizan cada una de las técnicas. Ojalá esto despierte algún pensamiento de cómo su negocio podría hacer uso de los blogs e, incluso, de cómo trascender los límites de lo que es posible en el mundo del blogging.

5

QUÉ TIPOS DE BLOG SON LOS MEJORES PARA SU EMPRESA

Este capítulo le proporciona un marco para ayudarle a entender y recordar las siete maneras principales en las que puede usar los blogs para promover su negocio y para crear relaciones y experiencias positivas para sus clientes; algunos requerirán que use una mezcla de estas metodologías, mientras que otros emplearán sólo uno de estos siete tipos básicos. No importa; mientras su negocio obtenga valor de su blog, estará teniendo éxito.

TIPOS DE PERSONALIDAD DEL BLOGGING EXTERNO

En lugar de darle una árida lista de las principales maneras en las que puede usar los blogs, he decidido examinar el blogging de una manera diferente. He tomado los siete tipos principales de blogs de negocios y los he caracterizado con diferentes personajes o ubicaciones dentro de una ciudad. Demos una vuelta por esta ciudad virtual y visitemos algunas personas y lugares con los que su negocio quisiera trabajar, mientras descubre, experimenta y, finalmente, adopta al blogging.

- **El barbero** Los barberos pueden demostrar que son ciudadanos destacados, conocen a las personas indicadas, tienen mucha sabiduría por los largos años que llevan escuchando a sus clientes y no tienen problemas en compartir esa sabiduría. De alguna forma, un barbero sirve como experto o analista, o quizás como consejero. El barbero merece ser escuchado no sólo porque ve las cosas diferentes, sino porque frecuentemente *tiene razón*.

- **El herrero** El herrero es como el barbero en el sentido de que conoce a la industria, pero, por lo general, está *dentro* de una empresa, y de esta manera está martillando la industria y la opinión a través de la forja de la empresa. Los desarrolladores de software de IBM, Sun y de otras grandes empresas de tecnología desempeñan este papel, ya que aportan su experiencia para tratar un problema.

- **El puente** Un blogger tipo puente es una persona que forma conexiones, influencias y ayuda a reunir a las personas. Está obsesionada con las relaciones y con conectar a las personas y, como resultado, a menudo puede funcionar como pacificador. En un entorno corporativo, los profesionales de relaciones públicas pueden ser un blogger puente por naturaleza (o podría ser tan sencillo como que fuera la secretaria de la empresa).

- **El ventana** Un blogger tipo ventana es similar a uno tipo herrero en el sentido de que, por lo general, trabaja dentro de una empresa y usa su experiencia para darles un marco de referencia a sus opiniones. Sin embargo, la diferencia entre los dos tipos es que generalmente el herrero habla acerca de cosas de *dentro* de la empresa, mientras que el ventana generalmente habla de cosas de *dentro y de fuera* de la empresa.

- **El señal de tránsito** Un blogger tipo señal de tránsito es raro, en el sentido de que, por lo general, no comparte sus opiniones, o por lo menos ésa no es la razón principal de la existencia de su blog. Un blogger de este tipo señala las cosas importantes y novedosas que hay de interés en su industria; puede que no tenga mucho que decir en cada mensaje (tal vez sólo unas cuantas palabras que describan un tema de interés), pero puede colocar diariamente docenas de mensajes breves al enterarse de chismes interesantes, quizás guiando al lector hacia información en otros sitios.

- **El pub** Los bloggers tipo pub crean discusiones diseñadas para hacer participar a personas de todos los espectros en un asunto en particular con el fin de hablar y discutir acerca de algo, mientras que, en el proceso, se ríen de sí mismos o de otros. El blog de Peter Davidson es un ejemplo formal de este tipo de blogs; "Thinking by Peter Davidson" (http://peterthink.blogs.com/thinking), en la figura 5-1, permite a un grupo de pensadores de opiniones similares explorar una variedad de temas.

- **El periódico** Un blogger tipo periódico funciona más o menos de la misma manera que un periodista, intentando hacer más reportajes que opiniones y haciendo su mejor esfuerzo para apegarse a los hechos. Muchos blogs políticos son periodísticos por naturaleza, aunque hay unos cuantos técnicos, como Engadget (www.engadget.com), en la figura 5-2, el cual se enfoca en las noticias más recientes de la "artilugiología".

Figura 5-1 El de Peter Davidson es un popular blog tipo pub.

Figura 5-2   Engadget es una popular fuente de información sobre artilugios.

Un solo blog puede incluir características de varios de estos tipos; sin embargo, debido a que, por lo general, son escritos por un blogger o por un pequeño grupo de ellos, a menudo se puede ver una tendencia dominante de cuál tipo de ellos está trabajando. Entremezclados con estas amplias áreas, hay otros tipos de blogs que constituyen la ciudad *blogosférica:* el tipo oficina de correos, que es al que acuden las personas en busca de una gran variedad de información; el tipo ayuntamiento, donde se toman las decisiones importantes; y todo tipo de otras curiosidades. Una ciudad próspera necesita toda clase de ciudadanos y lugares, y con toda seguridad hay usos más que suficientes para que los blogs circulen.

Algunas mezclas singulares de tipos de blogs incluyen "How to Save the World" (http:// blogs.salon.com/0002007) de Dave Pollard, que es más como una cafetería para que personas de similar mentalidad recopilen y discutan temas; el "New Communications Blogzine" (www.newcommblogzine.com), que mensualmente proporciona perspectivas de los líderes de mercadotecnia y comunicaciones; y el "Doc Searls Weblog" (http://doc.weblogs.com), donde Doc no sólo comparte sus opiniones, sino que también las encuadra con docenas de otras opiniones de la blogosfera.

EL BARBERO

Mientras crecía, me daban miedo los barberos. Supongo que no me podía imaginar que alguien como yo pudiera conquistar a una chica si me faltaba una oreja. Sin embargo, incluso a temprana edad, yo sabía que el barbero era importante; sabía que los barberos excelentes no eran lo mismo que los buenos peluqueros o estilistas del cabello. Los buenos barberos entablaron conversaciones conmigo, me aconsejaron y me ayudaron a crecer y convertirme en hombre. Cada visita al barbero era un momento de crecimiento y cambio potenciales.

En el mundo del blogging, los barberos son escasos y están contados. Esto es así en gran medida debido a que un barbero no nace, se hace. Uno no se levanta un día con la sabiduría para convertirse en barbero; es algo que se aprende durante años de estar escuchando, aconsejando y guiando.

Para un negocio, establecer un blog tipo barbero significará con frecuencia alzarse por encima de los asuntos e incluso de las políticas de la empresa. Un barbero será honesto sobre las fallas de su compañía y de la industria, así como acerca de su potencial. No tomará partido, pero presumirá cada éxito. Por ser imparcial, obtendrá respeto y burla. Las empresas tienden con poca frecuencia a contratar bloggers tipo barberos, pero tener uno que escriba alguno de sus blogs externos, que sea responsable y honesto, a la vez que abierto y auténtico, es como encontrarse una lámpara Tiffany en una venta de garaje, un verdadero hallazgo.

Algunos bloggers han cruzado la línea entre la sabiduría y la accesibilidad, la competencia y la humildad. De hecho, se encuentran en todas las industrias. La mayoría de ellos se centran en una industria o en una sección de ella; no ocultan el hecho de que trabajan para ciertas empresas, pero son tan abiertos y honestos que, por lo general, este hecho no parece teñir sus percepciones. El valor de tener un blogger tipo barbero para su negocio es enorme pero difícil de cuantificar. ¿Cómo ponerle un signo de dólares al hecho de tener a un experto en su campo anotando para su empresa, sino además saber que el que tiene es respetado como uno de los líderes de pensamiento en la industria? ¿Cuánto vale el hecho de que cada vez que alguien requiera información acerca de lo que usted produce lo busque a él y, por tanto, a su empresa?

Cuando se piensa en el mundo de las relaciones públicas y el marketing, rápidamente surgen nombres como los de Steve Rubel y Andy Lark. Sus respectivos negocios, CooperKatz y (hasta principios de 2005) Sun Microsystems, se benefician del blogging generado por estos hombres. ¿La razón? Cualquier empresa lo suficientemente inteligente y valiente como para permitir que alguien como Rubel o Lark sea abierto y exitoso sin sentirse celosa debe ser una gran empresa con la cual trabajar.

En general, un blogger tipo barbero lleva tres beneficios a una empresa:

- **Visión**   Especialmente para empresas boutique o pequeñas, como CooperKatz, tener un blogger entre su personal que defina la industria puede transformar su compañía.
- **Ideas nuevas**   Lo genial acerca de los bloggers líderes en sus industrias es que, por lo general, interactúan con muchas personas; como tales, son capaces de crear eficazmente nuevas relaciones, identificar nuevas oportunidades y generar nuevas ideas.
- **Perspectiva humana**   Es difícil poner valor al hecho de tener un blogger que haga que su empresa luzca humana, próxima y solidaria. Aunque no se quiera parecer débil, es difícil discutir el valor de parecer real.

Los bloggers destacados tipo barbero pueden llevar también beneficios colaterales, tales como invitarlo a usted o a su empresa a participar en conferencias de la industria, contribuir a la comercialización de publicaciones y otras formas para elevar su perfil de éxito dentro de su industria.

Una cosa que se puede decir acerca de los barberos es que las personas confían en ellos. Las personas normales, como sus clientes, proveedores y empleados confían en los barberos porque dicen la verdad, tienen sabiduría y no temen compartirla.

TENER UN BARBERO DE SU LADO

A mediados de 2004, nadie sabía quién era Thomas Mahon, el sastre más joven de los trajes hechos a medida del famoso Savile Row de Londres. Mahon se alió con Hugo Macleod, un popular y respetado blogger tipo barbero. A través de esta relación, Mahon se aseguró muchas entrevistas y una increíble exposición en el blog; actualmente, y como resultado, su negocio está creciendo más rápidamente de lo que nunca se hubiera imaginado. (Para mayor información sobre Mahon y su blog, vea más adelante en este capítulo "Una voz auténtica de marketing".)

Aunque tener entre sus bloggers uno de tipo barbero puede dar a su empresa una voz fuerte, no debería ser la única voz de su compañía. También necesita personas que transmitan la información eficazmente, que puedan cultivar relaciones, que puedan señalar la información valiosa y un séquito completo de otras personas, personalidades y lugares que proporcionen aportaciones y apoyo. Una ciudad eficiente no la constituyen sólo barberos, ni tampoco debe ser ésa la presencia del blogging externo de su empresa.

EL HERRERO

El barbero puede ser una figura sabia, pero la del herrero puede ser imponente. Trabaja artesanalmente con sus manos, y lo demuestra. Nadie duda de la habilidad del herrero, ya que su arte está expuesto por toda la ciudad. De la misma manera, los herreros del blogging son visibles de una manera que difiere de la de los barberos. Un herrero es visible debido a su arte, y por ello su talento y conocimiento están siempre a la vista. Un blogger de tipo herrero se sumergirá a un nivel más profundo del conocimiento de su arte y experiencia que cualquier otro; como resultado, la mayoría de sus lectores también son herreros. Generalmente, los desarrolladores de software caen dentro de este campo.

Un blogger de tipo herrero es esencial para cualquier empresa que busque ganar confianza en la industria, debido a que los herreros hablan con otros herreros, creando un intercambio directo de conocimientos entre las personas que lo tienen, lo que facilita la vida de todos. Un herrero también puede ayudar a resolver eficazmente los asuntos de los clientes, debido a que él conoce el asunto mejor que nadie de su organización.

De muchas maneras, el típico blogger herrero es un trabajador "de planta baja". Por lo general, no está en un puesto directivo y posiblemente no reciba mucho crédito dentro de la empresa; pero conoce su materia, y otros que también conocen su materia lo respetan por ello. Aunque generalmente los bloggers barberos son populares, el número total de blogs herreros dentro de una empresa con frecuencia significará que son mucho más eficaces para comunicarse de lo que la mayoría de las personas se imaginan.

No se engañe al pensar que esto es sólo un fenómeno de la alta tecnología; individuos en leyes, finanzas, cuidado de la salud y otras industrias dominadas por negocios pequeños o de tamaño medio están obteniendo cada vez más exposición para sí mismos y sus empresas tan sólo por su conocimiento y su voluntad de ayudar.

Un blogger herrero puede ayudar a una empresa de diferentes maneras, incluyendo éstas:

- **Ayudando a los clientes** Debido a que el trabajo de los bloggers herreros es tan visible, suelen ser solicitados por clientes confundidos para que les ayuden a resolver asuntos simples. Por ejemplo, para los blogs de abogados, esto puede tomar la forma de un consejo legal básico; para los bloggers de mejoras en el hogar, puede ser información acerca de dónde encontrar cierto tipo de material de construcción. Los herreros son gente que comparte, y la buena voluntad que generan entre sus clientes es valiosa.

- **Dispersando noticias** Debido a su conocimiento sobre su arte, cuando los bloggers herreros hacen públicas las noticias, las personas escuchan. Sin embargo, los herreros exitosos no sólo publicarán las noticias, sino que también cuentan lo que éstas realmente significan. Por ejemplo, cuando Microsoft estaba haciendo las pruebas beta de su nuevo buscador, los herreros del equipo de búsqueda del MSN usaron los blogs para anunciar el lanzamiento, para admitir qué áreas necesitaban trabajarse y para informar al público acerca de los sitios en los que el producto iba a la cabeza. Esto ayudó a desarrollar confianza y expectativas sobre el producto por venir.

- **Estableciendo relaciones** Mientras que los barberos establecen relaciones sobrecargadas con las personas visibles de la industria, los herreros establecen relaciones con otros herreros, y, por lo general, se acogen con respeto y admiración mutuos. Algunas de estas relaciones "subterráneas" son con frecuencia las más valiosas para una empresa, ya que ellos están al tanto de la sabiduría y el conocimiento al que de otra manera su empresa no tendría acceso.

Algunos negocios no se sentirán cómodos permitiendo que entren los herreros, en gran parte debido a sus miedos sobre la apertura y la participación de información. Estas empresas piensan que cada bit de información que se fuga es valor que están perdiendo, ya que el conocimiento es poder. Sin embargo, es frecuente que no vean que cada información que ellos proporcionan por medio de un herrero también les es devuelta multiplicada varias veces con el valioso apoyo de los clientes.

Mientras su grado de reserva disminuye, la confianza de la comunidad en su empresa aumenta. Esto es una parte esencial de emplear y estimular a los bloggers herreros. Ya que obviamente no les dará cualquier cosa que sea un verdadero secreto (como los diseños de productos por salir o los asuntos financieros), los herreros pueden hacer cosas de sentido común para incrementar la confianza que sus clientes tienen en usted, para cultivar relaciones y para ayudar a los clientes.

LA JOYA PERFECTA

Rebecca Thomas posee una joyería y decidió comenzar un blog de tipo herrero (www.rebeccathomasdesigns.com/blog) para aumentar el tamaño de su negocio y compartir historias, patrones, técnicas y otras cosas de interés para sus clientes. Ésta es su historia de blogging.

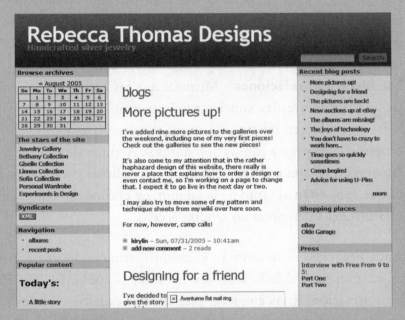

"Cuando comencé a pensar en la presencia que quería que mi negocio de joyería tuviera en Internet, supe que quería incluir un blog. Yo ya estaba escribiendo en algunos sobre otros temas. Me imaginé que uno más no sería demasiado difícil.

"Mientras que mis otros blogs habían nacido por impulso y se habían criado desordenadamente, quería que éste fuera más meditado. Después de todo, iba a ser mi mejor manera de desarrollar una relación con clientes potenciales. Podría haber elegido el enfoque de 'construyélo y ellos vendrán', pero según mis experiencias de blogging, sabía que quería algo que comprometiera más a los clientes, que los animara a darme una oportunidad a mí y a mi trabajo.

"Y más importante aún, quería que las piezas de joyería por sí mismas comprometieran a los visitantes. Cada uno de mis diseños tiene su propia historia, y esas historias pueden llegar a las personas mucho mejor que sólo las imágenes. En nuestro corazón, somos una sociedad de narradores de historias. Las entretejemos a nuestro alrededor cada día de nuestras vidas y respondemos a ellas debido a que frecuentemente reflejan algo de nuestras propias vidas

"Bloggeo para compartir las historias de mis diseños. Para compartir patrones, técnicas y tradiciones. Para compartir las historias de mi negocio mientras lucha por establecerse. Bloggeo para llevar un toque humano a mi negocio."

Un herrero es clave para construir esa confianza, para desarrollar relaciones y para incrementar las experiencias positivas con los clientes. No son el reemplazo de un sistema de atención a clientes, pero definitivamente pueden ayudarlos con asuntos que sean más o menos comunes. Emplear o ser un herrero cuesta mucho trabajo, pero una vez que ve su arte desplegado por la ciudad y que las vidas de las personas mejoraron gracias a sus esfuerzos, se da cuenta de que el trabajo duro mereció la pena.

EL PUENTE

Aunque un puente no es necesariamente el sitio más importante de una ciudad, para aquellos que necesitan cruzarlo es absolutamente esencial. En las ciudades ribereñas, la presencia de los puentes une un lado con el otro. Lo mismo sucede con los bloggers tipo puente. Leen las listas de enlace para encontrar nuevos blogs que leer, y luego leen cientos o incluso miles de ellos. Los devoran para poder cultivar relaciones, expandir su mundo y hacer conexiones.

Para su negocio, puede tener resultados inesperados. Algunos bloggers puente han facilitado conversaciones con personas que de otra manera no hubieran hablado entre sí, mientras que otras han presentado personas que han encontrado empresas increíblemente exitosas. Un blogger puente tiene dos áreas primordiales en las que encuentra valor: Relaciones y conexiones que de otra manera no serían posibles.

Los puentes crean relaciones con personas alrededor del mundo, a través de las industrias y de las disciplinas. Algunas veces estas relaciones no existían.

Un blogger tipo puente en su negocio puede tener algunos efectos interesantes:

- **Generación de nuevas oportunidades de negocio** Debido a que están orientados a las relaciones y se apasionan con quienes conocen, son increíblemente buenos para encontrar oportunidades inusuales que ni su negocio ni sus clientes hubieran considerado. El número de nuevas oportunidades que un blogger puente es capaz de crear es proporcional al número de relaciones que es capaz de cultivar en distintas industrias. Cuantas más relaciones tenga, más se beneficiará su negocio.
- **Generación de nuevos clientes** Debido a que conoce a tantas personas y es tan apasionado, es un vendedor natural. Pero, debido a que raramente se encuentra intentando vender (en gran parte debido a su pasión y honestidad), la mayoría de la gente no se da cuenta de que en realidad le está vendiendo.

Además de cultivar relaciones externas, un blogger puente también cultiva relaciones dentro de su empresa. De manera muy parecida al herrero, el puente se preocupa por las personas y de muchas formas funcionará como un abogado de los clientes, asegurándose de que las personas indicadas hagan las cosas adecuadas. Crean experiencias positivas para los clientes, algo que todos los negocios necesitan.

DE UN YAHOO A UN YAHOOLIGAN

Jeremy Zawodny es un apóstol de la búsqueda en Yahoo!, y su popular blog (http://jeremy.zawodny.com/blog) es un ejemplo perfecto del tipo puente. No sólo consigue que sus discusiones atraigan personas de todos los estilos de vida, sino que también busca establecer relaciones con personas de dentro y fuera de la industria. De hecho, Zawodny es un "no-vendedor" tan natural que ha ayudado a que Yahoo! contrate personas debido a su fuerte creencia en esa empresa.

Permitir a un blogger tipo puente que haga lo que tenga que hacer debe ser una extensión natural de cualquier esfuerzo corporativo. Las relaciones son básicamente de *dar y tomar*, y cualquier relación que cuesta más de lo que proporciona generalmente no reditúa el tenerla. Las relaciones necesitan trabajo. Están felices haciendo parte de ese trabajo, mientras que éste sea recompensado y, como resultado, sucedan cosas buenas para ambas partes. Un blogger de este tipo no quiere permitir una relación de un solo lado más de lo que usted quiere ser parte de una, y ése es el porqué usted tiene que asegurarse de valorar a ambos: a su blogger puente y a las buenas relaciones que está cultivando.

EL VENTANA

Una ventana permite a las personas de dentro ver hacia fuera y a las personas de fuera ver hacia dentro. Un blogger tipo ventana es alguien que da una perspectiva distinta del funcionamiento de su empresa al mundo exterior y, gracias a su honestidad, retransmite lo que sucede en el mundo exterior hacia el interior.

Jonathan Schwarz (http://blogs.sun.com/jonathan) es quizás el blogger tipo ventana mejor conocido, ya que frecuentemente da perspectivas internas de las formas y recursos de su empresa (Sun Microsystems); y está bien posicionado para hacerlo, considerando que es el presidente de la compañía. Sin embargo, usted no tiene que estar bien posicionado para ser un blogger ventana; sólo necesita la perspectiva interna de la vida de su empresa, que es algo que la mayoría de los empleados debería ser capaz de alcanzar.

Son frecuentemente vistos como una comunidad extraña aunque respetada. Como los barberos, no se andan con rodeos. Dicen las cosas tal como son, buenas o malas. Pero también van más allá de eso citando las razones por las que se tomaron las decisiones, por qué sucedieron los errores o anunciando el lanzamiento de nuevos productos. A los bloggers ventana les gusta el *contexto* y la *comunicación*.

Un blogger tipo ventana en su empresa se puede usar mejor si se le anima a hacer lo siguiente:

- **Compartir antecedentes**   Ya sea que se cometió un error o que se anunció una gran noticia, un blogger ventana es muy parecido a un canal no oficial dentro de una organización. Él puede dar la primicia interna de lo que está sucediendo y el porqué, sin que suene a un lanzamiento de marketing. Sus opiniones honestas que construyen confianza a lo largo del tiempo, y sus valoraciones francas sobre los desarrollos de la empresa y de la industria son valiosos para las personas que quieren saber lo que algo *significa*.

- **Lidiar con las quejas**   Aunque no debe funcionar como el único departamento de servicio a clientes, debido a que un blogger ventana conoce la empresa, es capaz de comunicar el porqué sucedió algo en particular. ¿El sistema telefónico desconectó a alguien que llamaba? Tal vez hubo una falla del suministro eléctrico, lo que es algo con lo que las personas se pueden identificar. La intención de un blogger ventana es nunca dar vueltas, debido a que la mayoría de las personas pueden identificarse con la verdad.

TODAS LAS CRIATURAS DE DIOS DEBERÍAN BLOGGEAR

Brian Bailey es el director del sitio web de la Fellowship Church de Dallas, Texas. Ha estado bloggeando por más de un año en su blog personal (www. leaveitbehind.com/home); sin embargo, recientemente su iglesia comenzó a adoptar el blogging como una decisión de negocios. Ha sido desde hace tiempo una opinión dentro de un grupo de tecnologías sofisticadas de la Web, cuando lidiaba con la elección de lenguajes y plataformas de programación, y eligió usar el .NET Framework de Microsoft y luego se pasó a una alternativa de fuente abierta. Gracias en gran parte a Robert Scoble (http://scoble.weblogs.com), el blog de Bailey se ha convertido en uno de los blogs cristianos más populares.

El blog de la Fellowship Church (http://blog.fellowshipchurch.com) es de tipo ventana, ya que cubre los acontecimientos recientes de la iglesia y ofrece una visión única del funcionamiento interno de la organización. En él también se entrevista regularmente a miembros del personal y de la iglesia, proporcionando un lugar único para que la gente comparta sus experiencias. De esta manera, el blog va más allá de ser sólo una ventana.

Los blogs ventana exitosos no siempre tienen que ser escritos por individuos. Muchas empresas están comenzando con ellos, y aquí entrevistan a los ejecutivos y al personal, colocan entrevistas post-video y, además de eso, tratan de dar una visión del interior de la empresa a las personas en el exterior. Y lo logran.

Mientras que el uso de una ventana para ver el interior es un beneficio obvio, los blogs exitosos tipo ventana también permiten que las empresas vean hacia fuera. Cuando las personas aprenden de su empresa, aprenden a confiar en usted y a menudo se abrirán y le darán permiso de entrar en sus vidas en formas que nunca antes hubieran considerado. Ser audaz y establecer un blog ventana o animar a los bloggers ventana de su empresa puede ayudar a cultivar una confianza de dos vías de una manera única y estimulante.

EL SEÑAL DE TRÁNSITO

Como puede imaginarse, una señal de tránsito indica el camino para llegar a lugares útiles e importantes. En el mundo real de hoy en día, las señales de tránsito nos indican cómo llegar a sitios deportivos importantes, restaurantes y otros lugares de interés turístico; otras ofrecen indicaciones para asegurar el orden civil, tales como los límites de velocidad y los límites de las zonas de estacionamiento. Una señal de tránsito está diseñada para hacer dos cosas: informar y señalar el camino. De manera similar, un blogger tipo señal de tránsito hace dos cosas: comunica a los lectores información útil y señala el camino hacia otra información útil.

Aunque puede que los bloggers tipo señal de tránsito no le den los beneficios directos de otros tipos más visibles personalmente, ofrecen dos beneficios importantes:

- **Proporcionan una fuente de información** Un blogger señal de tránsito es alguien en quien las personas aprenden a confiar y que visitan diariamente, ya sea a través de feeds o entrando al mismo blog. De esa forma, es visto como un líder de conocimiento y de pensamiento, alguien a quien las personas buscan para obtener puntos de vista diferentes.
- **Filtran información** Debido a que las personas aprenden a confiar en el blogger señal de tránsito, aprenden a ver y a investigar su personalidad y sus valores. De hecho, muchos bloggers señales de tránsito son increíblemente influyentes debido a que han demostrado su capacidad no sólo para encontrar buena información, sino para filtrar toda la basura.

Un blogger de este tipo es un activo valioso. Muchas empresas han establecido blogs de estilo señal de tránsito como los oficiales de su empresa

AÑOS DE CONFIANZA

Roland Tanglao, de Vancouver, Canadá, es un blogger señal de tránsito importante. Escribe en diversos blogs, pero el personal (www.rolandtanglao.com/) es una mezcla ecléctica de noticias tecnológicas, apoyo, vida y señales a otras cosas interesantes.

Por lo general, los mensajes de Tanglao comprenden una o dos frases acerca de por qué cree que algo ha merecido su atención, una cita y un vínculo hacia el sitio del cual proviene la cita. Raramente Tanglao hurga en sus convicciones profundas o pensamientos sobre un tema (por lo menos no en su blog), y es muy respetado por su capacidad no sólo de ser justo, sino también de encontrar cosas que merece la pena examinar, ya sea que el lector esté en los negocios, sea un técnico o simplemente tenga curiosidad.

Tanglao ha tardado años en desarrollar un sentido de la confianza y respeto, como blogger y como persona, y es algo que él no está dispuesto a dejar. Muchos esperan que Tanglao continúe con su estilo de bloggear durante muchos años más.

(mezclando, por supuesto algunas noticias de la empresa), debido a que funcionan tan bien como salidas de información. Usted puede decirles a los amigos lo que sucede, incluir un poco de opinión y obtener retroalimentación no sólo sobre sus opiniones, sino también sobre los asuntos que preocupan a la gente.

Los bloggers señales de tránsito necesitan asegurarse de que tienen una estrategia general de bloggeo, en lugar de sólo señalar cosas interesantes. Pueden ayudar a su empresa a ganar confianza y visión, pero no es probable que le ayuden en el desarrollo de su producto, en su imagen general o en el conocimiento de sus clientes, por lo menos no directamente. Sin embargo, eso no significa que usted deba negarse a tener o a ser un blogger señal de tránsito. La elección de lo que usted incluye en su blog depende de usted como persona, de su tiempo y de las prioridades de su negocio. Un blogger señal de tránsito requiere de una diversidad de fuentes, una visión sólida de lo que es valioso y la capacidad de dedicar un poco de tiempo a escribir mensajes cortos sobre temas acerca de los cuales vale la pena bloggear.

EL PUB

Los pubs y bares siempre han sido una parte esencial de cualquier ciudad. Mientras algunos son lugares escandalosos caracterizados por la mala cerveza y las conductas perdidas, los mejores siempre han sido un lugar de unidad social, en donde las ideas (y las risas) se intercambian de una manera más abierta y honesta que en cualquier ayuntamiento.

Los pubs son lugares de reunión en donde las comunidades acuden a compartir ideas y reírse un poco. El alcohol es un asunto secundario, la música puede atraer a las personas, o las personas interesantes pueden ser el boleto de acceso. Para otros, como para los autores C.S. Lewis y J.R.R. Tolkien, proporcionaban la atmósfera y el respeto mutuo entre los tipos creativos que frecuentaban el sitio de reunión.

Como los grandes pubs, un blog tipo pub puede ser una adición importante para cualquier comunidad; da la bienvenida a las personas, crea comunidades, disfruta de las discusiones y le encanta reírse de los amigos y también con ellos, con los nuevos y con los antiguos. Todos se sienten en casa en un blogger pub, y todos quieren tener voz y voto, en gran parte porque en realidad todos son escuchados. Aunque un blogger pub (como sospecho que, en gran medida, cualquier cantinero) *tiene* una opinión, valora demasiado el intercambio de ideas y personalidades como para sofocar cualquier discusión obligando a los demás a que piensen como él.

Un blogger pub puede ser una bendición para un negocio al proporcionar lo siguiente:

- **Un sentido de la igualdad** Cuando se escucha la voz de cualquier individuo, la voz de cada uno se vuelve más fuerte; éste es un principio importante en el blogging. Igualmente importante es que en el momento en que usted no ofrezca un lugar para que sus clientes sean escuchados, ellos se irán a cualquier otro a rezongar, aun cuando, posiblemente, prefieran comunicarse directamente con usted. Tener un lugar en donde todas las voces estén en igualdad de condiciones significa que todas las voces son escuchadas.

- **Un sentido de comunidad** Es fácil saber cuándo tiene una comunidad que de verdad lo respalda, pero es increíblemente difícil tener una en funcionamiento. Sin embargo, las comunidades son invaluables: mientras ayudan a diseminar la información, ayudan a crear clientes apóstoles y experiencias positivas para su empresa sin que usted haga gran cosa.

- **Un sentido de equidad** Uno de los retos fundamentales que enfrentan las empresas actualmente no sólo es encargarse de que todas las personas dispongan un lugar para tener su voz y voto y otras personas con las cuales identificarse, sino también asegurarse de que se logra algo en respuesta a los comentarios de las personas. La mayoría de las personas valora la equidad. Los clientes esperan que las empresas hagan lo correcto y quieren ser escuchados, especialmente cuando las cosas no están bien. Un blogger exitoso tipo pub permite que las personas sean escuchadas, pero también puede asegurarles que se está haciendo lo correcto, suponiendo, por supuesto, que se *esté haciendo* lo correcto.

En un verdadero blog tipo pub, todos tiene igualdad de condiciones y todos tienen una voz. Algunos sitios pub más grandes, tales como MetaFilter (www.metafilter.com) y Slashdot (www.slashdot.org), evitan la potencial cacofonía permitiendo que todos envíen un mensaje; después un grupo seleccionado de editores aprueba los mejores para su publicación. Esto permite a cualquiera enviar información y asegura que una gran base de participantes genere una fuerza igualadora que motiva a la comunidad, no sólo a leer el mejor material sino también a buscar sus propias historias.

La creación de un blog de este tipo toma su aspecto comunitario y lo amplifica. Por esa razón, muchas empresas que buscan empezar blogs de este estilo están estableciendo foros o sistemas de tableros de anuncios, y así tienen a los blogs ejecutándose sobre todo eso, equilibrando a los autores con la comunidad. El Channel 9 de Microsoft (http://channel9.msdn.com) es un blog tipo pub, y una diversidad de empresas, como Citrix y Novell también disfrutan de ese tipo de blogs.

EL PERIÓDICO

Se espera que un periódico sea una fuente imparcial de información. Aunque los periódicos modernos tienen secciones editoriales y de opinión, generalmente ofrecen la información tan objetivamente como sea posible. Por naturaleza, los periódicos se basan mucho en la transmisión de información. Hay poca interactividad, a no ser que contemos el crucigrama o la sección de cartas al editor.

Lo importante para un periódico es contar a la gente qué sucede en el mundo y en su comunidad. Éste es también el propósito que cumple un blogger tipo periódico. No está necesariamente buscando retroalimentación y tampoco está buscando establecer relaciones, confianza u otros compromisos personales. Transmiten noticias, y mientras lo hagan eficazmente, no tiene por qué ser una mala idea. Sí, entablar una conversación con su audiencia y cultivar confianza, comunidad y todas esas cosas es bueno. Sin embargo, algunas veces simplemente se tiene algo qué decir y usar un blog es una gran forma de hacerlo.

Gracias al poder de los feeds, usted puede saber cuándo y qué están leyendo las personas. Dan una dinámica especial a la información tipo noticia, debido a que no sólo se puede determinar quién la está leyendo, sino que en realidad también se sabe que las personas que verdaderamente quieren la información que usted está proporcionando la están obteniendo. Una de las razones por las que muchos sitios basados en información están comenzando a usar blogs que dan valor a los fragmentos, es que la información normal permite a los lectores interactuar con la empresa, sin ningún compromiso por parte del lector. Con los feeds, los lectores tienen el control. Las empresas, sin embargo, pueden obtener la atención de los lectores, e incluso pueden crear experiencias positivas para ellos, lo que nunca es malo, especialmente si usted proporciona información diariamente.

Un blog de estilo periódico es también una gran oportunidad de servir como centro neurálgico de información en su industria y comunidad. Usted no reúne necesariamente a la comunidad en su sitio, como un puente o un pub, pero al mantener a la comunidad informada, usted permanece visible, relevante y en el centro de todo ello.

El reto con el blogging tipo periódico, al igual que sucede con un periódico real, es la creación de contenido. Producir un blog de estilo periódico requiere mucho tiempo y esfuerzo. Una fuente de información veraz requiere de planeación, recursos y tiempo. De esa forma asegura que su empresa verdaderamente se beneficiará incluso antes de comenzar un blog de esa naturaleza. Sí, es una gran manera de obtener información de los lectores, y de forma mucho más confiable que mediante un correo electrónico, pero también es *mucho trabajo*. Desafortunadamente, algunas empresas saltan al blogging rápidamente, ponen mensajes muy largos e interesantes con todo tipo de perspectivas, y entonces, al final, dejan de hacerlo debido a que es demasiado esfuerzo. Antes de comenzar un blog tipo periódico, pregúntese si eso es lo que realmente quiere.

Otra manera de lanzar un blog exitoso de este tipo es crear tráfico con otro tipo de blog, y entonces dejar que los lectores o la comunidad enlazada proporcione el contenido. Esto no solamente otorga poderes a la comunidad, sino que también significa que los escritores no cargan con la responsabilidad de generar todo el contenido.

No importa qué tipo de blog empiece, la primera pregunta que debe hacerse no debería ser "¿Qué clase de blog debo comenzar?" En cambio, debería ser "¿Qué estoy tratando de lograr?" Primero, determine sus metas y utilícelas para trabajar hacia ellas. Si usted decide compartir información con los clientes en un formato de transmisión, uno tipo periódico puede ser el camino a seguir. Dicho de otra forma, si usted puede producir un blog periódico exitoso, podrá cosechar grandes recompensas.

¿QUÉ TIPO DE BLOGGER ES USTED?

Cada uno de estos perfiles tiene aspectos positivos y negativos y pueden ser, de alguna forma, abstractos, en gran medida porque es posible que use en su blog fragmentos de todos los tipos. Algunas veces usted querrá informar; otras, discutir; unas más, señalar cosas interesantes que están sucediendo. Un blog sano es un blog equilibrado.

Demos un vistazo a algunos tipos populares de blogs y cómo se corresponden con estos perfiles. Usted puede aprender algunas cosas interesantes observando estos ejemplos para ver dónde son fuertes y dónde no tanto. En las secciones siguientes, veremos estos tipos:

- Del director ejecutivo
- De marketing
- De agregación
- Del personal
- Especializado (desarrollo de negocios, etcétera)

EL DIRECTOR EJECUTIVO DICE...

El *blog* de tipo *director ejecutivo,* o CEO, es común y se refiere al creado por cualquiera que tenga una posición de liderazgo ejecutivo en una empresa. Cuando aparecieron los primeros blogs tipo director ejecutivo, fueron considerados con gran cinismo. Después de todo, los bloggers y los lectores razonaron que, ¿desde cuándo un director ejecutivo habla auténtica y honestamente? Pero gracias a los sólidos ejemplos dados por directores ejecutivos y otros ejecutivos de alto nivel, como Bob Lutz (http://fastlane.gmblogs. com/), Jonathan Schwartz (http://blogs.sun.com/jonathan) y Mark Cuban (www.blogmaverick.com), los líderes de empresas tienen ahora sólidos ejemplos no sólo de cómo bloggear exitosamente, sino también de *por qué* hacerlo. Cada uno de estos líderes ha adoptado la oportunidad de configurar la opinión pública, hablar directamente con los clientes y afrontar asuntos de la industria y de la empresa con la frente en alto, en lugar de acudir con la gente de marketing o los periodistas.

Los blogs de directores ejecutivos, administradores y propietarios de negocios son poderosos debido a que presentan la visión menos filtrada de un único blogger, que es una parte importante de la empresa. Son personas reales, y son humanos, por lo menos los exitosos lo son. Son una combinación de los tipos herrero (escritos por alguien que conoce bien la empresa), puente (hacen conexiones con las personas) y ventana (permiten a las personas ver el interior de la empresa, mientras permite que la empresa vea hacia fuera). Al extraer las fortalezas de los tres tipos, se pueden cultivar entendimiento y confianza mutuos, transmitir noticias importantes de la empresa, proporcionar retroalimentación sobre la industria e informar a las personas acerca de lo que sucede en la empresa.

Es importante que los bloggers tipo director ejecutivo resistan el impulso de pararse encima de una caja de jabón y predicar ante las masas. Los que son exitosos han aprendido, mediante el ejemplo, que los mejores blogs están escritos desde una perspectiva "desde el sofá", más que "desde la caja de jabón". Los clientes prefieren mucho más interactuar con los líderes como personas que como portavoces de las empresas.

UNA VOZ AUTÉNTICA DE MARKETING

El concepto de la *voz auténtica de marketing* no es nuevo; sin embargo, aún está vigente. Mientras que algunos profesionales populares de marketing escriben blogs, tales como Steve Rubel (www.micropersuasion.com) y Johnnie Moore (www.johnniemoore.com/blog), aquí estamos interesados en los creados específicamente para propósitos de marketing. Algunas empresas los usan como uno de sus *únicos* medios de marketing.

Una empresa que usa los blogs para marketing es The English Cut (www.englishcut.com), figura 5-3, la cual fue ayudada en su camino por el popular blogger y pensador de marketing Hugh Macleod (www.gapingvoid.com). El sastre londinense Thomas Mahon ha causado toda una conmoción; de

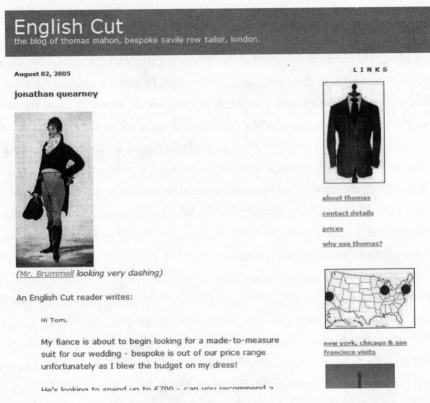

Figura 5-3 The English Cut es popular como un blog de sastrería, en primer lugar debido a que su autor es un caballero increíblemente sensato a quien le encanta hablar sobre su pasión.

hecho, en gran medida gracias a su blog, es uno de los sastres mejor publicitados en la historia de Savile Row, habiendo sido destacado en docenas de revistas y periódicos.

El poder de su blog es simple: habla acerca de lo que con frecuencia es considerado inalcanzable, trajes de 5000 dólares hechos a la medida, como si tales cosas fueran perfectamente normales y totalmente necesarias. Mahon y Macleod no le toman el pelo a nadie: los trajes son caros. Lo que mantiene el interés de los lectores es que pueden decir que a Mahon y Macleod realmente les encanta la confección, así como el más simple de los placeres: poner una sonrisa en la cara de un cliente.

The English Cut está abarrotado de conversaciones acerca de cómo se hacen y comercializan los trajes y las lecciones aprendidas. Como tal, este joven blog es una gran mezcla del tipo barbero (que ofrece su sabiduría sobre su industria), del herrero (que habla públicamente acerca de los secretos de su comercio) y del pub (que proporciona un lugar para que las personas hablen y relaten experiencias relacionadas con los trajes hechos a la medida).

La clave para producir blogs de mercadotecnia exitosos es aprender a dar. The English Cut no sólo revela información muy valiosa, sino que incluso llega a obsequiar trajes (en ocasiones). Mientras que eso es una anomalía en la industria de la sastrería, este blog se usa para cultivar relaciones y hacer que la empresa de Mahon se vea muy humana y sensata. Tener a especialistas de marketing ejecutando proyectos similares es grandioso, en tanto que entiendan el medio del blogging.

UNIÉNDOLAS

La agregación es el acto de dirigir múltiples fuentes hacia un solo destino, y un blog de agregación (el cual orienta múltiples de ellos hacia uno solo) puede ser una manera poderosa, pero simple, de que las empresas se conviertan en fuentes de información para su industria. Usted puede convertirse en un líder de pensamiento en su industria de diversas maneras, y aunque la más eficaz es liderar con sus propios pensamientos, muchas empresas han comenzado a cambiar a blogs de agregación como un medio de, por lo menos, proporcionar pensamientos de avanzada a sus clientes.

Un blog exitoso de agregación toma información de una variedad de feeds (medios principales oficiales, blogs destacados y de empresas) para proporcionar una visión general de lo que está sucediendo en la industria. Se podría llamar la sección de "Noticias de la industria" en su sitio web.

Aunque no es tan poderoso ni tan generador de confianza como lo sería tener un blog barbero o herrero, este estilo de blogging periódico/señal de tránsito puede tener valor para una empresa. Muestra que conoce su industria, conoce a los jugadores y valora la retroalimentación, lo que es especialmente bueno si de verdad usted conoce la industria, conoce a los jugadores y valora la retroalimentación.

Éstos son algunos consejos para crear un blog de agregación exitoso:

- *Escoja bien sus fuentes.* En este estilo de blog, el único control real que usted tiene sobre el contenido es si escoge publicar mensajes individuales de sus fuentes. Así que cuanto mayor sea la calidad de esas fuentes (y más alineadas estén con sus valores) mejor.
- *Haga otros blogs.* Tener uno tipo agregación es un buen comienzo, pero en realidad no le permite interactuar con su audiencia particular. Es una buena manera para medir las aguas y asegurarse de que el software funciona, pero puede usar muchas formas más poderosas para adoptar el blogging que simplemente ser una fuente de información.
- *Proporcione un punto de vista personal.* Si va a usarlos para dar información a sus clientes, usted también debe ofrecer su propio punto de vista. Como tal, los blogs tipo director ejecutivo y los del personal son herramientas poderosas para expandir su blog de agregación, y los mejores mensajes de estas fantásticas fuentes propiedad de las empresas pueden incluirse en el de agregación.

BLOGS DEL PERSONAL: DE FUENTE FIDEDIGNA

Los blogs del personal pueden encontrarse entre las herramientas más afiladas de la caja de herramientas de su empresa. Los buenos blogs del personal pueden influir en su industria, mejorar las experiencias de sus clientes y facultar a su personal para ayudar a las personas. Mientras que un director ejecutivo, administrador o propietario de negocios ve frecuentemente el panorama completo, un blogger del personal puede anotar acerca de los

Impulsar los blogs del personal significa ceder el control y facultar a sus empleados para comunicarse directamente con el público, lo que constituye una de las razones por las cuales es tan importante tener políticas claras de blogging.

retos y victorias cotidianos. Si éste es un desarrollador de software, como eran y siguen siendo muchos de los primeros bloggers de personal, a menudo bloggeará sobre códigos, el estado de la nueva tecnología y las cosas nuevas e innovadoras que esté aprendiendo. Si es un chef, hablará sobre recetas, consejos para el éxito y sobre qué pondrá en el menú cuando abra su propio restaurante. Si es especialista en marketing hablará de las nuevas técnicas, de la manera para fomentar conversaciones reales y del valor de la transparencia.

Les encantan porque les *otorga facultades* para ayudarse a sí mismos, a sus empresas y a sus clientes. Son la quintaesencia de los bloggers herreros, comparten información y experiencias y animan a otros a hacer lo mismo, y todos juntos aprenden más de lo que hubieran aprendido por sí mismos. Es un poco como cualquier otro esfuerzo en equipo: todos trabajan duro y, al final, todos obtienen más de lo que invirtieron.

Impulsar los blogs del personal significa ceder el control y facultar a sus empleados para comunicarse directamente con el público, lo que constituye una de las razones por las cuales es tan importante tener políticas claras de blogging. El apéndice de este libro incluye un ejemplo de este tipo de política. Los empleadores también han confeccionado políticas a medida para sus empleados. IBM, por ejemplo, permitió a sus empleados escribir su propia política de bloggeo. El resultado fue un dictamen justo y equilibrado de concesión de facultades que trazaba las reglas básicas, pero que también animaba a los empleados a asumir riegos.

La política de su empresa debe ser única. Si usted está en una industria altamente competitiva, no querrá que su personal anote sobre lo que pasa cotidianamente; tampoco que su personal lidiara directamente con los asuntos de los clientes, por lo que su política recomendará enérgicamente que encaminen esos asuntos hacia un servicio de atención a clientes o a un equipo de soporte técnico. La realidad es que, para la mayoría de los negocios, los blogs del personal existirán, sean aprobados o no; impulsarlos significa apalancar sus fortalezas; desanimarlos puede significar perder buenos empleados por un simple asunto de comunicación y confianza.

EN MANOS DE UN ESPECIALISTA

Los blogs de especialistas cruzan una diversidad de líneas; de muchas formas, son blogs del personal con visión interna; también son como los blogs tipo director ejecutivo, en el sentido de que, por lo general, no lidian con los asuntos cotidianos, sino que con frecuencia están en el tipo de visión panorámica. Como tales, los bloggers especialistas (como los de la gente de relaciones públicas y marketing, directores en áreas como tecnología de la información y servicios al cliente, profesionales en el desarrollo de negocios y consultores en general) tienden a mezclar el estilo accesible de los bloggers del personal con el estatus influyente de los blog tipo director ejecutivo, administrador y de propietario de empresas.

Por ejemplo, cientos de bloggers exitosos de relaciones públicas y marketing (si no es que miles) publican su trabajo diariamente. Estas personas han comenzado su propio depósito de conocimiento en TheNewPR/Wiki (www.thenewpr.com), que incluye entrevistas y ensayos. También alberga anualmente la Semana del New PR Blog, en la que los profesionales que son líderes mundiales de relaciones públicas y de marketing contribuyen con ensayos valiosos sobre temas de su interés.

Para no ser superados, los profesionales de los negocios albergan una serie de eventos en sus blogs. The Carnival of the Capitalists (www.elhide. com/solo/cotc.htm) es un evento semanal con contribuciones de las mentes de negocios más destacadas, que por casualidad bloggean en el Business Blog Book Tour (www.apennyfor.com/bbbt), el cual es un evento mensual en el que autores líderes de negocios contribuyen con blogs de negocios importantes.

Cada industria tiene blogs líderes, y tener a sus bloggers entre los miembros de más alto perfil de la industria del blogging nunca es malo. Estos especialistas tienen una parte de barberos, una parte de herreros, dos partes de puente, con una pizca de señal de tránsito y de periódico en agregados para una buena medida. Son personas agradables, conocedoras, impulsadas por las relaciones, llenas de información valiosa que están más que deseosas por compartir.

Estimular a los especialistas exitosos es tan fácil como decir, "¿Oye, has pensado en comenzar un blog?" La mayoría de los individuos de estas profesiones ya están al tanto del blogging y de su influencia, y simplemente necesitan un empujoncito para involucrarse.

Eso no significa que ser un blogger especialista sea fácil. Dentro de una base cada vez más creciente de expertos, sólo sobresalen los extraordinarios, la cual es una de las razones por las que tener el apoyo de una empresa es tan valioso. Muy pocos especialistas tienen en realidad un blog desde el interior de una empresa; la mayoría son independientes y dueños de su tiempo. Apoyar y animar a los profesionales existentes en estas áreas no sólo los diferenciará, sino que les proporcionará una perspectiva única que los hará mejores bloggers.

CONCLUYENDO

De muchas maneras, este capítulo ha sido inusual. En lugar de examinar las muchas formas en las que usted puede usar un blog en forma práctica, he elegido observar los blogs externos desde el punto de vista de la "mentalidad" o de la "personalidad". Es muy posible que usted vea el beneficio de casi todos estos perfiles y que pudiera incluso identificarse con un puñado de ellos.

La realidad es que los bloggers no son ninguno de los de la lista predefinida de personalidades, más de lo que las personas normales lo son. Los blogs son un reflejo de las personas que los escriben, y los bloggers son personas que tienen un lugar para expresar su voz, pensamientos, opiniones y conocimiento. Usarlos como herramientas de marketing para su negocio es, en realidad, todo lo que tiene que ver con dejar que las personas sean ellas mismas en un espacio público; puede ser angustioso, emocionante y desafiante. Uno de los mayores retos es saber qué esperar y, con un poco de suerte, las personalidades y los ejemplos de este capítulo le habrán proporcionado algo en qué pensar, en términos de cómo cree usted que su empresa puede bloggear para tener éxito.

La mejor forma de descubrir cómo piensan las personas no es observándo-las, hay que preguntarles. La mejor forma de entablar una conversación con alguien no es a través de una encuesta, es a través de una pregunta. Y la mejor manera de establecer una comunicación real de dos vías (que es en la que encontrará el mayor valor) es a través de un medio de dos vías.

En el siguiente capítulo, daremos un vistazo al blogging interno; por qué las empresas lo llevan a cabo, qué tipos existen y cómo emprender el lanzamiento de uno exitoso. Los últimos capítulos cubren las formas de comenzar a bloggear, de rastrear lo que se está diciendo en ellos y el futuro de esta técnica.

6

USO DE LOS BLOGS PARA INCREMENTAR LA COMUNICACIÓN INTERNA

El concepto del blogging interno plantea diversos desafíos para las empresas que quieren adoptarlo. Los blogs se pueden usar de muchas formas fantásticas, algunas de las cuales fueron comentadas en el capítulo 4. Examinamos el ejemplo de Disney Channel, el cual usa los blogs internos de forma innovadora para ahorrar dinero y para que el trabajo de las personas y el acceso a la información sean más fáciles. En este capítulo profundizaremos más en los usos de los blogs internos y daremos una breve visión general de cómo reactivar el blogging en su empresa. Veremos los beneficios que éste tiene y cómo desarrollar una estrategia de blogging interno.

CÓMO COMIENZA EL BLOGGING INTERNO

El blogging comenzará en forma interna en su empresa, ya sea por una decisión ejecutiva o con el apoyo de base. Ambas formas plantean desafíos únicos.

Como con cualquier idea nueva, decretar el uso de los blogs desde los niveles superiores puede crear un escenario desafiante. El método de calidad probada es demostrar a sus empleados los beneficios de la nueva herramienta mientras se consigue aceptación y sentido de pertenencia, tanto a nivel de mandos medios como en las bases. Conseguir una pronta aceptación por parte de las figuras claves de esos niveles de la empresa significa que el blogging no se impone a las personas, sino que se pone a disposición de los líderes de las empresas, así como que los niveles bajos lo apoyan y los directivos lo impulsan.

Por lo general, los empleados no empezarán a bloggear simplemente porque alguien les dijo que lo hicieran; es decir, los empleados inteligentes que reconocen el valor y el ahorro de tiempo que el blogging puede dar cuando se usa apropiadamente, aceptarán la idea rápidamente. Cuando se está decidido a impulsarlo, es importante apuntar que no todos los empleados decidirán usarlo.

Muchos empleados se encuentran ya ocupados con otro trabajo y puede que no confíen en las intenciones de los directivos o que no estén al tanto del valor del blogging o incluso de la existencia de éste. A pesar de que cada uno de estos problemas tiene solución, frecuentemente la manera más fácil de combatir esos sentimientos es no combatirlos en absoluto y dejar que los empleados tomen la decisión. Los mejores bloggers, ya sean internos o externos, son aquellos que toman la decisión de comenzar a bloggear porque ven los beneficios de hacerlo, no porque les dicen que es lo mejor para ellos.

La segunda forma en que puede comenzar el blogging es más común: los empleados quieren empezar a bloggear. La idea proviene como una solicitud desde los niveles inferiores, por los empleados que observan los beneficios para su equipo o para su empresa como un todo y solicitan comenzar un blog. Algunos equipos simplemente comenzarán a usarlos por su cuenta, debido a que ven los beneficios y nada los detendrá para usarlos; otros solicitarán un nuevo servidor o espacio en los servidores existentes para crearlos.

Independientemente de cómo empiece el blogging, se debe animar a los empleados a usar los blogs internamente (asumiendo que eso encaje con la estrategia de blogging). Sugiera nuevos e innovadores usos para él, como usarlos para compartir documentos o para hacer lluvia de ideas cuando necesite nuevas. Implemente blogs oficiales. Un movimiento desde el nivel inferior significa que usted puede decir honestamente que está apoyando las nuevas ideas de sus empleados y que les está permitiendo que se apropien de esta emocionante nueva herramienta. Si usted necesita una política de blogging, deje que los empleados hagan un borrador; si está al tanto de los blogs externos de los empleados, anímelos a anotar también sobre cosas que les interesan internamente.

No importa cómo se planee empezar, finalmente se necesitará crear un plan y una estrategia para los blogs internos; con los externos la audiencia es el mundo; la audiencia de los internos es la empresa, lo que significa que a las personas a las que se puede complacer son los miembros del personal, ejecutivos y directivos. A pesar de que no hay algo así como un blogger interno "popular", por lo general un blog tipo director ejecutivo se leerá con más frecuencia que el blog de un ingeniero (excepto, por supuesto, por otros ingenieros).

Una estrategia de blogging implementada apropiadamente incrementará la comunicación desde la empresa hacia los miembros del personal, y entre los individuos que piensan de forma similar; reducirá los correos electrónicos al permitir que haya discusiones públicas cronológicas; generará nuevas ideas; hará a su empresa más dinámica y fluida y otorgará facultades a su personal. El resultado final de una estrategia de blogging implementada apropiadamente son empleados más contentos, más motivados y, a fin de cuentas, más eficientes, lo cual nunca es algo malo.

CÓMO USAR LOS BLOGS INTERNAMENTE

Usted puede usar los blogs internamente de diversas formas. En lugar de solamente hacerle una lista, le mostraré las ocho principales maneras en que su empresa puede usar los blogs internos. Esta lista debería propiciar algunas reflexiones acerca de las maneras en que usted puede apalancar la tecnología de bajo costo y alta adopción que esta herramienta puede ser.

Usted puede bloggear internamente para:

- Comunicación de administración de proyectos
- Comunicación interna y marketing

- Generación y examen de ideas
- Conexión y participación de los empleados
- Comunicación de equipos y proyectos con toda la organización
- Comunicación interna de equipos y proyectos
- Comunicación administrativa
- Creación de equipos dinámicos

ADMINISTRACIÓN DE PROYECTOS

La administración de proyectos es todo aquello relacionado con asegurarse de que las personas se mantengan informadas y motivadas, a la vez que también se mantienen dentro de la fecha límite. Las tareas de la administración de proyectos fracasan por falta de información y carencia de comunicación. Los blogs de administración de proyectos se esfuerzan por alcanzar cuatro metas:

- Mantener a todos informados sobre los progresos del proyecto.
- Archivar documentos importantes.
- Plantear puntos de discusión.
- Comprometer a todos los miembros del equipo del proyecto.

Dado que la administración de proyectos es inherentemente un proceso de toma de decisiones basado en la información, los blogs de administración de proyectos permiten al director del proyecto y al equipo comunicarse recíprocamente. Algunos blogs de este tipo son completamente abiertos y permiten a todas las personas del equipo anotar y comentar. Frecuentemente éstas son formas sólidas de asegurar que el proyecto avance, a la vez que se fomentan las contribuciones de todos y cada uno de los involucrados. Algunas empresas que usan blogs para la administración de proyectos simplemente no *necesitan* un director de proyecto, debido a que el equipo es dueño por completo del proceso y cosecha todas las recompensas del éxito.

Tanto en equipos grandes como pequeños, el manejo de los documentos puede ser uno de los aspectos más difíciles de la administración de proyectos. Descubrir quién tiene la copia más actualizada de un documento importante, quién está trabajando en qué documento y a quién se debe dirigir cada documento puede ser difícil de rastrear, aun con software avanzado de administración de proyectos. Se pueden instalar blogs para permitir que las personas contribuyan con los documentos de una manera organizada.

Un ejemplo de un sistema de administración de proyectos basado externamente y que usa blogs es Basecamp (www.basecamphq.com), figura 6-1. Por una pequeña cuota mensual (o incluso *gratis*), los miembros del equipo pueden colocar anotaciones, compartir documentos, mantener listas de pendientes y marcar hitos en el proyecto. Los blogs más exitosos de administración de proyectos, ya sea que funcionen interna o externamente, permitirán por lo menos estas características básicas.

Una característica fuerte de los blogs de administración de proyectos es su capacidad para plantear puntos de discusión. Esto se logra al poner una anotación que solicite retroalimentación. Estas anotaciones de discusión basadas

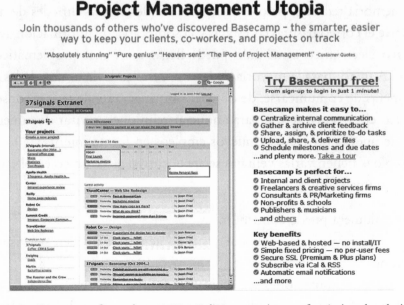

Figura 6-1   Basecamp, formado por 37 señales, es un sistema fantástico de administración de proyectos construido en torno a los conceptos del blogging.

en puntos, pueden mitigar con frecuencia la necesidad de una reunión, una serie de intercambios de correos electrónicos o una llamada en conferencia.

Finalmente, usar un blog para la administración de proyectos es *participativo*; asegura que todos tienen la propiedad del proceso y permite que todo el mundo contribuya. Un blog de administración de proyectos bien aceitado debe requerir poco mantenimiento y ser altamente eficaz. Están disponibles diversas soluciones para la administración de proyectos, pero incluso usar una solución simple como Movable Type (www.sixapart.com) o WordPress (www.wordpress.org) puede funcionar bien para los equipos motivados.

LA COMUNICACIÓN INTERNA ES CLAVE

En empresas de cualquier tamaño, la comunicación interna puede ser difícil. Para la mayoría de las empresas pequeñas, puede que no sea muy difícil de conseguir, pero algunas veces incluso las empresas pequeñas quieren algo más permanente que el correo electrónico.

El correo electrónico es uno de los mayores avances de la comunicación en la memoria reciente, pero es también uno de los más difíciles de mantener. Entre el correo basura, las estafas y la sobrecarga de información general, el correo electrónico a menudo puede llegar a ser más problemático que valioso. Aun así, para la mayoría de las empresas todavía es una de las mejores maneras de comunicarse, de obtener información y de reunir consensos. El correo electrónico se usa para anunciar reuniones, revisar documentos y avisar de nuevos proyectos y nuevos empleos en forma interna.

Los blogs tienen varias ventajas sobre el correo electrónico en el espectro de la comunicación:

- Cualquiera puede contribuir.
- Cualquiera puede comentar y sus comentarios pueden ser vistos por todos.
- Todas las anotaciones se archivan indefinidamente.
- Las anotaciones en los blogs están clasificadas para verlas cómodamente.
- Las anotaciones pasadas pueden buscarse rápida y fácilmente.

Los blogs son una poderosa herramienta de comunicación interna para diversos propósitos; aunque los internos no pueden sustituir al correo electrónico como el rey de la comunicación corporativa, definitivamente están encontrando su lugar dentro de la familia real.

Internamente, algunos de los grandes usos de los blogs son para sitios de proyectos, para anuncios de nuevos proyectos, para reclutamiento y como una manera de filtrar hacia los niveles inferiores las noticias oficiales de la empresa y la información de los ejecutivos. Otro gran uso de un blog interno es como *blog agregador de la industria* (hablamos sobre los blogs de agregación en el capítulo 5). Un blog agregador interno es una manera fantástica de mantener informados a sus empleados acerca de lo que está sucediendo en la industria.

De hecho, cada una de estas áreas ofrece una gran cantidad de libertad, y el software para impulsar cada una de ellas puede ser tan económico como 500 dólares. Comenzar un blog nuevo puede ser en realidad tan fácil como descargar e instalar el software WordPress (www.wordpress.org) o el Community Server (www.communityserver.org), los cuales se pueden bajar completamente gratis.

El poder de los blogs de comunicación interna proviene de su naturaleza archivadora y de su capacidad de búsqueda por palabras clave o fechas además de otros beneficios. No importa si trabaja en Microsoft o en Aunt Minnie's Bakery, el hecho de tener una ubicación permanente en el blog para la correspondencia oficial, las noticias de la industria, los asuntos de la empresa, los nuevos empleos, los proyectos y los productos puede ser una forma barata y eficaz de obtener noticias. Además, debido a que los blogs están basados en la Web, aseguran que incluso personas que están lejos durante varios días pueden ponerse al corriente rápidamente de lo que sucedió mientras estuvieron ausentes.

LAS IDEAS IMPORTAN

Uno de los retos que enfrentan las empresas de hoy en día es mantenerse destacadas y a la cabeza de la curva y generar suficientes ideas nuevas como para mantener al negocio rentable y a la vanguardia de la industria. La mayoría de las empresas se dan cuenta de que si pudieran sacar las ideas de las cabezas de sus empleados, la empresa sería capaz de lograr más, mucho más. Algunas empresas ofrecen incentivos significativos por las nuevas ideas (tales como compartir las utilidades); otras simplemente tienen una caja de sugerencias y animan a los empleados a usarla. Sin importar cuál sea el nivel de compromiso que tenga con las ideas generadas por sus empleados, es difícil argumentar en contra del hecho de que 200 cabezas son mejores que dos.

No es necesario decir que ningún sistema de ideas funcionará a no ser que se valore realmente la retroalimentación que los empleados proporcionan. Una de las mejores maneras de hacerlo es dar reconocimiento a las nuevas ideas, y si se decide no continuar con ellas, decir honestamente por qué no se está usando esa retroalimentación en ese momento.

Para la mayoría de las empresas, la parte más difícil en realidad no consiste en qué hacer con las grandes ideas después de que son enviadas, sino en encontrarlas, para empezar. Y aunque una caja de sugerencias puede ser útil, y los incentivos son una gran manera de recompensar a los empleados librepensadores, el reto real está en tomar una idea desde su estado original y convertirla en algo que pueda crearse o llevarse a cabo de verdad.

Ésa es una de las razones por las cuales los blogs de ideas están empezando a tener éxito en forma interna en las empresas: permiten que cualquiera contribuya con una idea, y luego permiten que cualquier otro la comente, refinándola desde su propuesta original. Muy parecido al hecho de que tener empleados que envíen nuevas ideas puede mejorar su negocio, así también puede hacerlo el tener empleados que refinen otras ideas.

Algunas empresas van incluso más lejos, como lo es ventilando las nuevas ideas que se proponen a nivel ejecutivo mediante blogs de ideas para ver si alguien encuentra agujeros en los planes. Conozco una empresa canadiense de telas que terminó desechando una línea entera de productos debido a que el director de la fábrica fue capaz de encontrar una dificultad de producción con una nueva idea. Gracias a sus observaciones, el único costo para la empresa fue el tiempo gastado en las reuniones.

Los blogs de ideas exitosos tienen varias características en común:

- Cualquiera puede contribuir (anónimamente si así lo desea).
- Cualquiera puede comentar (otra vez, anónimamente si así lo quiere).
- Todas las ideas son revisadas y respondidas a nivel ejecutivo.
- Las grandes ideas son recogidas y los empleados reciben recompensas por ellas (siendo excelentes recompensas la participación de las ganancias y los bonos por ahorro en costos).
- Todos están en igualdad de condiciones.

Un gran blog de ideas puede no ser suficiente para salvar su empresa, pero tampoco será algo precisamente costoso como para no poder empezar uno sencillo. Además, puede ser una gran forma de comunicar a sus empleados que valora sus ideas y, por extensión, que los valora a ellos.

EMPLEADOS QUE BLOGGEAN

Los blogs internos de empleados pueden ser un fantástico catalizador dentro de su empresa, ya que ayudan a forjar conexiones *dentro* de la empresa. Los blogs externos de empleados también son excelentes porque permiten a los empleados conectarse con individuos de mentalidades similares de *fuera* de la empresa.

> Los mejores blogs de empleados mantienen a las personas informadas, permiten lluvias de ideas y soluciones públicas a los problemas y mejoran la eficiencia en toda la organización.

No importa si usted tiene una docena de empleados o 2000; tener a los miembros de su personal conectados crea fantásticas nuevas oportunidades, especialmente si usted está usando blogs de ideas, ya que, con frecuencia, de estos emparejamientos y agrupamientos pueden surgir grandes y novedosas ideas. Una de las claves para los blogs exitosos de empleados, más allá de, en primer lugar, animar y poner a los empleados a bloggear, es ofrecerles una forma de conectarse unos con otros. He dicho esto una y otra vez, pero los blogs son fuerzas igualadoras; si un conserje tiene uno, no hay nada que detenga a un ejecutivo de enlazarse con él respecto a un tema por el cual ambos se apasionen, algo que sería casi imposible en un mundo sin blogging.

Tener funcionando blogs exitosos de empleados requiere ofrecer diferentes maneras para que los bloggers se encuentren entre sí. Es esencial contar, por lo menos, con un motor de búsqueda de anotaciones, temas, categorías y nombres de bloggers. Pero algunas empresas llegan hasta a darles un sitio web único que ofrezca una lista de las nuevas anotaciones, caracterice a los bloggers individuales y enlace los comentarios hechos por un blogger a su blog interno. Cuantas más formas ofrezca para que sus empleados se conecten, más conexiones harán.

El reto es que implementar estas características es más caro que simplemente permitir que los empleados establezcan los blogs. Aunque productos gratuitos como Community Server (www.communityserver.org), figura 6-2, WordPress (www.wordpress.org) y Drupal (www.drupal.org) pueden ayudar, es posible que no ofrezcan la solución completa al rompecabezas. Comenzar blogs de empleados debe considerarse estratégicamente: no se trata sólo de si valora las conexiones, sino de *cuánto* se valoran esas conexiones y de qué está usted dispuesto a hacer para facilitarlas.

Los mejores blogs de empleados mantienen a las personas informadas, permiten lluvias de ideas y soluciones públicas a los problemas, y mejoran la eficiencia en toda la organización; por esas razones, IBM cambió a blogs para sus más de 150,000 empleados a principios de 2005. IBM se dio cuenta de que si los empleados de todo el mundo pudieran conectarse respecto a los problemas y los asuntos que los apasionaran, podrían comenzar a apalancar esas conexiones al crear *equipos dinámicos*, acerca de los cuales posteriormente hablaremos.

Ya sea que usted escoja apalancar las conexiones que permiten los blogs de empleados, o simplemente se dé cuenta de que tener empleados haciendo más conexiones los hace más informados y más productivos, los blogs de empleados son una excelente manera de incrementar el valor que sus empleados ponen sobre la mesa.

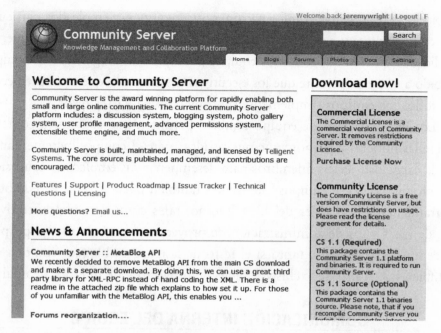

Figura 6-2 Community Server es una de un número cada vez más creciente de herramientas que pueden ayudar a que su empresa comience a andar por el camino del blogging.

PORQUE LO DICE EL EQUIPO

Los blogs oficiales de equipo son una raza bastante nueva de blogs. Para empresas con más de 20 empleados, los equipos básicamente pueden hacer que la empresa funcione. Ya sean equipos de producto o equipos de tarea, tales como los de TI (tecnologías de información) y marketing, los equipos en la mayoría de las empresas de hoy en día son autosustentables, y ésa es la razón por la cual no debe sorprender que, cada vez más, esos equipos estén escribiendo sus propios blogs oficiales.

Un blog oficial de equipo es para los equipos lo que uno oficial de empresa es para la empresa: una manera clara y concisa de describir lo que está sucediendo en la industria, de hacer anotaciones sobre nuevos empleos, de hablar acerca de asuntos del equipo, de anotar memos y de discutir otros asuntos importantes relacionados con el trabajo. Los blogs tipo ventana de equipos (vea capítulo 5) proporcionan información a otros equipos, a empleados particulares de la empresa y a líderes corporativos. Conozco a varias empresas que, en realidad, requieren que todos los equipos publiquen un blog oficial de equipo, debido a que esto permite que los ejecutivos descubran lo que está sucediendo en todos los equipos simplemente suscribiéndose a varios feeds.

Los blogs oficiales de equipo también permiten que cualquiera comente sobre las noticias y proporcione nuevas ideas para el equipo, incrementando así la capacidad de sus miembros para desempeñar sus empleos y seguir siendo productivos. Los equipos inteligentes también pueden hacer uso de otras herramientas disponibles del blog interno, tales como los administrativos, los de ideas y los de administración de proyectos dentro de su equipo para hacerlos más eficientes, tanto si el resto de la empresa bloggea como si no; también hacen uso de exclusivos blogs de proyecto y de internos de equipo.

COMUNICACIÓN INTERNA DEL EQUIPO

Algunas veces los equipos quieren lanzarse ideas entre sí, tal vez por razones de confidencialidad o debido a que los pequeños grupos pueden ser más eficientes que los grandes. Como resultado, los blogs internos diseñados para que sólo los lean los miembros del equipo se están volviendo cada vez más populares; permiten compartir documentos, lluvias de ideas y archivar pensamientos y discusiones.

La meta es reducir los correos electrónicos en todo el equipo al poner la mayor parte de la correspondencia oficial en el blog, de tal forma que pueda ser archivada y buscada; pero este sistema también permite que las respuestas ocurran de forma cohesiva. Uno de los problemas con el correo electrónico es que, cuando se envía el correo a varias personas, frecuentemente acaba en líneas múltiples de conversación, con ideas cruzadas y una confusión reinante. Los blogs resuelven ese dilema, ya que todos los comentarios son cronológicos, de tal manera que las personas que responden a la anotación original también están respondiendo a los comentarios previos. Esto significa que, generalizando, la comunicación interna es lineal (parte del pensamiento original y llega al pensamiento final) en lugar de embrollarse entre diferentes hilos de conversación que entonces tienen que recapitularse para que todos estén incluidos en la información.

Entre los equipos es importante compartir documentos. Los blogs aseguran que todo el mundo tenga la misma versión de cada documento, que todos puedan ver cuándo se anotan nuevos documentos; además, generalmente, con ellos es imposible que alguien pierda un documento. Los correos electrónicos pueden ser eliminados, pero perder una anotación de un blog es mucho más difícil. Las anotaciones en ellos también pueden exportarse, de hecho, crear regularmente respaldos de las anotaciones y de los archivos en un blog es tan importante como el mismo blog.

En un ambiente de equipo habilitado, cada pensamiento es una conversación que está esperando llevarse a cabo y cada idea tiene el potencial de expandirse. Obviamente, esto requiere un ambiente sano de equipo y, en gran medida, como con el correo electrónico, los equipos que no son sanos simplemente no serán capaces de maximizar el potencial que los blogs ponen sobre la mesa. Pero hasta los equipos que no son sanos pueden apreciar el no perder nunca un documento, estar siempre informados y que nadie se robe nunca su idea (porque las ideas puestas en el blog se acreditan a quien la originó).

Un blog interno de equipo, en gran medida como sucede con los blogs de empresa, es un registro archivado de los pensamientos y acciones de un equipo. Para las empresas más pequeñas, un blog puede cumplir este propósito para toda la empresa. Ya sea que usted tenga una empresa pequeña o una grande usando blogs internos de equipo para equipos individuales, las fortalezas se mantendrán: menos correos electrónicos, información más clara que se puede archivar y localizar, sólida participación de documentos y la capacidad de tener una lluvia de ideas públicamente. Éstos son activos valiosos para cualquier equipo.

DISTRIBUCIÓN ADMINISTRIVIAL

La capacidad de su empresa para comunicarse de forma clara es inversamente proporcional a su tamaño. Cuanto mayor sea su empresa, más difícil puede ser llevar el mensaje a las personas de una manera comprensible. Los memos son los medios estándares de comunicación, pero a no ser que usted planee enviar un correo electrónico a todos en su empresa por cada memo, es poco probable que la persona indicada tenga siempre la información correcta en el momento preciso. Aquí es donde entran los blogs.

El mundo administrativo de hoy en día está cubierto con montañas de reportes de estados, apuntes de reuniones, reportes de ventas y todo tipo de información trivial que es completamente esencial para el funcionamiento de la empresa. El reto es que la gente que requiere esa información a menudo no la tiene cuando la necesita.

Una razón por la que los blogs son tan valiosos para la administración de documentos es que la información nunca se pierde; no sólo están clasificados, también se puede buscar en ellos. Tener esos documentos disponibles en un blog administrativo (con autorizaciones para que las personas indicadas puedan ver los documentos apropiados) es una gran manera de no sólo disminuir los correos electrónicos y obtener la información rápidamente, sino también de asegurar que los documentos nunca se pierdan y que las personas puedan comentar sobre los nuevos documentos en cuanto se anotan.

Además, un blog administrativo de empresa exitoso puede reportar los cambios a Recursos Humanos (como que cada empleado obtiene tres semanas adicionales de vacaciones al año) y las reuniones importantes de la empresa (como la que habría que programar para hablar acerca de las tres semanas de vacaciones al año que cada empleado ha obtenido). Es, de muchas maneras, el alma de una empresa: sin lo mundano y lo cotidiano, muchas empresas simplemente se secarían. Afortunadamente, los blogs hacen que todo sea fácil de anotar y fácil de suscribirse.

Mientras que la información administrativa puede ser aburrida, tener un blog sobre el tema significa que cuando los empleados verdaderamente necesiten encontrar cierta información (como los formularios de vacaciones), saben exactamente a dónde ir. Los blogs pueden ser como la intranet de una empresa y un sitio de documentos, todo envuelto en un mismo paquete. Y posiblemente no necesitará un software caro para acomodar esto, ya que tanto WordPress como Movable Type son más que aptos para desempeñar esa tarea (aunque puede que necesiten personalizaciones mínimas si usted va a anotar cierta información a determinadas personas, tal como cuántas vacaciones obtienen los ejecutivos de alto nivel).

CREACIÓN DE EQUIPOS SOBRE LA MARCHA

La creación *dinámica* de equipos no es, técnicamente, un tipo de blog que pueda crearse, pero es uno de los posibles y sorprendentes productos derivados de una sana cultura del blogging interno. Los miembros más valiosos y dinámicos del equipo son aquellos que trabajan para enfrentar los problemas con creatividad. Yo he sido miembro de dichos equipos, y la única verdad es que no hay manera de planearlos. Un gran equipo simplemente *ocurre*. Algunos equipos son excelentes, otros son sólo lo suficientemente buenos como para hacer el trabajo y algunos son un fastidio, incluso hasta para formar parte de ellos.

> **Suceden cosas extrañas y maravillosas cuando se crea un espacio para que las personas se reúnan como iguales.**

Dado que los blogs permiten a cualquiera ventilar sus pasiones e intereses de una manera real (en lugar de hacerlo en una columna de "intereses" en la base de datos de los empleados), las personas son capaces de conectarse más fácilmente. Cuanto más fácilmente puedan conectarse las personas, más trabajarán juntas. Un ambiente saludable de bloggeo creará equipos en forma natural, sin importar qué tan pequeña sea la empresa. De hecho, el mayor reto para la creación dinámica de equipos es derribar las barreras de pensamiento. Por ejemplo, trabajé con una empresa en donde el conserje en realidad era la persona perfecta para ayudar a un equipo que estaba encargado de la fusión de dos empresas. Su perspectiva y su pasión por las personas, que fue la razón por la que, en primer lugar, había aceptado el empleo, brindó un gran servicio en las reuniones. Suceden cosas extrañas y maravillosas cuando se crea un espacio para que las personas se reúnan como iguales.

Cuando comienza a crear una cultura del blogging interno, debe darse cuenta de que es posible que ocurran cosas inesperadas. No juzgue a sus equipos o a sus activos por sus cubiertas, ya que hasta el libro que más parezca infestado de ratas puede ser el ganador de un premio Pulitzer.

TODO GIRA EN TORNO A LOS BENEFICIOS

El blogging interno faculta a los empleados, incrementa la comunicación, reduce los correos electrónicos, simplifica la administración de documentos y ofrece un marco sólido para que los empleados permanezcan informados, se enteren de nuevas oportunidades y se involucren con la empresa. Pero ¿qué significa realmente todo esto para su negocio?

EVITE EL CORREO ELECTRÓNICO MALIGNO

Reducir el correo electrónico es un trabajo enorme. En promedio, a una persona le toma entre 7 y 15 segundos leer, procesar y hacer algo acerca de un único mensaje de correo electrónico (incluso si ese algo es dejarlo ahí para lidiar con él después). Si se puede reducir la cantidad de correos electrónicos que los empleados reciben incluso a 100 mensajes por día, se ahorrará cerca de media hora de tiempo diariamente.

Sin embargo, el blogging simplemente no elimina el correo electrónico, porque la comunicación que está en él todavía tiene que darse. Lo que hace es incrementar su eficacia. El correo electrónico se vuelve más para los asuntos del "ahora": recordar reuniones, una solicitud urgente o una nota rápida. Los blogs son el lugar en donde ocurre la comunicación oficial duradera y en donde se lleva a cabo la retroalimentación.

Para muchas empresas, esto es un cambio de paradigma. Y aunque no sea necesario disfrutar de los otros beneficios de los blogs, los argumentos de ahorro de tiempo de sus empleados, de nunca perder un documento y de hacer que los empleados se involucren con la empresa y facultarlos para el cambio son difíciles de desechar.

Sin embargo, implementar blogs simplemente no hará todas estas cosas. Debe estar preparado para desarrollar campeones para la causa entrenando personas para que usen los blogs, apoyen nuevas ideas y respondan a lo que sucede en ellos. Uno de los desafíos para las empresas que comienzan a hacer su comunicación más blogocéntrica es que todo se hace público: cualquiera puede leer todas las anotaciones iniciales y todos los comentarios subsecuentes. Para algunas empresas, cuando las discusiones se *sacan* de los blogs (como sucederá), los empleados pueden sentir que están fuera de la información.

Así es como funciona un blog de comunicación para mantener informado:

1. Se crea la idea inicial.
2. Los empleados, directores y ejecutivos anotan comentarios (anónimamente o de otra forma, dependiendo de la empresa). Algunas empresas dejan que este proceso dure un período determinado de tiempo.
3. Se revisa la idea. Para algunas empresas, esto significará tener a un individuo que examine cada idea y después la pasa hacia arriba en la cadena; para otras, los ejecutivos se reunirán al principio de la semana para aprobar las nuevas ideas. De hecho, algunas empresas forman un equipo de empleados cuya tarea es pasar las nuevas ideas a los ejecutivos, con lo que se faculta a los empleados para que no sólo generen ideas, sino también para que las revisen.
4. Para las ideas rechazadas en esta etapa, quienquiera que las esté revisando deja un comentario o envía un correo electrónico explicando brevemente por qué no se usó una idea. Algunas veces una idea puede ser un catalizador para una idea aún mejor, pero si no ocurre nada más, hace saber a cualquiera que haya enviado una idea que de verdad es *escuchado*, lo que es increíblemente importante, especialmente en las primeras etapas de la construcción de un blog de ideas.
5. Se toma una decisión. Las ramificaciones de esa decisión pueden no hacerse públicas de inmediato; sin embargo, anotarlo en el blog o hacérselo saber a quien lo originó es una cortesía básica.

El objetivo de todo esto es informar totalmente de la retroalimentación para que nunca nadie cuestione qué es lo que pasa con las ideas. Si se desecha una idea, quien la originó se entera y sabe el porqué; de la misma manera, si se acepta una idea, se informa a quien la originó. Las empresas sabias dejarán que los individuos se involucren, hasta donde sea apropiado, de tal forma que cada persona pueda ver nacer una idea. Así como las experiencias positivas pueden crear clientes apóstoles, también las experiencias positivas con los empleados pueden crear empleados apóstoles. Un empleado entusiasmado es contagioso.

MENOS RUIDO, MÁS OÍDOS

La comunicación interna puede ser un reto. En algunas empresas hay demasiado ruido (las personas envían chistes y todo tipo de correos electrónicos improductivos), y eso puede agobiar los canales de comunicación. La relación comunicación valiosa/ruido (o comunicación inútil) es bastante alta en la mayoría de las empresas. Para las empresas que no toman el control de su cultura de correo electrónico, la cultura se guía con frecuencia más por la cantidad que por la calidad.

Los blogs proporcionan un tipo de solución para el ruido del correo electrónico y la confusión en dos aspectos. Primero, en la cultura en torno al blogging usted decide si lo que está anotando tiene valor para que cualquiera en la empresa pueda leerlo, ya que anotar cosas inútiles no va ni muy lejos ni muy rápido (aunque sólo fuera por eso, nadie comentará sobre las tonterías, así que las personas al final dejarán de anotarlas).

Segundo, el concepto del mensaje inútil queda más oculto en una anotación de blog. En un correo electrónico, el mensaje final de "¡excelente!" o "¡gracias!" parece tan visible e importante como el pensamiento original, lo que significa que la mayoría de las veces, el pensamiento original se pierde en un mar de correo electrónico extraño. Pero en los blogs internos, el pensamiento original es *totalmente* visible, a no ser que alguien *elija* dar un vistazo a los comentarios. Y aunque es posible que haya mensajes de "¡gracias!" y "¡genial idea!" en los comentarios, no comparten el mismo nivel de intrusión que en el correo electrónico, debido a que se pueden leer docenas de ellos por encima en pocos segundos; usted no tiene que hacer clic para abrir cada respuesta.

EL PODER A LA GENTE

Los blogs otorgan poder a las personas. En el mundo público esto es discutible, pero en el mundo del blogging interno es una verdad esencial. Cuanto más se usen apropiadamente, más valiosos son. En este capítulo he hablado bastante sobre los blogs de ideas, debido a que se relacionan con otorgar poder, con permitir a los empleados que se involucren en la salud y en el futuro de la empresa. Pero la intención de cada tipo de blog interno es otorgar poderes. Si reduce los correos electrónicos, permite a las personas tomar control de sus buzones. Si hace la administración de documentos más fácil, significa que sus empleados no tienen que ir por ahí buscando el expediente correcto. Si ayuda a todos a permanecer informados acerca de la mundana (pero importante) información administrativa y de la empresa, entonces nadie se quedará haciendo suposiciones.

DESARROLLO DE UNA ESTRATEGIA DE BLOGGING INTERNO

Ya sea que usted forme parte de una empresa pequeña o de una multinacional colosal, entregar la información adecuada a las personas indicadas, en el momento preciso es importante. Y los blogs, combinados con los feeds, proporcionan ese tipo de marco. Por supuesto, un blog es solamente tan bueno como la información que se pone en él, y esa información únicamente es tan buena según la forma en que se incluya para usarla. Así que asegúrese de tener una estrategia de blogging interno antes de iniciar su viaje por él. Con tanto potencial aquí, hacer un mal manejo de ello sería trágico. Emociónese. Anime a las personas. Descubra nuevas formas excelentes de usar los blogs, pero asegúrese que lo hace porque quiere mejorar su negocio, no sólo porque éstos son nuevos y emocionantes.

Desarrollar una estrategia es un ejercicio de tres partes: descubrimiento, exploración y excavación. La fase de *descubrimiento* para crear una estrategia exitosa de blogging es mostrar los retos actuales, los valores y los objetivos como empresa. Cualquier actividad de blogging que se emprenda debe ensamblar en esto. En segundo lugar, es necesario *explorar*: hacer una lluvia de ideas, determinar cuáles de las ideas presentadas en este capítulo funcionan y decidir qué tipos de actividades cree que harán el mejor uso de los recursos. Finalmente, es necesario excavar: hacer el trabajo, dejar que los empleados se involucren, motivarlos, ayudarlos a ahorrar tiempo y trabajo, y, generalmente, hacer sus vidas más fáciles, más satisfechas y más emocionantes.

DESCUBRIMIENTO

En cualquier proyecto, la fase de descubrimiento es la parte más importante. Lo que se genere en esta fase determinará no sólo la métrica del éxito, sino también, y en primer lugar, si se va a tener éxito o no. Demasiadas empresas se saltan esta fase, lo que es algo así como si un arquitecto ignorara los planos de una casa y examinara las cuestiones eléctricas en primer lugar.

La planeación nunca ha matado un proyecto, pero ignorar la planeación ha tirado a la basura muchas grandes ideas. Su fase de descubrimiento debe lidiar con algunos puntos claves:

Desafíos

Identificar los desafíos que su empresa enfrenta es un componente importante de cualquier proyecto nuevo. Si algo no está solucionando uno de sus desafíos o alcanzando uno de sus objetivos, ¿por qué lo hace? Su reto como empresa podría ser que sus empleados están inundados de correos electrónicos, que no se están generando nuevas ideas o que la comunicación interna no es tan eficaz como podría ser.

Valores

Aunque la mayoría de las personas no añadirían valores a la lista del proyecto, yo soy un gran creyente de todo lo que su empresa esté haciendo que surja de sus valores, del sueño que está proponiendo o de las promesas que se hace a sí mismo, a sus empleados y a sus clientes. Si su empresa no tiene un conjunto de valores, promesas o sueños dominantes (una típica declaración de visión posiblemente no encaje aquí), es muy posible que esté flotando en el viento del marketing. Los valores proporcionan estabilidad y son una excelente medida contra la cual probar nuevos proyectos e ideas. Sus valores, sueños y promesas pueden consistir en que a usted le encantan las nuevas ideas, que apoyará los sueños de los empleados y que será un líder de mercado en su industria sin importar lo que suceda.

Objetivos

Establecer objetivos para un proyecto permite determinar la métricas del éxito; sin objetivos, nunca sabrá si lo que está haciendo es lo mejor para el proyecto. Sus objetivos deben corresponder con sus valores y, como tales, pueden ser tan simples como mejorar la comunicación, dar a los empleados la información que necesitan cuando la necesitan y ayudar a cultivar relaciones de negocios sanas entre los empleados y entre éstos y la directiva.

Métrica del éxito

Por lo general, la métrica traza mapas de sus objetivos. Si su objetivo es crear nuevas ideas, su métrica del éxito puede ser haber recibido por lo menos 50 ideas durante el año, haber revisado y ofrecido retroalimentación a todas ellas y haber actuado en, por lo menos, tres de ellas.

EXPLORACIÓN

La segunda fase en el desarrollo de una estrategia exitosa de blogging es... bueno, desarrollar una estrategia de blogging. El descubrimiento trató en su totalidad del establecimiento de las reglas básicas; la mayoría de las empresas necesitan hacer esto sólo una vez, y después esos valores y retos pueden aplicarse a cualquier proyecto. Una vez hecho esto, ahora se puede entrar a las tres fases de la exploración: expansión, contracción y decisión.

Expansión

Ésta es la fase de la lluvia de ideas. Dé un vistazo a las ocho grandes formas de usar los blogs internamente expuestas en este capítulo. Después, vea la gran lista del capítulo 4 y realice lluvias de ideas sobre formas en las que su empresa puede usar los blogs. Para algunas empresas, puede ser una lista pequeña, para otras puede ser más grande que la lista maestra del capítulo 4.

Contracción

Una vez que haya expandido las posibilidades del blogging en su empresa tanto como sea posible, ahora es el momento de emparejar las posibilidades con sus valores, retos y objetivos. Esto puede significar que su lista se reduzca de veinte a tres posibilidades. Encuentre las áreas que darán valor a su empresa en el sitio en el que se encuentra ahora. Está bien si el blogging no coincide en un principio, porque siempre se puede rehacer el experimento cada seis meses para ver si las cosas han cambiado.

Decidir

Habiendo estrechado la lista, debe decidir qué proyectos se harán y, específicamente, cuáles serán las métricas del éxito para cada uno de estos proyectos. En este punto, se pueden examinar los recursos propuestos que se van a asignar al proyecto, y se puede traer a un director de proyecto o a un empleado campeón.

EXCAVACIÓN

Una vez decidido *qué* es lo que va a hacer, la fase final del desarrollo de su estrategia de blogging es decidir *cómo* va a hacerla. Si se establece un blog de ideas, ¿se permitirá que se hagan anotaciones o comentarios anónimamente? ¿Quién revisará las ideas sugeridas? ¿Se dará retroalimentación? Si se están haciendo blogs oficiales de equipos, ¿cómo se va a hacer para mantener a los equipos motivados para realizar este trabajo extra? ¿Se creará tiempo para ello o es sólo otra tarea de la que tendrán que ocuparse en sus ya de por sí saturadas agendas? No importa lo que se haga, la parte de excavación de su proyecto es una de tres fases: aceptación, ejecución y seguimiento.

Aceptación

Debido a que los blogs generalmente son asuntos dirigidos por los empleados, debería aceptarlos pronto, así como la retroalimentación. Lanzar nuevos proyectos es difícil en cualquier empresa, pero tratar de implementar blogs internos desde el nivel superior al inferior posiblemente no funcionará. Usted puede utilizar una serie de tácticas para hacer que los empleados adopten los nuevos blogs, simplemente dejando la puerta abierta a la elección o consiguiendo que algunos empleados involucrados ayuden. El éxito del proyecto depende de cuánta aceptación y participación obtenga, así que no descarte esta fase.

Ejecución

Lanzar los diversos blogs que su empresa utilizará puede ser un reto. ¿Los comenzará todos al mismo tiempo? ¿Los equipos serán responsables de establecer y mantener sus propios blogs o lo hará el departamento de TI? Deben contestarse muchas preguntas, pero, afortunadamente, instalar realmente un blog es en gran parte tarea del departamento de TI, y la mayoría de los paquetes de software de blogging son bastante fáciles de instalar y configurar (para el personal capacitado). Si no se tienen los recursos internos para manejarlo, se tendrá que contratar a una empresa consultora de blogs o a consultores técnicos generales. De hecho, conseguir consultores con experiencia en blogging, específicamente consultores de blogs, a menudo no es difícil, especialmente si simplemente revisan y comentan sobre sus planes y no hacen nada más (muchas empresas consultoras de blogs tienen una tarifa fija bastante baja para esto).

Seguimiento

En cualquier buen proyecto, lo peor que se puede hacer es no revisar nunca para ver cómo va, si corresponde con sus valores, y si las personas que usan el software están contentas. Ya sea que se lleven a cabo revisiones mensuales o semanales, es necesario asegurarse de hacer una evaluación de alto nivel sobre el éxito de vez en cuando y, por lo menos, una vez cada tres meses.

Si encuentra que la aventura no es exitosa, usted y sus empleados pueden determinar cómo debe arreglarse.

Debido a que el blogging interno tiene un potencial tan enorme para la mayoría de las empresas, siempre es triste ver que un proyecto de blog interno falla por escasez de planeación, mala ejecución o carencia de seguimiento. Así que haga su tarea y trate su proyecto de blogging interno con el mismo respeto con el que trataría a sus empleados. Después de todo, es más probable que sean ellos los que usarán los blogs diariamente, y si no hace sus vidas más fáciles y mejores, puede que no valga la pena hacerlo.

CONCLUYENDO

Este capítulo proporciona razones para aplicar el blogging interno, ofrece algunos ejemplos sólidos de maneras en las que casi cualquier empresa podría hacer uso de él e introduce algunas herramientas para que las use con el fin de establecer y mantener un blog.

Este capítulo cierra la parte de "cómo comenzar con el blogging" de este libro. En este punto, debería tener un entendimiento sólido de su utilidad y de cómo puede aplicarlo interna y externamente para hacer crecer su negocio, para mejorar las relaciones con sus clientes y para incrementar su visión, entre otras cosas.

En los siguientes tres capítulos, veremos cómo monitorear lo que se dice de usted y de sus productos, cómo participar en su blog y (lo más importante) cómo lidiar con la negatividad.

7

ENTÉRESE DE LO QUE SE DICE ACERCA DE SU EMPRESA Y SUS PRODUCTOS

Algunas veces el problema con los blogs es que crean mucho ruido, y como resultado no se puede decir qué es relevante. Es un poco como tratar de encontrar a un conocido en un concierto importante de rock; todos están gritando, y el hecho de que usted sea uno de los pocos que no gritan no le ayuda a encontrar a quien está buscando; aun se pierde en medio de una cacofonía de voces. Cuando su empresa entra en el blogging, en lugar de perderse en la multitud, necesita saber no sólo lo que dicen las voces del blog, sino también qué están diciendo los individuos de la multitud.

En este capítulo, cubriremos la manera de seguir el rastro de "la conversación" y cómo rastrear a los bloggers individuales, cómo monitorear y establecer métricas para su blog, y cómo responder a los eventos que suceden en ese mundo.

SABER O MORIR

Uno de los retos dentro del blogging no es ni encontrar los blogs, ni encontrar las anotaciones y ni siquiera encontrar anotaciones acerca de su empresa. Está disponible una cantidad masiva de información en torno al blogging, así que el desafío no es encontrar esa información; en cambio, el reto es encontrar la información *correcta* y aplicarla de una forma significativa.

Afortunadamente, los bloggers han encontrado una razón noble para comenzar a escudriñar la información: el *ego surfing*. El ego surfing es una forma de arte increíblemente precisa que comprende navegar en la red (específicamente usando Google u otros buscadores) para encontrar quién está hablando de *usted* y qué están diciendo.

Los primeros decidieron que buscar en Google casi diariamente no sólo era ineficiente, sino lento. Después de todo, podría tomar más de tres días para que aparecieran en Google los nuevos enlaces establecidos con su sitio, y eso era simplemente inaceptable. De hecho, Dave Sifry, uno de los primeros bloggers, estaba tan harto de usar Google para ego surfing que creó su propio sitio web llamado Technorati (www.technorati.com) para comenzar a rastrear cómo se enlazaban los blogs entre sí.

En el verano de 2005, Technorati comenzó a rastrear su blog número diez millones, lo que causó que Sifry se reflejara escribiendo lo siguiente (en www.sifry.com/alerts/archives/000312.html):

La razón primordial por la que creé Technorati (yo quería saber quién estaba hablando de mí y de las cosas que me preocupaban) no ha cambiado... Me da una gota de alegría y mucha sorpresa saber que hemos sido capaces de contribuir con nuestra pequeña parte a un bien mayor y de ayudar a que las personas entiendan esta extraordinaria creatividad de la blogosfera.

Technorati comenzó siendo pequeño, rastreando sólo unos cuantos miles de blogs. Conforme la blogosfera creció, también lo hizo la base de datos de Technorati. Con los años, otros servicios han aparecido en línea, como BlogPulse, IceRocket y PubSub, cada uno de los cuales lo comentaremos en detalle más adelante en este capítulo. Conforme este libro y la comunidad maduran, estos sitios añadirán indudablemente nuevas características, y de seguro aparecerán nuevos sitios en línea.

Creo que sólo dos cosas seguirán siendo ciertas en esta vida: las personas nunca estarán de acuerdo con respecto a Dios, la política o los deportes, y ¡los bloggers nunca dejarán de perfeccionar el arte del ego surfing!

Afortunadamente, su empresa se beneficia de por lo menos una de estas obviedades.

ENCONTRAR VALOR EN UNA CACOFONÍA DE DATOS

Conforme veremos más adelante en este capítulo, servicios como Technorati, junto con analíticos inteligentes de la web, pueden ofrecer un auténtico tesoro de datos. Pero ¿qué se hace con todos esos datos?

Examinaremos los usos específicos de los datos que genera cada sistema; sin embargo, veremos que, normalmente, se buscan tres informaciones principales mientras se empieza a trazar una línea de referencia y una tendencia:

- Dónde, por qué y cómo está usted creciendo
- Tendencias que está usted comenzando o de las cuales forma parte
- Qué están diciendo las personas acerca de usted y cómo responder mejor

La mayoría de las empresas, incluso aquellas que usan ambientes de sitios web compartidos y de bajo costo, tendrán instalado algún tipo de paquete de blogging y de reportes, frecuentemente conocidos como *estadísticas web* (*web stats*). Si no se tiene ese tipo de paquetes instalado, se pueden usar *contadores estadísticos* (*stat trackers*) gratuitamente o de pago, que están disponibles en diversos sitios web y en diferentes configuraciones. Ninguno de éstos será tan preciso como las estadísticas proporcionadas por su servidor o empresa de Internet, pero le ofrecerán las tres informaciones principales.

La realidad de los analíticos de web, y en particular con el blogging, es que los números reales importan muy poco. Lo que *es* importante es el *crecimiento* de esos números y lo que ese crecimiento significa. Comenzar con 10 lectores y progresar hasta 100,000 es increíblemente impresionante y debería ser estudiado y reconocido. Comenzar con 80,000 y crecer a 100,000 también es importante de anotar, pero el crecimiento no es tan impresionante. Lo que importa es lo que representan los números: crecimiento, enlaces, tendencias de las que usted forma parte, creciente satisfacción o insatisfacción de los clientes, y otros asuntos igualmente importantes.

"Viajando sobre la larga cola" examina un poco más por qué los números importan por sí mismos, pero de manera diferente a lo que la mayoría de las personas piensa.

VIAJANDO SOBRE LA LARGA COLA

Chris Anderson, editor en jefe de la revista *Wired*, fue el primero en acuñar el término larga cola en un artículo ahora famoso publicado en otoño de 2004 (www.wired.com/wired/archive/12.10/tail.html). La premisa básica de Chris, cuando se aplica a los blogs, es que aunque ciertamente los megablogs están ahí, con audiencias que rivalizan con las organizaciones principales de noticias, la influencia y el tamaño de esos blogs son prácticamente iguales a los de los blogs pequeños.

Chris ilustró esto con la siguiente gráfica:

Hablando prácticamente, esta gráfica muestra que existe un puñado de blogs supergrandes, pero también que andan por ahí una larga cola de millones de otros blogs, igual de importantes (si no es que más) que los blogs más grandes. De hecho, mucho del poder del blogging se encuentra en esta larga cola: la conversación ocurre en la larga cola, y sus clientes están en ella. Y lo más probable es que usted estará en esa larga cola.

Aunque conocer sus números es importante —ya que le permiten graficar su crecimiento—, también son menos importantes de lo que pudiera pensar, porque a fin de cuentas lo que importa es cómo responde el resto de la larga cola. No examine sólo sus estadísticas, asegúrese de examinar también qué tan bien está usted hablando con la larga cola, o metiéndose con ella.

Revise el blog de Anderson, que detalla cómo las empresas están interactuando con la larga cola: http://longtail.typepad.com/.

Sus estadísticas web le darán los primeros puntos de importancia: si su blog está creciendo (o encogiendo) y dónde, por qué y cómo. La respuesta al *por qué* puede ser bastante vaga, tal como "Google nos está enviando más tráfico". Aquí es donde el análisis de tendencias y los patrones de enlace comienzan a entrar en juego. De los tres principales motores de rastreo de blogs (Technorati, BlogPulse y PubSub), BlogPulse es el mejor a la hora de ofrecer un análisis histórico y, a menudo, puede reconocer las tendencias de las que usted puede formar parte. Finalmente, los servicios como Technorati y PubSub son excelentes para encontrar lo que las personas están diciendo acerca de usted (y quiénes son esas personas).

Tomados en conjunto, las estadísticas web, los análisis de tendencias y el rastreo de enlaces no sólo proporcionan una cantidad valiosa de información, sino que también dan ideas de cómo usar esa información. Sin embargo, al final del día, el éxito de su blog raramente se mide por estos números. Son meros indicadores de la salud general, visibilidad y pasión relativa de su bloggeo y de su audiencia lectora de blogs. Como tales, aunque importantes, deberían ser comparados con sus objetivos estratégicos generales y, específicamente, con sus objetivos de bloggeo.

RESPONDA A LA RETROALIMENTACIÓN, BUENA Y MALA

Una vez que haya rastreado las conversaciones, analizado las tendencias, vertido sus estadísticas web y, además, haya examinado en profundidad cómo se siente el mundo del blogging acerca de su empresa, marca y productos, sin duda se dará cuenta de que la retroalimentación real está sepultada allí. Alguna de esa retroalimentación será buena, alguna será mala y alguna simplemente serán preguntas a las que debe responder. Pero sin importar qué tipo de retroalimentación obtenga, todas merecen una respuesta.

Lidiar con los buenos comentarios puede ser, con frecuencia, lo más difícil, ya que la tentación es simplemente hacer un reconocimiento de la retroalimentación y continuar adelante. Sin embargo, un comentario positivo es una puerta abierta para que usted mueva a ese cliente un paso más cerca de convertirlo en su apóstol. Es una oportunidad para crear otra experiencia positiva con su empresa y comenzar a cultivar una relación. Tome con seriedad esa responsabilidad.

La mejor manera de dejar una excelente impresión es responder a un comentario en el menor lapso de tiempo posible para que no se reduzca la importancia del comentario.

De la misma manera, un mal comentario no debe ser ignorado. He repetido en varias ocasiones que un cliente insatisfecho es un cliente apasionado en potencia. Y como con los buenos comentarios, alguien que anota un mal comentario le está dando la oportunidad de interactuar con él. No sólo es bienvenido, sino que de muchas maneras es esperado: dado que ha interactuado con usted, ignorar la anotación sólo lo alejará más. En este caso, la ausencia de acción es lo peor que se puede hacer.

Preguntas, temas de apoyo y otros tipos de comentarios relacionados con los clientes se deben manejar rápidamente. En un mundo ideal, todos los comentarios, incluso las preguntas, deben tener una respuesta en menos de 24 horas. Incluso una respuesta como ésta es mejor que nada: "Gracias por su comentario. He dirigido su solicitud al equipo apropiado. Si usted no sabe nada de ellos en unos días, hágamelo saber y le daré seguimiento". Cuando alguien usa su blog para comentar sobre alguno de estos temas, no sólo está diciendo que tiene un asunto: también espera obtener ayuda. Le está pidiendo que le genere una experiencia positiva.

REGLAS PARA RESPONDER A LOS COMENTARIOS

Éstas son tres reglas cardinales para responder a los comentarios:

- Responda rápidamente.
- Sea humano.
- Déle seguimiento para asegurar una resolución.

La mejor manera de dejar una gran impresión es responder a un comentario en el lapso de tiempo más corto posible para que la importancia del comentario no disminuya. Veinticuatro horas es una buena cantidad de tiempo, ocho horas es mejor y dentro de la primera hora sería lo óptimo. Para las grandes empresas, estos comentarios pueden ir hacia fondos comunes existentes de relaciones con el cliente (suponiendo que trabajen lo suficientemente bien como para producir una respuesta no sólo a tiempo, sino también respetuosa). Las empresas más pequeñas deben tratar un comentario en su blog como tratarían a un cliente que entrara en su oficina con una pregunta: seguramente dejaría todo para ayudar, y alguien que comenta en su blog no merece menos que eso, porque él se está aproximando a usted.

Es importante responder con una voz humana, y no con una respuesta automatizada. Esto también puede ser la parte más difícil de este proceso, porque algunos comentarios en los blogs pueden volverse repetitivos. Algunas empresas han empezado a responder a esos comentarios repetitivos dentro de sus propias anotaciones, y entonces (amablemente) señalan a los futuros comentadores que visiten esa anotación, con una nota para tal efecto como "¡Gracias por el comentario! Reconocemos que ésta es un área que debemos mejorar y hemos tomado nota aquí de algunas ideas de cómo planeamos hacer algo al respecto: [incluya el enlace]".

El seguimiento y las buenas relaciones con los clientes van de la mano. Ésta es una de las razones por las que tener a individuos como responsables de los comentarios en el blog es más eficaz que tener departamentos responsables de ellos. Permita que los individuos posean una interacción con el cliente, y déles la libertad de asegurarse de que los clientes estén atendidos de manera apropiada y de que se retiran con una sonrisa. Las personas que responden a los comentarios de su blog son como los vendedores de primera línea en una tienda minorista: le ofrecen la mejor oportunidad de dejar una buena impresión.

DEJE MENSAJES EN OTROS BLOGS

Aunque responder a los comentarios de su blog puede parecer bastante obvio, no es el final del camino de la retroalimentación. Ya que no tiene dudas de que será visto si ha usado Technorati y otros servicios de rastreo, los comentarios acerca de su empresa posiblemente aparecerán en otros blogs. Los bloggers que anotan impresiones de empresas en sus propios blogs prácticamente están suplicando que ofrezca retroalimentación. Estas anotaciones dan una oportunidad para que se arregle cualquier problema y que se seduzca a los bloggers para que lo intenten de nuevo con usted.

Un amigo mío experimentó un incidente con una línea aérea y perdió un vuelo debido a los retrasos; al final terminó perdiendo una entrevista de trabajo y por ello no obtuvo un empleo. Contactó al servicio a clientes de la línea aérea, pero no había mucho que ellos pudieran hacer respecto a la oportunidad de trabajo perdida. Después de escribir acerca de su experiencia en su blog, un ejecutivo de alto nivel de la línea aérea le contactó preguntándole "¿Hay algo que podamos hacer para ayudarle a compensarlo?"

Esta simple respuesta cambió la visión de mi amigo acerca de la línea aérea. Se dio cuenta de que, en realidad, no había mucho que la línea aérea pudiera hacer, pero el hecho de que alguien se preocupara lo suficiente como para comunicarse con él cambió por completo su percepción del suceso. Mientras que solía terminar con una nota del tipo "esa empresa ni

TECHNORATI RESPONDE

En la primavera de 2005, mi amigo Stowe Boyd de Corante (www.corante. com) anotó en su blog que estaba experimentando algunos problemas con la forma en que Technorati estaba rastreando sus enlaces (www.corante. com/getreal/archives/2005/05/16/whats_going_on_at_technorati.php). Dijo que estaba siendo actualizado en nuevos enlaces, pero que su posición general entre los principales blogs no estaba cambiando.

En el término de dos horas, Adam Hertz de Technorati respondió a los comentarios de Stowe, como se muestra a continuación, explicando que los números publicados eran consecuencia de algunos dolores de crecimiento, algo en lo que Technorati estaba trabajando duro para solucionar. Hertz no puso excusas, sino que fue honesto acerca del asunto y su solución.

Arieanna Foley is a Professional Blogger and marketing specialist. She is a blogging consultant, and is a member of the marketing team for Qumana. Arieanna is an avid proponent for online tools in business communication. She follows social technologies and their impact on the way people interact. Her personal blog is Blogaholics.ca.

GUEST AUTHOR

David Coleman is the principal consultant of Collaborative Strategies, and the author of *Groupware Technologies and*

COMMENTS

Adam Hertz on May 16, 2005 11:36 AM writes...

Stowe,

Thanks for your thoughtful comments, and your support for Technorati. Please forgive the length of this comment; you raise some important issues, and I felt they deserve a substantial response.

Our mantra at Technorati is Be Of Service. We take this really seriously. We're very proud that we've created a valuable service that people depend on every day. We strive for perfection when it comes to accuracy, and we try to stay as close to real-time as we can get. It's not easy, and we don't always measure up to these lofty goals.

Another value of our company is transparency and honesty. That's why I wrote you back so quickly with an explanation of the behavior you were seeing. I've worked at companies where responses to criticisms are "spun". That's not our style.

Having said that, we don't always go into excruciating detail in our responses. Our users just want our service to work, they don't necessarily care about the details. In this case though, perhaps I could have been more explicit. The problem was not that we hadn't indexed your post with the Dodgeball tag. It was a transient failure in the application that produces the tag results page. So as such, it wasn't a symptom of not "keeping up".

There is no doubt that keeping up with the growth of the blogosphere is a major technical challenge. You probably noticed that we just passed 10

> Corante SAA Sinmouth
> Blog Antihype
> CTC 2005
> Nerdvana
> Technorati Beta
> Unlinking From Social Networks
> Death To All Panel Sessions
> Remote Tags
> Continuous Partial Attention

RECENT ENTRIES
> Is Microsoft Buying the Market?
> Collaborative Consolidation Again?
> Mary Hodder on Social Architecture
> True Voice: A Conversation with Amy Gahran about Women in Podcasting
> NodeTime Project
> Too Much Collaboration
> Tom Coates on How Blogging Impacts Conference Going
> Plazes Integrates With Google Maps
> Google homepage turns into an RSS aggregator
> JD Lasica Jumps In On Open Tags
> BlogPulse Profiles Beta
> Derek Powazek on How Tags Happened at Technorati
> Communities Are About Trust
> Kevin Marks on Tag Decentralization
> Yahoo scoops up Konfabulator
> Seb Pacquet's Dreaming Of Something New
> More From Adam Hertz on Technorati Link Counts
> Mary Hodder Digs Into Various Link Counts
> AttentionTrust
> Open Tags: Made For A Distributed World
> Feedback from Adam Hertz

(continúa)

Hertz no sólo encontró la anotación de Stowe, y no sólo le respondió, sino que también respondió a un comentario dejado por otra usuaria más tarde ese día y la ayudó con asuntos que involucraban a su blog y la forma en que Technorati lo estaba rastreando.

Debido a que los ejecutivos de Technorati son tan receptivos con los bloggers y con las necesidades de los clientes, el apoyo a los usuarios de Technorati sigue creciendo.

siquiera me hubiera hablado", ahora la historia termina con "¡No puedo creer que un alto ejecutivo leyera mi blog!"

En cualquier momento, cualquier comentario acerca de su empresa o producto aparecerá en un blog; es una invitación abierta para que usted comente o contacte con el blogger directamente; de hecho, éste *quiere* ser contactado. No tema dejar comentarios en otros blogs. Nada hace más feliz a un blogger que saber de usted.

CÓMO VER LOS BLOGS

Algunas personas equiparan *ver* con algo pasivo, como ver la TV, por ejemplo; otros lo consideran equivalente a algo activo, en donde casi se participa, como cuando se ven los deportes; y a otros más les gusta ver después de los hechos, por ejemplo al analizar el desempeño de las acciones de ayer.

Ver los blogs puede ser algo similar: se pueden ver activa o pasivamente, y se puede analizar el comportamiento pasado para determinar los resultados futuros. El ver activamente se hace a través de servicios gratuitos como Technorati (www.technorati.com) y BlogPulse (www.blogpulse.com), mientras que la búsqueda pasiva se hace mediante servicios gratuitos como PubSub (www.pubsub.com) y Feedster (www.feedster.com). Si usted es del tipo de "negociante del siguiente día", puede deducir información similar examinando las estadísticas de su sitio web.

CÓMO PUEDEN LOS BLOGS ENTREGAR RESULTADOS DE NEGOCIOS

Por John Nardini, vicepresidente ejecutivo de Denali Flavors

El helado Moose Tracks de Denali Flavors es un éxito de ventas y popular entre aquellos que lo han probado. Aun así, muchas personas nunca han oído hablar del producto. Como tal, uno de los objetivos de negocios de Denali es generar presencia de Moose Tracks, lo que llevaría a probar el producto. Una vez que un cliente prueba el helado, la experiencia de Denali muestra que su impresionante sabor lleva al cliente a comprar más.

La empresa decidió conseguir sus objetivos de marketing creando una serie de blogs dirigidos hacia los diferentes grupos de consumidores (vea la ilustración). Los blogs se enlazarían con el sitio web de Moose Tracks (www. moosetracks.com) y se diseñarían para orientar a los visitantes hacia el sitio. De esta manera, se daría el reconocimiento del producto de forma natural. Además, los costos de publicidad y promoción serían bajos comparados con un esfuerzo tradicional en los medios.

(continúa)

Denali desarrolló los cuatro blogs siguientes para dirigir los diferentes intereses de los clientes:

- **Moosetopia (www.moosetopia.com)** Un divertido blog de entretenimiento escrito por el alce de Moose Tracks. El blog refuerza la naturaleza divertida del producto y cada anotación es un esfuerzo generador de presencia de marca, aun cuando el autor no habla directamente del producto.

- **Free Money Finance (www.freemoneyfinance.com)** Este blog trata de las finanzas personales con un servicio de rótulos sobre "consejos gratuitos y simples acerca de dinero y finanzas, diseñados para maximizar su fortuna neta". Dado que es el blog de mayor calificación de Denali, debido a la popularidad del asunto que trata, este sitio está patrocinado por helados Moose Tracks (un hecho que se posiciona de manera destacada en la esquina superior derecha).

- **Team Moose Tracks (www.teammoosetracks.com)** Este blog detalla los esfuerzos del equipo ciclista de Denali para recaudar dinero para un orfanatorio en Letonia. Contiene consejos para andar en bicicleta, así como detalles de la colecta de fondos. Este blog sirve a varios propósitos: aumenta la exposición de marca de Moose Tracks y lo enlaza de regreso con el sitio principal, refleja positivamente los esfuerzos de la empresa (y de la marca) para ayudar a causas de caridad y obtiene una significativa suma de dinero para ayudar al orfanatorio.

- **Denali Flavors (www.denaliflavors.com)** El blog más reciente de Denali da un rápido vistazo interno de lo que está pasando en la empresa. Este sitio servirá para atraer los comentarios y la retroalimentación directamente de los clientes sobre una amplia variedad de temas.

Conforme se desarrollaron los sitios, se promovieron usando tácticas como anotar comentarios en otros blogs, negociar enlaces con otros sitios, solicitar remisiones a otros sitios y escribir artículos que enlazaban de regreso al blog. Todo esto dirigió el tráfico a los blogs, los cuales, a su vez, guiaron el tráfico al sitio web de Moose Tracks.

Denali mide el impacto del blogging por sus efectos en el sitio principal. A la fecha, los blogs han ayudado a Denali a alcanzar los siguientes resultados:

- Incrementar las visitas al sitio en 18 por ciento
- Incrementar los éxitos en 11 por ciento
- Incrementar el tiempo total en el sitio en 27 por ciento

Aún hay mucho trabajo por hacer (incluyendo el potencial lanzamiento de blogs adicionales), pero los resultados iniciales son positivos, mientras que los costos son muy bajos. Además del tiempo gastado por el blogger de Denali, la empresa ha gastado menos de 500 dólares.

USO DE TECHNORATI PARA RASTREAR UN ENLACE

El rastreo activo de blogs se hace en *tiempo real*, es decir, los resultados de sus búsquedas son visiones actualizadas al minuto de lo que está sucediendo en el blogging. El servicio más popular de rastreo activo de blogs es Technorati. Desarrollado cuando su uso estaba comenzando a explotar, el propósito y la característica principal de Technorati es rastrear qué están diciendo los blogs acerca de un asunto en particular y cuáles están enlazándose con otros, presentando primero una lista de las entradas más recientes.

Technorati los clasifica a todos basándose en el número de enlaces que apuntan hacia ese blog, y a esa medición le llama *autoridad*. Si su blog tiene 50 enlaces, tiene más autoridad que uno con sólo 10. Muchos blogs tienen cientos y miles de enlaces.

Al ir al sitio web de Technorati e introducir la dirección de su blog o de su sitio web, se pueden ver cuántos blogs están enlazándose con su sitio.

Aunque Technorati no rastrea realmente todos los blogs, rastrea más de 14 millones de sitios. Por ejemplo, si introdujéramos *CNN.com* como la entidad de búsqueda, encontraríamos un gran número de enlaces con CNN, cerca de 75,000 de más de 40,000 fuentes, como se muestra en la figura 7-1. (A lo largo de este capítulo, usaremos a CNN como ejemplo para nuestras búsquedas.)

Technorati presenta la siguiente información a sus usuarios:

- Número y autoridad de los enlaces hacia un sitio web (conocidos como *enlaces inversos* o *backlinks*)
- El rango del blog que se está buscando (si usted posee ese blog)
- El número de enlaces durante la última semana
- Listas de vistas que le notifican por correo electrónico sobre nuevos enlaces con su blog

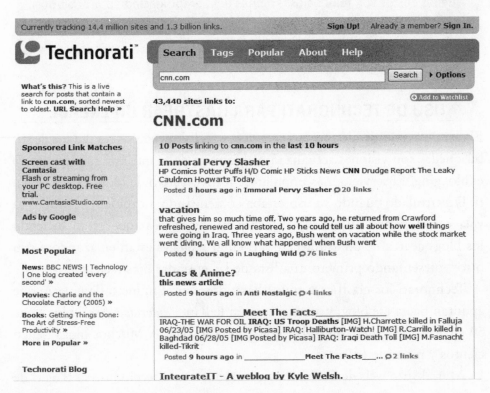

Figura 7-1 CNN muestra enlaces fuertes.

La información de Technorati se puede usar de varias formas; por ejemplo, se podría contactar con los bloggers más influyentes que se hayan enlazado con su sitio y solicitarles retroalimentación sobre sus productos, servicios o marca. Algunas empresas incluso han dado a esos bloggers muestras gratuitas de nuevos productos para demostración y revisión. (Yo también recomiendo que agradezca a los bloggers una y otra vez por sus enlaces; es un pequeño gesto y toma poco tiempo, pero se aprecia; es el equivalente en el blogging a enviar una nota o una caja de chocolates.)

Dado que Technorati clasifica los resultados con base en el tiempo de creación y en la autoridad, también se puede responder a nuevos enlaces de una forma oportuna; se podría responder a los comentarios negativos, agradecer a los usuarios los positivos y crear nuevas experiencias positivas, en gran parte gracias a la información que Technorati proporciona. Como resultado de ver quién se está enlazando con usted, se puede observar a esas personas y enlazarse con ellas para mantenerlas interesadas. En el mundo del blogging, nada dice "gracias" como un enlace inverso.

El clasificar los resultados según la autoridad permite saber quiénes son los bloggers "más importantes" que se enlazan con su sitio. Aunque el enlace no es la única métrica del éxito de un blogger o de su influencia, siempre es un buen lugar para comenzar. Al estar al tanto de la popularidad de los bloggers que se enlazan con usted, se puede saber también cuál es la autoridad de uno mismo dentro de la blogosfera.

Finalmente, si se registra como miembro de Technorati, puede ver su rango de enlace en relación con otros enlaces. Una vez más, si su rango sube, significa que está creciendo en popularidad más rápido que los blogs cercanos a usted en términos de enlaces; así que, por ejemplo, moverse de un rango de 1000 a 2000 significa no sólo que usted ha crecido en popularidad, sino también que ha crecido en popularidad mucho más rápido que los otros blogs que estaban en el rango de 1000 cuando usted lo estaba.

En términos generales, Technorati proporciona una visión fotográfica muy útil de la visibilidad de su blog y es muy bueno al permitirle permanecer actualizado sobre los nuevos enlaces, de tal forma que pueda rastrear los asuntos rápida y fácilmente. Usar este servicio en forma inteligente no sólo le permitirá permanecer en la cima de lo que se está diciendo acerca de usted, sino que también le permitirá ver el crecimiento de su visibilidad para los bloggers.

ICEROCKET HACE BÚSQUEDA DE BLOGS

IceRocket surgió en 2005 como un competidor de Technorati. Presume de muchas de las mismas características principales de búsqueda de blogs, pero se distingue en gran medida por la *velocidad*. Para ponerlo en forma sencilla, IceRocket encuentra anotaciones más rápido, las hace localizables más rápido y entrega los resultados mucho más rápido que Technorati.

IceRocket también incluye un puñado de características que Technorati no ofrece, incluyendo la capacidad de "seguir el curso" de su búsqueda a lo largo del tiempo (por ejemplo, para ver cuántos resultados hubo), así como la capacidad de suscribirse a una búsqueda y tener esos resultados de regreso en forma de feed. Esto permite descubrir nueva información rápida y fácilmente en sus áreas de interés o en las de su empresa. En gran medida como PubSub, de la cual hablaremos posteriormente en este capítulo, los feeds de IceRocket pueden usarse para mantenerlo actualizado acerca de quién está diciendo qué sobre su empresa, permitiéndole así responder rápidamente a las preocupaciones y a las preguntas de los clientes, a la cobertura de los medios o incluso a las noticias de los competidores.

Las empresas inteligentes hacen uso de las búsquedas por medio de feeds para seguir el rastro de cosas que interesan a sus negocios: nombres de productos, productos de los competidores, personas que están satisfechas o insatisfechas con respecto a la empresa e, incluso, la atención de los medios.

MONITOREO DE BLOGS CON BLOGPULSE

Como Technorati, BlogPulse es una herramienta activa para monitorear los blogs y, al igual que Technorati, es gratuita. Entre las entradas más recientes al campo de la monitorización, BlogPulse es ejecutada por Intelliseek, una de las empresas más destacadas en negocios e inteligencia de consumo del mundo.

La característica principal de BlogPulse se centra en torno al análisis de tendencias. BlogPulse añade nuevas características a un ritmo emocionante, y seguramente puede hacer cosas peores que suscribirse al blog de Intelliseek (www.intelliseek.com/blog) o al blog de BlogPulse (figura 7-2).

El análisis de tendencias de BlogPulse es increíblemente útil debido a que va más allá de las cifras "de momentos determinados" provistas por Technorati. La mayor debilidad de Technorati es que, aunque usted puede decir de memoria si las estadísticas están creciendo, no tiene un contexto histórico de qué tan rápidamente están aumentando sus enlaces como tendencia. BlogPulse proporciona esta información, así como una gran variedad de otras cifras basadas en tendencias.

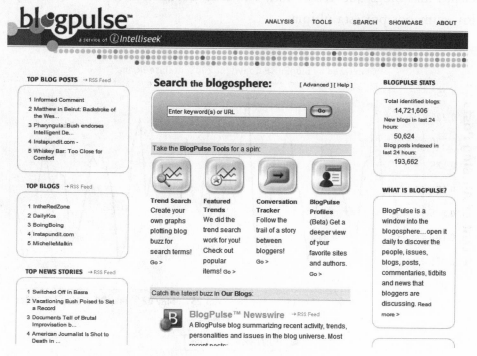

Figura 7-2 El servicio de BlogPulse de Intelliseek es fuerte y diversificado en sus capacidades de búsqueda de tendencias.

Como un bono extra, las gráficas son lo suficientemente bonitas como para incluirlas en cualquier presentación, como se muestra en la tabla de visibilidad ofrecida para CNN.com de la figura 7-3.

Examinaremos algunas herramientas de BlogPulse y explicaremos cómo tomar ventaja de la información que proporcionan, incluyendo la siguiente:

- Búsqueda de enlaces
- Búsqueda comparativa
- Búsqueda variable en un lapso de tiempo
- Rastreo de la conversación
- Tendencias de la industria

La búsqueda de enlaces (figura 7-4) devuelve una lista de enlace al blog o al sitio web específico. Debido a que BlogPulse rastrea casi un 10 por ciento más blogs que Technorati, esta cifra frecuentemente será mayor que los estimados por esta última.

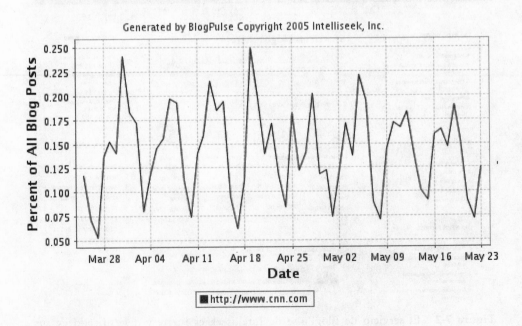

Figura 7-3 La visibilidad de CNN.com según BlogPulse.

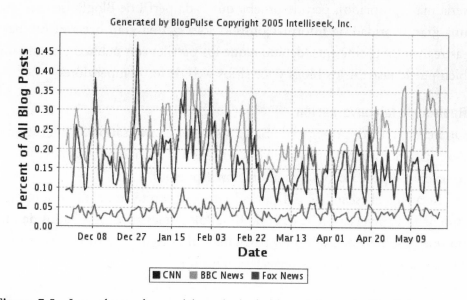

Figura 7-4 Las búsquedas de enlaces de BlogPulse ofrecen una variedad de opciones.

Cuando ejecute búsquedas de enlaces, encontrará a su disposición una variedad de opciones. Puede buscar competidores, asignar etiquetas (para búsquedas más claras) e incluso modificar el rango de fechas si está esperando comparar quién está hablando acerca de qué en un período de tiempo determinado; por ejemplo, podría determinar qué servicio de noticias tuvo la cobertura más popular de un evento en particular (figura 7-5).

Figura 7-5 Los enlaces a los servicios principales de noticias según BlogPulse.

La información gráfica proporcionada por BlogPulse se expresa, por lo general, como un porcentaje de las anotaciones generales en el blog para ese período, en contraposición a un número específico de enlaces. Éstos son algunos ejemplos de los usos de este tipo de información:

- Comparar su visibilidad histórica con la de los competidores
- Rastrear conversaciones acerca de su empresa
- Rastrear las menciones de su empresa después de una crisis
- Comparar las respuestas a sus comunicados de prensa con las respuestas en su blog

Perfiles de BlogPulse

BlogPulse amplió recientemente sus ofertas para incluir BlogPulse Profiles (www.blogpulse.com/profile). Un perfil de su blog le da un resumen general de cosas importantes que conocer: qué tan popular es, cuántos enlaces contiene, qué otros blogs hablan acerca de cosas similares (excelente para introducirse en la comunidad del blogging) y abundancia de otras informaciones. Éste no es el tipo de cosas que tendría que ver diariamente (mensualmente sería más apropiado), pero le prueba que cada perfil de BlogPulse contiene una gran cantidad de información. No sólo es una gran herramienta para rastrear su blog, sino que, debido a que los perfiles son públicos, usted también puede rastrear los blogs y los sitios web de los competidores.

Rastreo de la conversación

Otra característica principal de BlogPulse es el Conversation Tracker (figura 7-6). Esta herramienta permite ver cómo está respondiendo la blogosfera a un evento específico o a una anotación específica.

¿Recuerda el escándalo del candado de Kryptonite comentado en el capítulo 3? El Conversation Tracker de BlogPulse muestra los resultados de una búsqueda sobre este asunto en particular en la figura 7-7 (http://showcase.blogpulse.com/kryptoniteconversation.html):

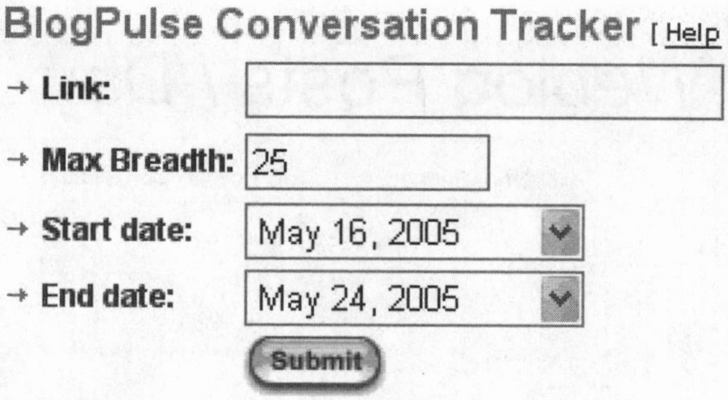

BlogPulse Conversation Tracker [Help]

→ **Link:**

→ **Max Breadth:** 25

→ **Start date:** May 16, 2005

→ **End date:** May 24, 2005

Submit

Figura 7-6 El Conversation Tracker de BlogPulse.

El informe semirregular del "estado de la blogosfera" de Technorati muestra al escándalo en contexto, como se presenta en la figura 7-8.

En general, el servicio de BlogPulse es ideal para medir la reacción a un evento, visualizar las tendencias de enlace y comparar los blogs individuales, sitios web o las páginas en lo que respecta a popularidad y visibilidad. BlogPulse ofrece un nivel de contexto que los otros servicios de búsqueda y tendencias no permiten, algo que ciertamente su empresa debería aprovechar.

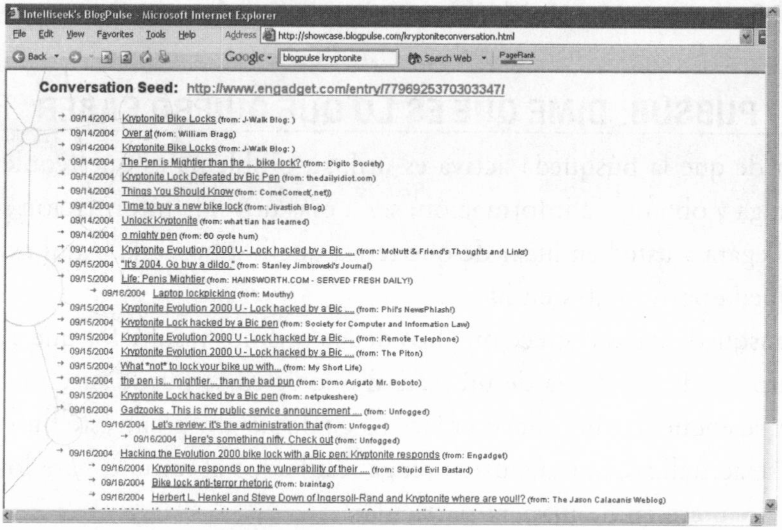

Figura 7-7 Un fragmento de los resultados de Conversation Tracker para el escándalo del candado de Kryptonite.

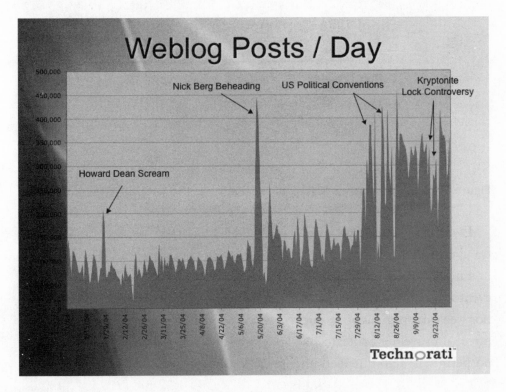

Figura 7-8 Reporte del escándalo del candado Kryptonite.

PUBSUB: DIME QUÉ ES LO QUE QUIERO SABER

A pesar de que la búsqueda activa es útil, su problema es que requiere que usted salga y obtenga la información; sería más útil si la información simplemente llegara a usted en lugar de que tenga que ir a buscarla. Aquí es donde la búsqueda pasiva entra en juego.

La búsqueda pasiva ofrece muchos de los mismos resultados que Technorati, pero los da en forma de un feed al que usted se puede suscribir. Cada vez que se encuentra un nuevo enlace (o cualquier cosa que esté buscando), el feed se actualiza para que usted tenga resultados al minuto para los asuntos que le interesen de manera particular.

El motor de búsqueda pasiva más rápido, popular y versátil en el mundo es PubSub, que se muestra en la figura 7-9.

Figura 7-9 La interfase de PubSub ofrece una variedad de características justo desde el inicio.

PubSub le permite enfocarse hacia una o más áreas de interés, incluyendo comunicados de prensa y anotaciones de grupos de discusión, así como todas las entradas de weblogs importantes. Si buscamos *CNN*, obtenemos un tipo muy diferente de respuesta de PubSub, como se muestra en la figura 7-10.

A diferencia de otros servicios de búsqueda, PubSub en realidad no despliega los resultados de la búsqueda. Esto se debe a que PubSub no está diseñado para buscar el pasado, sino el futuro. La base de datos de PubSub crece en miles de entradas cada minuto y, mientras ocurre, PubSub le notifica mediante la actualización de su feed personal.

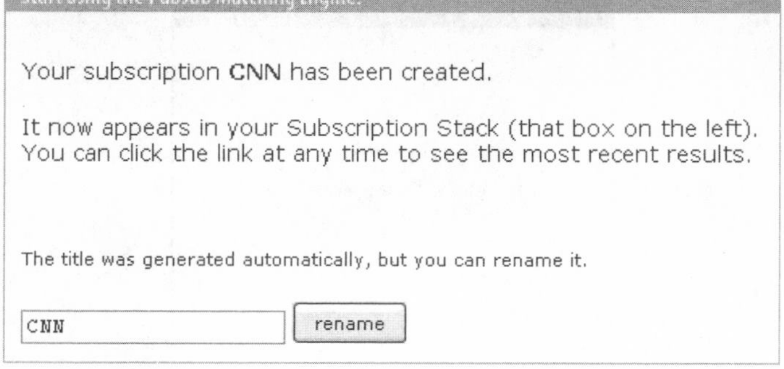

Figura 7-10 PubSub no despliega sus resultados; simplemente produce un feed al cual usted se puede suscribir.

Su Subscription Stack, que se muestra en la figura 7-11, es una lista de los temas que usted está buscando, y sus resultados se desplegarán en su lector de feeds, gracias a su propio feed personal. Usted puede añadir otros términos aquí, tales como BBC News, Fox News, ABC News, etcétera; también podría buscar por productos, frases u otras informaciones específicas. No hay búsqueda demasiado pequeña para que PubSub se la rastree.

Después de que haya creado su Subscription Stack, simplemente suscríbase al feed y espere. Cuando PubSub encuentre nuevos asuntos relacionados con sus solicitudes, le notificará mediante la actualización de su feed.

Esta información se puede usar de diferentes formas; sin embargo, la más importante es que le permite ser capaz de responder a asuntos de forma oportuna. Si usted averigua dentro de los primeros 20 minutos que un cliente está teniendo problemas con el funcionamiento de su producto, lo prepara para responder a ese asunto más eficazmente que si lo hiciera cuando se enterara por primera vez de ello en *The New York Times*.

Para el momento en que un asunto golpea a la amplia blogosfera, usted ya está en el modo de prevención de crisis. Suscribirse a los feeds PubSub significa que se pueden encontrar los asuntos más rápidamente que la mayoría de los bloggers, y eso significa que se puede ocupar de los asuntos antes de que se conviertan en crisis.

Figura 7-11 El Subscription Stack de PubSub le permite combinar búsquedas en un feed.

BÚSQUEDAS SUGERIDAS EN PUBSUB

Usted puede usar PubSub de diferentes maneras. Ésta es una lista de algunas valiosas ideas de búsqueda:

- El nombre de su empresa
- Sus productos principales
- Los nombres de sus competidores
- Yo amo, seguido del nombre de su empresa
- Yo odio, seguido del nombre de su empresa
- Búsquedas similares a yo amo y yo odio para sus productos principales, sus competidores y los productos de sus competidores

ELEGIR CÓMO BUSCAR

Como puede ver, allí afuera hay una vasta colección de motores de búsqueda de blogs, y la información que he presentado no los cubre a todos ni por asomo. Encontrará ofertas de búsqueda de blogs de Feedster (www.feedster.com), Bloglines (www.bloglines.com) e incluso de Google (http://blogsearch.google.com). Este espacio continuará creciendo en los próximos meses, alimentando innovaciones, mejores herramientas y un mejor rastreo y, finalmente, proporcionando la información que usted necesita cuando la necesita.

La mayoría de las empresas utilizan un equilibrio entre la búsqueda activa por medio de servicios, como BlogPulse, Technorati y IceRocket, y búsquedas más pasivas mediante servicios como los de PubSub, Feedster y el Blog Search de Google. Usar cada herramienta hasta su máximo potencial, y estar al tanto de las nuevas herramientas conforme surgen, le ayudará no sólo a permanecer encima de quien está hablando de usted, sino que, a final de cuentas, también le permitirá participar más efectivamente en la conversación.

LAS ESTADÍSTICAS WEB, SU CAMINO

La mejor manera de ver qué está pasando en su sitio web o blog es ver las estadísticas relacionadas con su sitio. Mirar hacia el pasado en busca de tendencias, puntos de inflexión y depresiones puede ser increíblemente valioso, tanto en el sentido de pronóstico como al proporcionar un marco de referencia para la toma de decisiones. Dependiendo de cómo esté configurado su sitio web, puede revisar las estadísticas para su blog y su sitio en general de diferentes formas.

Tres tipos claves de estadísticas de la actividad del pasado pueden ofrecer una información importante:

- **Estadísticas web** Como las que están relacionadas con quién está ingresando a su sitio y qué está haciendo
- **Estadísticas de posición** Como el saber en dónde encaja usted en el resto de la web según su visión
- **Estadísticas de Google** Como el saber cuántas personas están enlazándose con usted

Las *estadísticas web* se usan generalmente con cierta clase de herramienta que agrega qué han hecho los visitantes de su sitio, de dónde vienen y varios tipos de información acerca de su computadora. Como a leer el *Wall Street Journal* o *The New York Times* para ver cómo van sus acciones, usted no está viendo en realidad las transacciones individuales, o visitas, sino el resultado de un día de hacer transacciones, o visitas. Los programas de estadísticas web son de naturaleza similar: despliegan una variedad de información, un resumen de lo que ha sucedido ese día o ese mes.

Si su sitio web no está configurado para revelar estadísticas web, usted puede usar herramientas externas de estadística como StatCounter (www.statcounter.com) o 3DStats (www.3dstats.com). Ambas requieren que se modifique el sitio para contener un fragmento de código que rastree a los visitantes de la misma manera que lo haría un paquete estándar de estadísticas web. El único punto débil es que, debido a la manera en que funcionan los fragmentos de código, muchos de ellos no son tan precisos como muchos programas tradicionales de estadísticas web. De cualquier manera, mientras se tengan estadísticas, se puede comenzar a analizarlas. Lo importante con las estadísticas web no son los números en sí mismos; al igual que con las acciones, son las tendencias a la alza o a la baja las que importan.

Además de las estadísticas web generales, puede rastrear el valor que su blog está representando para su empresa usando *estadísticas de Google* para rastrear cuántas personas se están enlazando con su sitio (use el término de búsqueda *link:mysite.com*), cuántas páginas de Google están al tanto de su sitio (use el término de búsqueda *site:mysite.com*) o incluso cuántas páginas están al tanto de que su sitio existe (use el término de búsqueda *allinurl: mysite.com*).

También puede usar otros servicios que ofrecen *estadísticas de posición*, como Alexa y MarketLeap, para estimar su visibilidad dentro de su industria en relación con la de sus competidores.

ALEXA, CARIÑO MÍO

Alexa (www.alexa.com) proporciona un grupo de herramientas diseñadas para ayudar a averiguar la popularidad y visibilidad de su sitio. En el lado negativo, las estadísticas de Alexa se basan en el comportamiento del tráfico de sus 50 millones de usuarios, lo que, aunque bueno, no es necesariamente preciso. La meta con las estadísticas de Alexa es examinar las tendencias a la alza o a la baja, más que las cifras específicas.

Una de las informaciones claves que proporciona Alexa es un *rango general*. Hablando en términos generales, es más importante saber a qué *clase* de rango pertenece su sitio, que monitorear incluso el rango en específico. Un sitio fuera de los principales 150,000 es considerado irrelevante para una dimensión como la de Internet. Un sitio en los primeros 100,000 es visible y posiblemente popular dentro de un nicho. Un sitio dentro de los primeros 50,000 es visible a lo largo y ancho de la Internet, etcétera, etcétera. El rango no es la información más importante; sin embargo, en el caso de CNN, como lo muestra la figura 7-12, un rango de 24 significa que es un sitio muy, muy popular.

Figura 7-12 Alexa presenta información básica sobre CNN.com.

En la página principal de resultados de Alexa, también se puede ver qué sitios parecidos están visitando los usuarios, algunas estadísticas generales y revisiones de los usuarios. El corazón de lo que Alexa proporciona está localizado bajo el enlace See Traffic Details.

Mientras los expertos debaten la utilidad real de las estadísticas de Alexa en su conjunto, éstas tienen una manera única de captar exactamente el tipo de datos que usted puede estar buscando. Alexa no sólo traza y grafica (hasta dos años hacia atrás) las vistas a la página y el rango Alexa, sino que también establece un rango de "Alcance", que representa cuántos usuarios de un promedio de un millón están al tanto de su sitio *y* lo visitan.

Alexa también ofrece información acerca de sitios similares que pueden ser útiles para encontrar sitios como el suyo, así como información acerca de sitios que se enlazan, lo que proporciona una lista de sitios que se enlazan con el suyo. Aunque esta información sea útil, están disponibles formas más eficaces de encontrar esta información, como IceRocket y BlogPulse.

DANDO EL SALTO

Aunque Alexa es en gran parte una medida de la visibilidad, no es la única para eso. Marketleap (www.marketleap.com) proporciona una variedad de herramientas diseñadas para verificar la visibilidad de su motor de búsqueda. Debido a que la mayoría de las personas llegan a un nuevo sitio por medio de los motores de búsqueda, casi todos los expertos de la industria consideran que la visibilidad del motor de búsqueda es, por lo menos, tan importante como la visibilidad general.

A no ser que usted sea un experto en motores de búsqueda, la única herramienta que posiblemente querrá usar será el Link Popularity Check. Esta herramienta estimará su sitio según el número de enlaces hacia el mismo a través de todos los motores de búsqueda.

Además, puede seleccionar una industria, de tal manera que pueda ver dónde está posicionado su sitio dentro de su industria, e incluso puede comparar los resultados de su sitio con los de otros sitios específicos. Se introducen los URL de los otros sitios, como aparece en la figura 7-13, y Marketleap ofrecerá información acerca de la visibilidad de su sitio en relación con la de aquellos.

Marketleap cuenta cada uno de los enlaces en una selección de motores de búsqueda principales y luego suma esas cifras, para determinar la anotación general, como se muestra en la figura 7-14. Esto le permite determinar su visibilidad general en Internet, determinada por los motores de búsqueda. Aunque estas cifras no son tan bonitas como las de Alexa, es más precisa en términos de qué tan fácilmente los usuarios pueden encontrarlo y lo encontrarán.

Esas cifras son interesantes de observar cuando se comienza a bloggear, ya que el blogging lo hace varias veces más visible para los motores de búsqueda, que sólo tener un sitio web regular.

Enter your URL here:

(ex: www.yourdomain.com)

Enter up to 3 comparison URLs here

Select your industry *(optional)* General

Figura 7-13 Marketleap le permite saber la visibilidad relativa de su sitio en comparación con los sitios de los competidores.

abcnews.com ☆	367,048	30,800	30,800	90,448	215,000
foxnews.com ☆	463,544	47,000	47,000	295,144	74,400
www.abcnews.com	500,635	28,700	28,700	90,235	353,000
news.bbc.co.uk ☆	6,416,380	93,900	93,900	638,580	5,590,000
www.cnn.com ☆	8,125,256	158,000	158,000	1,109,256	6,700,000

Figura 7-14 Marketleap muestra a CNN.com en relación con otros sitios principales de noticias.

GOOGLE ES EL REY

Google (www.google.com) es el motor de búsqueda más popular de Internet, por varios tipos de magnitud. Se puede usar Google de diferentes maneras para determinar su visibilidad general, así como su importancia para Google. Hablando en términos generales, se pueden buscar tres medidas claves en Google:

- El número de enlaces inversos
- El número de páginas indexadas
- Su PageRank en Google

Tener más enlaces inversos es mejor, debido a que Google los cuenta para determinar qué tan importante es su sitio en general. Esta medida de "qué tan importante" se refleja luego en una cifra subjetiva llamada su Google PageRank. Usted puede ver sus enlaces inversos de Google introduciendo **link:*mydomain*.com**, como se muestra a continuación, en donde se ve que CNN.com es enlazada más de 150,000 veces.

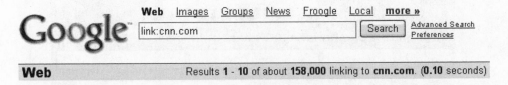

Obviamente, es importante que esta cifra aumente. Cuantas más personas se enlacen con usted, más personas lo encontrarán y más personas le enviará Google. Es un círculo glorioso de visitantes y visibilidad que, en forma ideal, crece con el tiempo. Este número de enlaces, entonces, se refleja en el subjetivo Google PageRank. Los PageRanks se numeran del 1 al 10, siendo cada uno de ellos un orden de magnitud más importante que el anterior, muy parecido a la escala de Richter. Si se necesitan 100 enlaces para alcanzar un PageRank de 3, entonces se necesitan 1000 para alcanzar un PageRank de 4, y 10,000 para tener un PageRank de 5. ¿Ya captó la idea?

Para revisar su PageRank, descargue la barra de herramientas Google (http://toolbar.google.com). Vaya luego a su sitio web y el PageRank se desplegará como una barra verde, como la que se muestra aquí (mantenga su ratón sobre la barra durante un segundo para ver el rango numérico).

No se necesita revisar PageRank muy a menudo, ya que Google no lo actualiza con frecuencia. Revisándolo una vez cada tres meses o cada semestre, verá si, a los ojos de Google, su sitio sube desde la oscuridad hacia la megaimportancia. Un PageRank de 5 a 6 es saludable, uno de 7 a 8 es sorprendente, uno de 9 a 10 lo coloca entre el puñado de los sitios principales de Internet.

CONCLUYENDO

En este capítulo examinamos cómo y por qué debería monitorear su presencia general y de blog y cómo responder eficazmente a los comentarios. También examinamos en profundidad una variedad de herramientas y cómo pueden usarse. Cada una de las herramientas descritas en este capítulo permite responder a diversos asuntos de diferentes maneras, a la vez que proporcionan un contexto para el éxito de sus esfuerzos de blogging.

El conocimiento es poder, y la información deducida de estos métodos de búsqueda le dará una ventaja importante sobre sus competidores, porque usted *sabrá instantáneamente* lo que sus clientes, socios y los medios están diciendo.

En el capítulo 8, veremos cómo participar en su blog, incluyendo cómo comenzar el suyo propio. Después, en el capítulo 9, veremos una de las herramientas más importantes de su caja de herramientas: los comentarios negativos. La mayoría de las empresas temen los comentarios negativos, pero la realidad es que un comentario negativo puede salvar su empresa, si responde a él de la manera adecuada.

8

PARTICIPE
EN SU BLOG

El blog había estado en marcha durante un mes antes de que comenzaran
los problemas. Todos los días, Arnold había anotado una idea diferente
sobre cómo las empresas podrían usar una señalización eficaz para mejorar
sus negocios. Escribir el blog había sido sorprendentemente fácil: sólo siguió
el formato coloquial que June le había recomendado. Por lo general,
escribía acerca de lo que pasaba durante el día.

A finales de la semana, había anotado acerca de un letrero que había hecho
para Zylon Industries. Fue un trabajo hermoso, una enorme pancarta que
se extendía por el frente del edificio Zylon en el centro de la ciudad.

El letrero había sido impreso en piezas que luego se unieron en el sitio;
exhibía un ensamblaje multicultural de personas y el rótulo "Empleados —Nuestro
activo más importante".

El lunes en la mañana, vio una respuesta muy desagradable a su anotación:

¡¡tú, desgraciado!! ¡Zylon engaña, defrauda a los inversionistas y despidió
a muchos de sus "activos" el año pasado! Espero que no le paguen como
no nos paga a nosotros. Pancartas estúpidas. Usted es un estúpido.
Viernes 11:12 p.m. anónimo.

¡El comentario había estado todo el fin de semana! Y algunos comentarios más de la misma índole; todos eran sin duda de antiguos empleados de Zylon y todos manifestaban algunas irreverencias bastante coloridas. Cualquiera de sus clientes que hubiera visitado su blog habría visto esto; sin mencionar a los peces gordos de Zylon, que posiblemente estarían preguntándose por qué permitía tal difamación en su blog. Y había una cuenta de más de 100,000 dólares.

"June!" gritó. "Tenemos que suprimir esto inmediatamente".

June leyó la anotación sobre su hombro. Su cabello era ahora verde fluorescente.

"No tan rápido, jefe."

—Parte 3 de "Blog" una breve historia por Joe Flood

La clave para tener éxito en este nuevo mundo habilitado en el blog es ir más allá del simple conocimiento: llegar al monitoreo de lo que está pasando, respetar a la gente involucrada y participar en la conversación. Sencillamente, no es lo suficientemente bueno saber que una comunidad masiva de personas importantes para su negocio están bloggeando, leyendo blogs y están siendo influidas por los bloggers. Necesita empezar a crear experiencias y conversaciones significativas y memorables con sus clientes.

NO TRATE A LA GENTE COMO CONSUMIDORES

Sus clientes no son sólo consumidores; son su departamento de marketing, sus especialistas de desarrollo de producto y el secreto de su éxito; un recurso sin explotar esperando ser invitado a la mesa.

El blogging exitoso significa que usted trata a las personas como personas y no sólo como clientes.

El concepto de involucrar a sus clientes en su negocio no es algo nuevo; el blogging sólo lo lleva a un nuevo nivel, en gran parte porque a menudo no está invitando a sólo una o dos personas para que se involucren, está invitando a todo el mundo. Al invitar a todos, se ofrece a sí mismo y a su negocio una excelente oportunidad de crear experiencias positivas y memorables con sus clientes y de establecer relaciones a largo plazo, gracias a esas experiencias.

Mientras recuerde que las personas son personas, y no sólo clientes o consumidores, las podrá encontrar en donde estén, aunque hayan tenido un mal día y sólo necesiten un poco de ayuda y comprensión, o que estén tan contentas que estén como flotando en el aire. El blogging exitoso significa que se trata a las personas como personas y no sólo como clientes.

ENCONTRANDO CLIENTES

A mi amigo Paul le encanta andar en bicicleta. Dice que gasta aproximadamente 2000 dólares al año en sus bicicletas de montaña, ajustes, refacciones y equipo; y por la imagen que tiene cuando va con su bicicleta por la calle, le creo. Hasta hace poco, Paul era un consumidor típico: compraba por toda la ciudad buscando los mínimos ahorros aquí y allá, interrogando a los vendedores sobre las minucias del ciclismo de montaña, y, generalmente, era un dolor de cabeza para todo mundo; hasta que un día fatídico, a finales de 2004, su llanta delantera se averió en un camino en medio de ninguna parte.

Paul se quedó parado durante casi una hora debatiendo si debía esconder la bicicleta, caminar a casa y recogerla más tarde o quedarse y esperar que alguien le ayudara, pero se sintió paralizado por el miedo a que le robaran su bicicleta. Mientras estaba agonizando sobre la decisión, se presentó un simpático samaritano; se ofreció a colocar la bicicleta en la parte de atrás de su camión y llevarla a la tienda de bicicletas más cercana. Paul aceptó agradecido.

No fue sino hasta que llegaron a la tienda de bicicletas y el ciudadano amable se fuera al fondo de la tienda a buscar para Paul la llanta y la cámara de aire adecuadas, cuando Paul se dio cuenta de que el samaritano era, en realidad, el propietario de la tienda. Este pequeño hombre de negocios no sólo se desvió de su camino para ayudar a Paul, si no que le dio servicio a su bicicleta sin ningún cargo. Desde aquel momento, Paul compra en *sólo* una tienda sin interrogar, negociar ni fastidiar. Confía en que el propietario del negocio no le timará, sino que le mantendrá informado y será un socio en su pasión.

Este propietario es un ejemplo basado en las relaciones y centrado en los clientes: el ejemplo por excelencia de un propietario que respeta a su cliente. Primero, y ante todo, respetó a Paul, su situación y su pasión; también fue más allá de la llamada del deber para encontrarle en donde se quedó varado. Si no hubiera visto a Paul parado a un lado del camino con problemas para regresar a casa, nunca se hubiera ganado su confianza y, al final, hubiera perdido un aliado de por vida.

A la hora de abordar al blogging, a los bloggers y a sus clientes que están participando en ellos o leyendo la conversación, el respeto es el componente más importante. Una vez que se ha aprendido a respetar a los clientes, sus experiencias y sus aportaciones, se podrá contribuir eficazmente en la conversación de una forma verdadera y significativa. Gracias a los blogs, se pueden encontrar clientes que están varados a la orilla del camino, y se les puede ofrecer una relación para toda la vida. El desafío está en darse cuenta de que los clientes son personas también, y que merecen respeto.

RETROALIMENTACIÓN DIRECTA

Cuando usted bloggee, recibirá la retroalimentación de los clientes de tres maneras:

- Por correo electrónico o comentarios anotados en sus blogs
- Por comentarios anotados en otros blogs
- Por anotaciones en sus propios blogs

Usted tiene éxito si respeta a estas personas en estos mismos puntos. Cada uno de ellos presenta retos únicos, pero también oportunidades únicas para el éxito y para crear experiencias positivas.

Generalmente, los comentarios en un blog son breves y concisos; algunos pueden ser largos, pero la enorme mayoría será una simple retroalimentación con menos de 100 palabras. Algunas personas no se sienten cómodas simplemente dejando comentarios o no son conscientes de que los comentarios ni siquiera son posibles; ésta es una de las razones por las cuales debe quedar claro que es esencial poder enviar correos electrónicos a su empresa desde *todas* las páginas. Estos correos electrónicos a menudo serán más largos de lo que hubieran sido los comentarios del blog, simplemente porque el correo electrónico es el tipo de medio para el cual una respuesta de 100 palabras no es suficiente; esto es así porque, en el correo electrónico, la gente proporciona *contexto,* mientras que en los comentarios del blog proporcionan principalmente *reacción.*

En un comentario de blog, alguien está reaccionando directamente a su anotación, algunas veces visceralmente y a menudo sin ofrecer un contexto. Ésta es una de las razones por las cuales es importante que usted responda a los comentarios que reciba respecto a su blog.

Diez consejos para responder a los comentarios

Éstos son diez consejos para responder exitosamente a los correos electrónicos o comentarios:

- *Agradézcales su retroalimentación.* Debe darse cuenta de que esto tomó un esfuerzo, tanto para encontrarle como para escribir un comentario o correo electrónico. Es importante que usted responda agradecido en lugar de enojado, molesto, aburrido o cualquier otra emoción que se deslice fácilmente cuando se trata directamente con la gente, especialmente con gente enojada.
- *Reconozca los problemas.* Esto no significa que tenga que decir que estaba equivocado cuando no lo estuvo; significa que reconoce que la persona *ha tenido un problema,* y que hará su mejor esfuerzo para resolverlo.
- *Admita donde haya fracasado.* Admitir un fracaso puede ser difícil para las empresas, especialmente en estos días de demandas masivas y si-

milares. Sin embargo, ser auténtico no sólo tranquilizará a la gente, posiblemente le disuadirá de más enfados.

- *Resuelva cualquier problema.* Habiendo admitido que alguien está enojado y admitido también cualquier fallo en nombre de su empresa, *resuelva el problema.* La gente está acostumbrada a respuestas como "ésa es nuestra política" o "Sentimos cualquier inconveniente que esto haya ocasionado". Usted puede hacerlo mejor.

- *Tome posesión.* Trate el problema como si fuera suyo. Pida los recursos necesarios. Anote cómo no están funcionando los procesos y ponga a su empresa en marcha para arreglarlos.

- *Responda rápidamente.* Las respuestas en menos de 24 horas son las más eficaces. Si le toma más de este tiempo responder a una consulta, estará en problemas. Las respuestas en menos de una hora son una *conversación*, y las conversaciones son vehículos poderosos para las experiencias positivas.

- *Responda las preguntas.* Algunas veces, la gente sólo quiere una respuesta simple. En lugar de rechazar una pregunta como si no fuera importante (después de todo, el cliente no está disgustado), véalo como una oportunidad no sólo de crear una experiencia positiva, sino también de empezar un diálogo con la persona que pregunta y empezar una relación entre ella y su empresa.

- *Sea amigable y cortés.* Tratar a los clientes con el respeto que se merecen, y tratarlos con el respeto que usted apreciaría de otros, es básico para las respuestas a cualquier cliente.

- *No use cartas modelo.* Como regla, a la gente no le gusta que usted les diga que su tiempo es más preciado que el de ellos. Una carta hace exactamente eso: Dice que usted no tuvo el tiempo de hacer una respuesta personal, así que les ha enviado una grabada. Las personas no sólo sienten que no las respetaron cuando reciben cartas modelo, sino que esto es casi una traición de confianza cuando acuden directamente a usted con un asunto en un comentario o en un correo electrónico y usted lo descarta con una carta modelo. Sea personal. Sea auténtico. Sea humano.

• *Dé seguimiento a cualquier asunto o pregunta.* Puede ser que alguien en realidad no esté teniendo un problema en absoluto; tal vez él o ella sólo tiene una sugerencia o quiera agradecerle por ser excelente. De cualquier modo, vuelva a verificar con la persona después de unos días o una semana, para estar seguro de que sus asuntos se resolvieron a su entera satisfacción, que alguien haya respondido a su sugerencia, y que no haya nada más que hacer para crear aún más experiencias positivas para ellos.

La mayoría de estos principios son de sentido común, buenas prácticas de negocio y servicios; algunas pueden ser contrarias a las políticas de su empresa, pero lo más probable es que ya sean parte de la mentalidad de su servicio al cliente (o deberían serlo). El problema es que algunas veces estas cosas no se transfieren a los comentarios del blog o al interior de los correos electrónicos relacionados con las anotaciones de los blogs, a menudo porque los clientes pueden ser muy *rudos* en sus respuestas, algo que es difícil de contestar en el mejor de los casos. Trate a todos sus clientes como personas, y ellos le tratarán a usted y a su empresa como una parte valiosa de su vida.

RESPONDIENDO EN OTROS BLOGS

Responder a los comentarios en su blog es bastante sencillo, en gran parte porque si decide tomar la conversación dentro del correo electrónico, fácilmente puede hacerlo. Responder a los comentarios en otros blogs es mucho más difícil, porque el único lugar para responder es *en las anotaciones reales de comentarios.* Como resultado, sólo tiene una oportunidad para dar una impresión que transmita respeto y que se ocupe de los asuntos.

Para crear el marco, éstos son algunos ejemplos de respuestas *excelentes* de empresas en los comentarios de los blogs. Aquí hay un comentario hecho en un blog después de que un usuario explicara que no podía instalar Quick Books (extraído de http://jkontherun.blogs.com/jkontherun/2005/05/intuit_responds.html):

Soy el director general de Edición en línea de QuickBooks, así como el Líder interino para los esfuerzos de nuestra comunidad (otro título extravagante:-) para los clientes de QuickBooks, como usted mismo. Hablando en nombre de nuestro nuevo equipo de empleados de la comunidad, así como por el buen propósito de todos los empleados de Intuit, su desesperación y solicitud de apoyo no pasaron inadvertidos. Aunque todavía no me he involucrado en arreglar este problema específico, le haré partícipe de que éste, ha hecho una ronda de visitas de ejecutivos y se usará con muchos empleados de Intuit como un poderoso ejemplo de cómo ellos pueden hacer más por más de nuestros clientes.

Una vez más, muchas gracias por tomarse el tiempo de escribir. Creo que el poder de los blogs como el suyo no es tanto que permiten a la gente tener una voz que obliga a las empresas a contestar, sino que es tan fácilmente visible encontrar el dolor en primer lugar, que resolver el problema llega a ser un proceso más fácil. Aunque desafortunadamente el mundo trabaja hoy en día de otra manera, los blogs y la gente como usted nos mueven hacia un mejor lugar.

Y un comentario de respuesta a un usuario que tiene asuntos con su sitio (extraído de www.corante.com/getreal/archives/2005/05/16/whats_going_on_at_technorati.php#23458):

Kim, por favor ve mis comentarios en tu blog. Por alguna razón, clasificamos tu blog como correo basura y dejamos de actualizarlo. Acabo de reclasificarlo ahora, por lo que deberás ver tus anotaciones recientes en nuestro índice a la brevedad. Lo siento.

Éstos son algunos consejos para responder a un comentario en el blog de alguien más:

- *Discúlpese.* No tiene que decir forzosamente que se ha equivocado; decir "Lamento mucho que haya tenido que pasar por esta experiencia" puede ser suficiente.
- *Pídale al que comenta que le mande un correo electrónico o le llame.* Dejar su información de contacto significa que ha dado una oportunidad para que esa persona contacte con usted directamente. Es su decisión si continúa con este asunto, y la pelota está en su área.
- *Si es apropiado, deje una explicación de lo que pasó y de lo que se está haciendo para arreglarlo.* Esto sólo funciona si hubo un fallo por su parte que

ya esté tratándose o que lo hará muy pronto. Use esta respuesta con moderación. Es bueno hacer público ese mensaje, pero es malo si la situación no se mejora al final (es decir, si se dice que algo se solucionará y luego no se hace).

CÓMO NO RESPONDER

La historia de Joi Ito, un destacado blogger, y SMS.ac, una empresa de comunicaciones SMS, es un excelente ejemplo de mala respuesta a un blogger. Sin embargo, Joi es uno de los diez bloggers más populares del planeta, lo que hace de esto un tropezón aún más grande. Joi se había quejado del servicio que SMS.ac estaba ofreciendo. ¿La respuesta de la empresa? ¡Una carta de suspensión y cese!

Joi narró su historia en su blog (http://joi.ito.com/archives/2005/02/22/letter_from_kevin_b_jones_of_smsac.html) de una manera pública y agradable. Recibió más de 70 comentarios y más de 20 enlaces inversos (enlaces con otros blogs que señalaban esta historia). Considerando todos ellos, hubo más de 200 comentarios acerca de este asunto que fueron esparcidos por varios blogs. ¿Y qué decía la carta de los abogados de SMS.ac?

A MENOS QUE USTED CESE Y DESISTA INMEDIATAMENTE DE SU ACTIVIDAD ILEGAL, SERÁ PROCESADO.

Aunque responder eficazmente a los comentarios negativos puede ser desafiante, como veremos en el capítulo 9, cesar y desistir unilateralmente (sin ningún detalle de "actividad ilegal") posiblemente no sea la mejor manera para ocuparse de la situación. La clave para responder a los comentarios en otros blogs es responder brevemente y de forma encantadora. No ceda a su deseo de escribir una carta larga (recuerde que el típico comentario de blog es de menos de 100 palabras).

RESPONDER DIRECTAMENTE

Dado que ya hemos examinado cómo encontrar otros bloggers que estén enlazados con usted, ahora puede ser consciente de algunos casos en los que un blogger no esté completamente satisfecho con su empresa, servicio o producto. Estas cosas pasan; es imposible ser perfecto aun en los mejores días.

Puede encontrar fácilmente anotaciones acerca de su empresa; el reto es responderles apropiada y eficazmente. La anotación de un blogger es una invitación al diálogo, porque ellos están acostumbrados a la conversación y a hacer relaciones (y lo valoran). Como resultado, el mejor camino para tratar con los comentarios de un blogger es responderles directamente.

Aquí está la forma de responder a un blogger que ha escrito algo acerca de su empresa que amerita una respuesta:

- Envíe al blogger un correo electrónico usando las herramientas señaladas en el apartado *Responder a los comentarios* y correos electrónicos, de este capítulo.
- Ofrezca algo que sea apropiado, según el estado de ánimo del blogger. (Más adelante en este capítulo examinaremos cómo Intuit ofreció a James Kendrick una actualización gratuita de su paquete de software).
- Deje un comentario en la anotación haciendo saber que ha enviado un correo electrónico al blogger. Esto permitirá que otros sepan que se ocupa y que está tratando el asunto.

Todas las reglas de cortesía y respeto se aplican durante este intercambio. A algunos bloggers les gusta publicar los correos electrónicos y las cartas de las empresas que los contactan, así que sea consciente de que esto puede pasar, y asegúrese de redactar su carta con esto en mente. No lo vea como una amenaza; por lo general, los bloggers se sienten honrados cuando una empresa les responde directamente (a menos que la respuesta sea una carta de suspensión y cese, por supuesto).

Al final del día, cada una de esas interacciones le ofrece una oportunidad de crear una experiencia positiva y lleva al blogger a convertirse en un apóstol apasionado de su empresa.

GENERE PASIÓN

Toda esta charla acerca de crear experiencias positivas trata realmente de una cosa: hacer que las personas pasen de ser consumidores de su producto (y, por tanto, tomadores) a apóstoles y clientes apóstoles apasionados (y, por tanto, dadores).

La clave para crear clientes apasionados es evocar una respuesta emocional en ellos y darles una salida saludable a esa emoción.

El proceso que define la creación de un cliente apóstol apasionado es interesante, ya que implica el *contacto* con los clientes como personas, las *experiencias positivas* que refuerzan su deseo de tener una relación, una *razón* para ser apasionado y un *espacio* en el cual expresar esa pasión.

Crear una pasión verdadera en sus clientes requiere más que ellos sean conscientes de usted y de que tengan una experiencia positiva; incluso va más allá de una experiencia fantástica que sobrepase sus expectativas. La clave para crear clientes apasionados es evocar una respuesta emocional en ellos y darles una salida saludable a esa emoción. Un blog público debe, como mínimo, impactar en esos dos puntos. Debe evocar una reacción emocional y debe ser un lugar totalmente seguro para que sus clientes transmitan esa emoción.

VALORE A SUS CONSUMIDORES

Para llegar a este lugar, tiene que ir más allá de la típica forma de pensar acerca del "consumidor"; necesita hacer que sus clientes signifiquen más para usted que el mismo negocio.

Como puede ver en la siguiente tabla de la evolución del consumidor, usted debe pasar por un proceso diferente para que sus clientes quieran participar en su empresa. Pasar de una mentalidad de consumidor a cliente es importante, porque los consumidores son un grupo sin rostro cuyo único propósito es gastar dinero. Los clientes no son sin rostro, pero todavía son un gran grupo *anónimo* difícil de precisar.

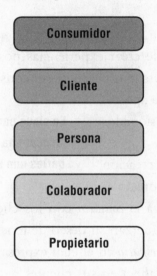

El reto en la evolución del consumidor es que los cambios que se requieren no ocurren en los clientes: *ocurren en usted*. Y no sólo eso, sino que además los cambios llegan a ser exponencialmente mas difíciles cuanto más cerca esté de valorar a sus clientes como propietarios. Pasar de considerarlo un consumidor a valorarlo como un cliente no es demasiado difícil; es sólo un simple cambio de perspectiva. Pero ir de un cliente a una persona requiere no sólo tratar a cada cliente como un individuo con necesidades, humores y pasiones únicas, sino también estar preparado para anticiparse a esas necesidades y responderlas. Valorar a sus "personas" como colaboradores requiere incluso un paso mayor, ya que significa valorar las aportaciones que ellos proporcionan a su empresa, incluso (y especialmente) *en formas que no le gusten* y en lugares *donde no quiere verlos*.

Valorar verdaderamente a sus clientes como propietarios requiere todavía más esfuerzo, dado que significa darse cuenta de que ellos son en realidad más importantes que cualquier otra cosa. Para transformar a sus clientes en propietarios hay que gastar como mínimo 10 veces la energía que mantiene satisfechos a los clientes actuales y 10 veces la que gasta en lograr nuevos clientes.

Pensar en sus clientes como propietarios es muy parecido a la forma en que trata a su pareja o cónyuge. Si la única forma en la que ustedes se comunican es mediante notitas dejadas en el refrigerador o señales de neón en el césped del frente, ¿qué tan valiosa, importante e íntima sería percibida su relación? Imagine hablando con sus clientes como individuos todos los días y llevando a cabo importantes decisiones por ellos. ¿Qué tan saludable, valiosa e incluso (¡upps!) rentable llegaría a ser su empresa? Cada cliente sería tan responsable de su éxito como usted y estaría igualmente preparado para promover su negocio, para anunciar apasionadamente lo que está pasando y para pensar creativamente en formas de que usted tenga éxito.

DESARROLLE UNA ESTRATEGIA DE BLOGGING

Parte de respetar la conversación que está a punto de comenzar con sus clientes (o colaboradores o propietarios) es participar con un propósito. Me asusta el número de empresas que sencillamente saltan al blogging y anotan cualquier cosa que quieren.

Uno de mis clientes en particular parecía como una oportunidad soñada. La empresa estaba dispuesta a intentar nuevas cosas, totalmente dentro de las posibilidades del blogging, y parecía tener el más escurridizo de los rasgos; realmente "entraron" al blog. Sin embargo, después de algunos meses de trabajar estrechamente con el equipo, la empresa acabó haciendo lo que quiso, y haciéndolo muy mal, además.

Al principio, lanzaron su blog con el consejo que mis asociados y yo les habíamos dado: proporcionaban un tipo de blog de "noticias raras y excéntricas de toda la web", en gran parte porque así es como se habían promocionado ellos mismos, "viralmente", mediante la palabra hablada. Una semana más tarde, cambiaron el blog a uno pornográfico, argumentando que el tráfico aumentaría. La última semana, se degradó incluso más.

Obviamente, no me siento a gusto nombrando a este cliente, por su bien y porque no beneficiará el tema de esta historia. El caso es que, si usted no sabe qué está haciendo, no sabe a dónde va y no tiene una verdadera *estrategia* para llegar allí, es más probable que se confunda haciendo tonterías y que no obtenga ningún beneficio real del blogging.

Cuando comience a examinar el blogging, tiene que pensar en su blog de una manera estratégica. ¿Tiene un objetivo en relaciones públicas? Si es así, necesita un blog de relaciones. ¿Tiene rastreo de medios? Si es así, necesita rastreo de blogs. ¿Tiene un plan de negocio? Si es así, necesita un blog de planes. Todo lo que usted haga en su blog debe tener una razón y tiene que usar métricas y medidas para el éxito; si no tiene objetivos, entonces no podrá determinar si está teniendo éxito con su blog o no.

ELABORE UNA ESTRATEGIA

Cualquier estrategia exitosa de blogging incluye una variedad de consideraciones importantes, y el suyo debe tener más o menos lo siguiente:

- **Razones para comenzar** Esto incluye sus valores, visiones, objetivos, metas y factores motivacionales (como competidores, presiones del mercado o instrucciones de la empresa matriz). Saber en primer lugar cómo surgió la idea del blogging es importante, porque, aunque ese haya sido el factor motivacional original, no significa que sea el mejor que debe tener a la hora de seguir adelante.

- **Formas para determinar el éxito** ¿Qué ideas se están proponiendo? ¿Qué programas pueden evaluarse y transformarse en métricas? ¿A quién necesita para relacionarse con los medios, sus asociados, sus contratistas, sus proveedores o sus clientes? ¿Qué tan seguido medirá su éxito? Finalmente, necesita saber qué blogs se están escribiendo, por qué razón y cómo pueden verificarse sus niveles individuales y colectivos de éxito.

- **Propiedad y responsabilidad** ¿Quién está a cargo de sus diferentes blogs y a quién reportan? ¿Sirven los blogs solamente para una función de marketing, estarán bajo tecnología de información (como hacen muchas actividades de los sitios web) o se turnarán al nivel de gerencia de alto nivel? Es importante asignar la responsabilidad a la persona indicada que se hará cargo de sus blogs, dado que la responsabilidad determina el éxito de los mismos a largo plazo. Aun cuando tenga el equipo adecuado para ejecutar sus blogs, si la persona equivocada trata con los asuntos que surjan, los blogs pueden no tener éxito.

Muchas otras consideraciones llevan a una estrategia exitosa de blogging, pero una vez que identifique qué está tratando de conseguir, cómo llegará ahí y cómo sabrá cuando haya llegado, además de averiguar quién escribirá cuáles blogs, estará listo para un buen inicio.

Más allá de la creación de su estrategia inicial, también necesita crear una estrategia para cada blog. He hablado acerca del blogging de GM varias veces en este libro. GM ha permitido que cada blog tenga una identidad, y los individuos y los equipos maduran esa identidad a través de medios diferentes a los blogs, como podcasts, video y otros medios impulsados por los clientes. Quizás las metas para uno de sus blogs estarían mejor servidas añadiéndoles un sistema de tablero de mensajes, tal vez quiere invitar a algunos de sus lectores a contribuir de vez en cuando. Quizás invite a un viaje anual a una docena de sus comentadores más activos para una jornada de lluvia de ideas. Cualquier cosa que desee hacer, asegúrese de que permite que cada blog permanezca y madure por sí mismo. Generará buenas ideas no sólo para uno de sus blogs, sino para todos ellos.

LA PRESENTACIÓN Y EL LANZAMIENTO DEL BLOGGING

En abril de 2004, el Social Software Weblog (http://socialsoftware.weblog-sinc.com) convocó a un concurso para ver quién podría escribir el "discurso perfecto de presentación y lanzamiento de un weblog corporativo", que juzgaría un panel de expertos. El discurso debería convencer a los ejecutivos "de patrocinar y dar recursos para una multitud crítica de weblogs en su organización, de tal forma que sus beneficios pudieran demostrarse de una manera significativa". En la siguiente imagen está el discurso ganador, escrito por Lee LeFever de Common Craft (www.commoncraft.com).

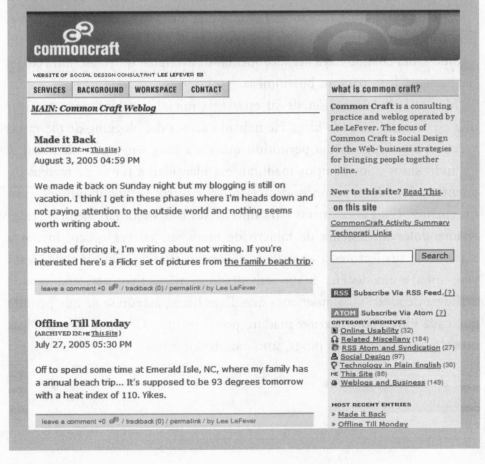

Primero, piense en el valor del *Wall Street Journal* para los líderes de negocios; el valor que proporciona es el contexto: el *Journal* permite a los lectores verse en el contexto del mundo financiero todos los días, lo que les capacita para tomar decisiones mejor informados.

Tomando esto en cuenta, piense en su empresa como un microcosmos del mundo financiero. ¿Pueden sus empleados verse en el contexto de toda la empresa? ¿Se podrían tomar mejores decisiones si los empleados y los líderes tuvieran acceso a fuentes internas de noticias?

Los weblogs satisfacen esta necesidad. Al hacer que los sitios web sean sencillos de actualizar, los weblogs permiten a los individuos y a los equipos mantener diarios en línea que hagan la crónica de los proyectos de la empresa. Estos diarios profesionales facilitan la producción y el acceso a las noticias internas, dando contexto a la empresa, ese contexto que puede afectar profundamente a la toma de decisiones. De esta manera, los weblogs permiten a los empleados y a los líderes tomar decisiones más informados al incrementar su percepción de las noticias y de los eventos internos.

Más allá del Blog

No se detenga en el blogging. Una vez que haya comenzado una conversación con sus clientes, no puede dejar de hacerlo. Busque otras maneras dentro de su empresa para involucrar a los clientes como apóstoles, desarrolladores de productos, vendedores, portavoces y otros papeles. Si hay una cosa que el blogging le enseñará, es que la gente no sólo quiere decirle cómo operar su empresa, también quieren decirle cómo hacerla crecer.

Entonces, parte de aprender a escuchar es aprender a quién escuchar. Cubrimos los aspectos técnicos al principio de este libro; tener una estrategia de búsqueda y un proceso que se encargue de lo que usted encuentre son componentes importantes de una estrategia general del blogging exitoso.

DESARROLLO DE LAS LÍNEAS DIRECTRICES
PARA LOS COMENTARIOS

Cuando comience a bloggear, recibirá comentarios a sus anotaciones. Es excelente saber cómo responder a esos comentarios, pero en algún momento deberá trazar las reglas básicas de los comentarios; después de todo, no quiere ver comentarios basura ni comentarios desagradables en su blog.

Los aspectos de políticas exitosas de comentarios incluyen los siguientes:

- *Identificar quién posee el contenido.* Como una cuestión legal fundamental, es importante que se explique con detalle si el comentador o su empresa posee su contenido. Si el comentador lo posee, él o ella puede pedir que los comentarios se retiren en cualquier momento, mientras que si es su empresa la que lo posee, posiblemente ella tendrá que revisar cada comentario individualmente para asegurarse de que, por ejemplo, no está comprometido en difamaciones contra otras empresas.

- *Establecer qué tipo de comentarios no están permitidos.* La mayoría de los blogs no permiten el correo basura (comentarios que promocionan un producto o servicio), a no ser, claro, que esté relacionado con la discusión que se está llevando a cabo. Algunos blogs no permiten ningún comentario en absoluto; otros no permiten enlaces. Averigüe qué tipo de comentarios están o no permitidos, manteniendo en mente su estrategia de blogging.

- *Determinar si los comentarios son o no moderados.* Muchas empresas, y un número creciente de bloggers, han empezado a moderar sus comentarios. Esto significa que un comentario no se mostrará en un blog hasta que un ser humano de su empresa lo revise para asegurarse de que no sea basura, infame o ilegal. Un moderador puede proteger su blog de todas estas cosas. Sin embargo, usar un moderador podría hacer más lenta la conversación. Aunque ésta es una decisión que su empresa debe tomar, también es algo que usted puede retomar posteriormente; por ejemplo, puede escoger no moderar los comentarios hasta que usted empiece a experimentar problemas con basura o comentarios inapropiados.

- *Decidir si se permitirán los comentarios anónimos o no.* Los comentarios anónimos son un asunto interesante en la blogosfera. Hasta hace poco, la mayoría de los blogs permitían que cualquiera anotara algo, inclusive de forma anónima. Sin embargo, cada vez más y debido a que las personas han empezado a anotar ya sea anónimamente o bien como alguien que claramente no eran (por ejemplo, Bill Gates, Bill Clinton, George W. Bush o Michael Jackson), algunos blogs han empezado a retirar comentarios que obviamente no son de las personas reales que los dejaron, junto con aquellos que son anónimos.
- *Decidir cómo se hará cargo de estas situaciones controvertidas.* Si alguien anota comentarios odiosos, basura, anotaciones no pertinentes, racistas u otra información inapropiada, ¿como los manejará su empresa? ¿Retirará esas anotaciones? ¿Los dejará en el blog? ¿Editará los comentarios?

Un conjunto apropiado de guías de comentarios es importante para su estrategia de blogging, así que asegúrese de que cuando comience a examinar cómo aceptará los comentarios, cómo los responderá y cómo los retirará (si lo hará), no se aleja de su estrategia de blogging, para estar seguro de que las líneas directrices de los comentarios se corresponden con el tono, las líneas directrices y los objetivos de su estrategia.

BÚSQUEDA DE INFORMACIÓN

Cuando se están llevando a cabo búsquedas, ya sea vía Technorati, PubSub, BlogPulse, su estadística web o inclusive nuevos métodos que todavía no se han inventado, es importante que busque las cosas correctas. Hablando en términos generales, busque cuatro cosas:

- Anotaciones positivas de gente que quiere a su empresa y/o productos
- Comentarios acerca de sus competidores

- Comentarios generales sobre el estado de su industria
- Comentarios negativos sobre su empresa y/o sus productos

Cada uno de estos objetivos de búsqueda es un reto distinto y presenta una serie única de oportunidades para interactuar con sus clientes y crear experiencias positivas.

¡ELLOS ME AMAN! ¡REALMENTE ME AMAN!

Buscar gente que lo amen a usted y a su empresa es una de las cosas más fáciles de hacer; no porque la tecnología para estas búsquedas sea inusual, sino porque a todos nos *encanta* oír cosas buenas de nosotros y del trabajo que hacemos. Puede ser emocionante, edificante, y una verdadera alegría oír cuánta gente lo admira a usted y a su empresa. Puede ser una justificación oír a la gente decir que usted está en el camino correcto, y puede hacer su día cuando usted o sus productos mejoran la vida de alguien.

Pero no deje que ésta sea su única búsqueda. Si sólo oye los comentarios positivos, nada acerca de sus negocios cambiará para mejorar. Dado que la blogosfera es enorme, fácilmente puede construir su propia cámara de eco al seleccionar blogs y ejecutar búsquedas basadas solamente en conceptos que reflexionen bien de usted y de su empresa, de su esquema mental y de cómo ve usted el mundo. Aunque es importante estar en contacto con la gente que quiere a su empresa, necesita llegar a todo el espectro de aportaciones para tomar decisiones inteligentes de negocios.

Cuando busca información sobre su empresa, debe hacer tres cosas distintas:

- **Leer blogs** Tanto si está buscando nuevos blogs escritos por defensores apasionados de su empresa o por gente que odia todo lo que represente, suscribirse a los feeds de las personas que están en las trincheras es absolutamente esencial para obtener retroalimentación real y cotidiana.

- **Ejecutar búsquedas**   Usando PubSub, Feedster u otras herramientas comentadas en este libro, puede buscar términos específicos, dependiendo de sus objetivos.
- **Invitar a la retroalimentación**   Pida retroalimentación en sus propios blogs. O envíe correos electrónicos a los bloggers que usted conozca y respete, y pídales retroalimentación. El mundo del blogging no es pasivo, así que implíquese a la hora de averiguar en dónde está su empresa.

A la búsqueda del éxito

Consideremos dos empresas populares de artículos de consumo: General Motors y Starbucks. Cada empresa hace productos únicos para consumidores únicos, y los resultados de búsqueda de los blogs en Internet para cualquiera de las dos empresas serían, por tanto, muy diferentes.

En términos de blogs, intente correr búsquedas en *Starbucks blog* y en *General Motors blog.* Starbucks tiene un blog de seguidores bastante popular llamado "Starbucks Gossip" (http://starbucksgossip.typepad.com/), que se muestra en la figura 8-1, mientras que GM no tiene un blog de seguidores en particular; en lugar de eso, y debido a que la empresa hace diversos productos, sus blogs de seguidores tienden a basarse en productos, líneas de productos o tipos de productos específicos.

Starbucks tiene seguidores de empresa, mientras que GM tiene seguidores de productos específicos, líneas de productos o tipos de productos. Para encontrar los blogs particulares de los seguidores de GM, es necesario buscar el producto individual, línea de producto o tipo de nivel de producto. Busque por *Corvette Blogs* y *Chevy Blogs,* y encontrará que cada uno le ofrece una variedad de resultados.

A continuación, puede buscar por palabras particulares con referencia a GM y Starbucks. Esta búsqueda es bastante fácil; implica añadir el nombre de la empresa, el producto o el nombre de la línea de productos con palabras descriptivas, como *amor* o *excelente* así como acciones que la gente hace con su producto, como *beber* y *manejar.* (¡Obviamente, no juntos!)

Starting today (Aug. 3), Starbucks begins rolling out Ethos bottled water in its 5,000 U.S. stores. The company plans to donate $10 million over the next five years for clean-water sources in poor countries. It will donate 5 cents for every bottle of Ethos sold. *(USA Today)*

Figura 8-1 Starbucks Gossip es el blog a leer si se es Starbucks (o se está dentro de Starbucks).

Éstas son algunas sugerencias de búsquedas por palabras que puede usar para GM y Starbucks:

- **GM** Busque *adoro corvette, corvette brilla, adoro chevy, conduce chevy, monta en auto, viaje carretera y prueba de manejo.* Cada una de estas búsquedas da como resultados respuestas que incluyen comentarios positivos acerca de las áreas en las que GM está interesada: productos específicos, líneas de producto y actividades que la gente realiza con sus vehículos.

- **Starbucks** Busque *amo Starbucks, ventti, café matutino, tomo café* y *star bucks.* Cada uno de ellos trata de encontrar información acerca de la empresa, productos y actividades en las que está involucrada la empresa.

El reto al ejecutar estas búsquedas es que muchos resultados parecen no tener nada que ver con lo que está buscando, por lo que debe continuar refinando las búsquedas de tal forma que obtenga tanto un amplio rango de resultados como uno útil. No limite sus búsquedas tanto que no pueda encontrar *todos* los comentarios, pero tampoco quiera escudriñar a través de cientos de resultados inútiles con cada búsqueda.

Finalmente, invitar a la retroalimentación y crear un diálogo es una consideración importante. GM lo hace con bastante éxito con sus blogs existentes, aunque la empresa podría empezar a ramificarse con otros productos y líneas de productos para expandir esta discusión. Sin embargo, Starbucks a menudo depende de otros medios de retroalimentación directa de clientes. Uno de los retos para una empresa como Starbucks puede ser que la calidad real de los productos y servicios que sus clientes reciben depende en gran medida de las tiendas individuales y de los gerentes de las tiendas. Starbucks necesita llegar más allá del nivel individual de los clientes para pasar al nivel del "bebedor apasionado de café". Quizás sería una buena idea incluir búsquedas de *adictos al café* o *café adictos,* y hablar regularmente con las personas que escriben revisiones en los blogs, como CaféGeek (www.cafegeek.com), acerca de cómo la empresa está haciendo las cosas, qué piensan de los productos, etcétera.

ESPIANDO A LA COMPETENCIA

Saber lo que su competencia está haciendo, conocer lo que la gente está diciendo sobre su competencia y conocer cómo *se siente* la gente acerca de su competencia es, por lo menos, tan importante como saber esas cosas de su propia empresa. Su empresa vivirá o morirá por su habilidad de ser mejor estratega, mejor pensador y de estar mejor posicionado que la competencia; los blogs le ayudarán a hacerlo como ninguna otra herramienta (excepto quizás sobornando a los directivos de la competencia, lo cual no apoyo).

La primera regla para hojear en el blog es que por cada búsqueda que ejecute por sí mismo y por su empresa, debería ejecutar una búsqueda reflejada de su competencia. Si desea saber a cuánta gente le encanta el Corvette, sería mejor que también supiera a cuánta gente le encanta el Mustang. Si quiere saber a cuánta gente le encanta que usted tenga un WiFi en su cafetería, sería mejor que supiera lo que piensan los que marcan tendencia del WiFi en todas las cafeterías.

Considere lo siguiente cuando espíe a su competencia:

- *Obsérvelos como un halcón.* Esto significa saber tanto como se pueda de lo que el mundo del blogging está diciendo de ellos. Por ejemplo, busque cada mención de los nombres de sus empresas y haga que esos resultados regresen a usted diariamente como un feed de PubSub.
- *Sepa cómo se comparan ellos con usted.* El análisis estadístico que usted hace semanal o mensualmente para saber lo que la gente piensa acerca de usted es importante, pero saber esas mismas cosas acerca de sus competidores es un indicador importante de liderazgo.
- *Sepa lo que los clientes esperan de su competencia.* Como casi siempre sucede, los clientes suplicarán nuevas características, innovaciones, etcétera. Por ejemplo, los usuarios de Apple Computer han suplicado por una laptop G5 (el procesador más poderoso de Apple) durante años. Saber esto permite a la competencia de Apple posicionar sus laptops como "lo suficientemente poderosas para aquellos que quieren una G5".

Observar a su competencia como un halcón puede ser un reto, pero también puede ser excepcionalmente gratificante. Una empresa con la que, de hecho, tengo una consultoría, comenzó un blog que catalogaba toda la información que estaba recabando. Como resultado, muchos de los seguidores y defensores apasionados de su competencia empezaron a llegar a este nuevo blog para hablar acerca de por qué les encantaba la empresa. El resultado neto fue que tuvieron más información de los clientes más valiosos de sus competidores que sus propios competidores.

Tener la información de sus competidores y de sus clientes y saber qué hacer con esa información, son dos cosas muy diferentes. Por supuesto, primero se pueden hacer comparaciones: ¿cuánta gente habla de su competencia en un día determinado frente a cuántos hablan de usted? y ¿cómo traza esa tendencia una gráfica diaria o semanalmente? ¿Se están volviendo más populares que usted? ¿Obtuvieron una mejor respuesta después de la última feria comercial? ¿Los compara la gente más fácilmente con otra marca valiosa? ¿Comparan sus dos empresas lado a lado? Todos estos tipos de preguntas son importantes, e investigar adecuadamente a sus competidores le preparará para responderlas.

Ejecutar búsquedas por el nombre de su empresa *y* el nombre de la otra empresa le mostrará todas las anotaciones de los blogs que contengan ambos nombres, lo cual es algo importante; eso le dirá, por ejemplo, qué productos o empresa creen los clientes que es de mayor valor, es más deseable y es más "merecedora de estar en boga".

En general, las herramientas que utilice para observar a su competencia son sistemas basados en feeds, como PubSub y Feedster, sistemas de búsqueda activa, como Technorati y BlogPulse, y cualquier otro medio "creativo" que usted pueda empezar (como establecer un sitio de seguidores para su competencia). Cada uno producirá diferentes tipos de resultados y, por tanto, deberá responderse a ellos apropiadamente.

EL ESTADO DE LA INDUSTRIA

Saber lo que la gente piensa de usted, de su empresa y de sus productos es importante, y saber lo que piensan de sus competidores y de sus productos es crucial, pero tan importante como cualquiera de éstos es saber lo que la gente piensa de su industria.

En este caso, la *gente* puede ser analista, experta, figura destacada y líder de la industria, hasta llegar al tipo común que, al comprar sus productos y servicios, en realidad hace que usted conserve su empleo. Determinar hacia dónde se dirige toda la industria requiere que escuche todos esos niveles de voces. Puede suscribirse a los blogs de los líderes (por ejemplo, a los analistas industriales *les encanta* empezar blogs, posiblemente porque les encanta ver sus palabras impresas); para otros, posiblemente necesite hacer búsquedas.

Examine los siguientes cinco lugares para encontrar información de industrias para que se dé una buena idea de hacia dónde se dirige la suya.

- **Blogs de analistas** Son una mina de oro. Los analistas exitosos realmente son bastante inteligentes. La gente de Jupiter Research, por ejemplo, es anfitriona de una diversidad de blogs exitosos, incluyendo blogs de analistas, como David Card (http://weblogs.jupiterresearch.com/analysts/card/) y Joe Wilcox (http://weblogs.jupiterresearch.com/analysts/wilcox/); blogs industriales, como medios (http://weblogs.jupiterresearch.com/toplevel/archives/cat_media.htm), marketing (http://weblogs.jupiterresearch.com/toplevel/archives/cat_marketing.htm), y comercio (http://weblogs.jupiterresearch.com/toplevel/archives/cat_commerce.htm); así como un blog del director ejecutivo de Jupiter Media, Alan Meckler, (http://weblogs.jupitermedia.com/meckler/).

- **Servicios de envío de comunicados de prensa** Todos los servicios importantes de envío de comunicados de prensa ofrecen feeds actualmente; como resultado, puede suscribirse a todos los comunicados de prensa de una industria o puede buscar en los feeds. Dado que los comunicados de prensa son tan populares, PubSub permite buscar específicamente en comunicados de prensa, y filtra automáticamente todos los demás contenidos (www.pubsub.com/pressreleases.php). También puede hacer esto con los blogs (www.pubsub.com/weblogs.php) o inclusive con grupos de discusión (www.pubsub.com/newsgroups.php). Incluso puede buscar con base en las clasificaciones de la U.S. Securities and Exchange Commission (SEC, Comisión estadounidense de bolsas de valores) para permanecer verdaderamente en lo alto de su industria (www.pubsub.com/edgar.php).

- **Blogs industriales** Aunque encontrar blogs que definan la industria puede ser un poco desafiante (posiblemente deberá curiosear un poco en las listas de enlaces de los bloggers que escriben en ella), suscribirse a las noticias generales de la industria, información y detalles internos le ahorrará mucho tiempo y esfuerzo. En realidad, contar con un sistema exitoso de feeds, búsqueda y blogs significa que posiblemente no tendrá que leer el periódico para obtener esta información (a menos, por supuesto, que quiera hacerlo).
- **Búsquedas de feeds** Intente hacer búsquedas inteligentes en Pub-Sub o Feedster para los términos que definan su industria. Usted querrá obtener una visión general y de alto nivel acerca de dónde está, tanto a nivel cotidiano como panorámico.
- **Feeds de Yahoo! News** Descubrir específicamente qué hay de nuevo cada día puede ser un reto. La mayoría de la gente depende en gran medida del periódico, la televisión o la radio para esto. Por suerte, también puede obtener sus noticias entregadas mediante un feed. Se están realizando intentos para que se puedan descargar noticias en los reproductores de MP3 y luego hacer que éstos lo lean (como un programa de radio). Yahoo! News ofrece todas sus noticias como feeds, incluyendo industrias y categorías específicas, y ofrece la capacidad de buscar noticias por palabras específicas claves y hacer que esos artículos regresen a usted como un feed (como hace Feedster). Puede tener acceso a los feeds de Yahoo! News en http://news.yahoo.com/rss.

Buscar su industria, al igual que buscar por el nombre de su empresa, puede dar una riqueza así como una sobreabundancia de información, que es la razón por la cual necesita empezar en pequeño, limitando sus búsquedas individuales hasta que sean relevantes y útiles, y luego construir sobre eso. De lo contrario, se encontrará escudriñando literalmente miles de resultados cada día, lo que no ayuda a que usted o su empresa tomen decisiones inteligentes.

Puede elegir trabajar con una empresa consultora de blogs o con una empresa de recortes de prensa de los medios especializada en blogs, para que le generen resúmenes de éstos diaria, semanal o mensualmente. Si es capaz de hacer esto usted mismo, tener una visión práctica de su industria, sus

LA WEB VS. EL BLOGGING

Andy Lark, destacado consultor y conferencista de marketing, a menudo contrasta el mundo de los blogs con los mundos corporativos y de marketing tradicionales; recopiló la siguiente lista comparativa que muestra algunas de las principales diferencias entre los sitios web tradicionales y los blogs.

Web = Organizado	Blogosfera = Caótica
Web = Predecible	Blogosfera = Impredecible
Web = Hallazgo	Blogosfera = Vistazo
Web = Superficialmente comprensible	Blogosfera = Profundamente incompleto
Web = Extenso	Blogosfera = Nicho
Web = Tiempo web lento	Blogosfera = Tiempo blog instantáneo
Web = Frío	Blogosfera = Cálido
Web = Transmisión	Blogosfera = Conversación
Web = Lugar	Blogosfera = Comunidad
Web = Anónimo	Blogosfera = Personal
Web = Empresa	Blogosfera = Gente
Web = Contenido	Blogosfera = Expresión
Web = Masivo	Blogosfera = Individual
Web = Cerrado	Blogosfera = Participativo
Web = Insensible	Blogosfera = Agradecido

competidores y su empresa es invaluable; sin embargo, asegúrese de que no le entierren en información. Ser consciente y ser productivo a veces pueden ser dos cosas muy diferentes.

BÚSQUEDAS NEGATIVAS

El objetivo de la búsqueda no es necesariamente alimentar su ego. El objetivo de buscar lo que dicen sus clientes y clientes potenciales es crear más experiencias positivas, mejorar sus productos y llegar a ser capaz de relacionarse con sus clientes más eficazmente.

En el capítulo 7, comenté cómo se puede usar una variedad de herramientas para encontrar información. Más que cualquier otra búsqueda, la búsqueda negativa llevará un valor directo para su empresa y para su blog porque presenta situaciones que puede afrontar con la frente en alto, de una forma honesta y autorizada.

Un comentario negativo encontrado en una búsqueda es como si de repente se da cuenta de que su techo está goteando. Exige atención inmediata. Afortunadamente, la mayoría de la gente que envía comentarios negativos está pidiendo, de hecho, que mejore la situación. Ellos comentan o anotan acerca de la experiencia porque creen que se han quedado sin opciones.

Intuit, los fabricantes de QuickBooks y de otros programas financieros, es un ejemplo brillante del poder no sólo de la búsqueda de blogs, sino también de las búsquedas negativas. A principios de este año, James Kendrick anotó que estaba teniendo problemas al activar su copia de QuickBooks; había actualizado recientemente su computadora y tuvo que reactivar el software; pero el sitio web de QuickBooks no estaba funcionando para él, y cuando llamó a Intuit le dijeron que actualizara su información en el sitio web. En una total frustración, escribió en su blog acerca de lo que estaba ocurriendo (http://jkontherun.blogs.com/jknotherun/2005/05/when_activation.html):

En este momento no puedo usar mi software de contabilidad y estoy realmente atascado. Esto es una parodia considerando el hecho de que QB es un software de contabilidad de negocios y moverlo/instalarlo en computadoras nuevas es algo que pasa siempre en las oficinas. No hay nadie con quien pueda hablar, no puedo ir a ningún lado por un manual de activación, nada que yo pueda hacer en este punto. Bueno, excepto cambiarme a otro producto.

En cuestión de horas, el equipo de Intuit, que estaba al tanto de todo, le envió un correo electrónico y resolvió la situación. Menos de 24 horas después de que empezara el evento, James anotó la conclusión (http://jkontherun.blogs.com/jkontherun/2005/05/intuit_responds.html):

Después de despotricar sobre mis dificultades para activar mi copia de Intuit QuickBooks 2003, me contactó un defensor de clientes de Intuit (lindo título) quien, no solamente se aseguró personalmente de que mi programa estuviera activado y registrado correctamente, sino que también me informó que me estaban enviando la última versión del programa. Todo esto fue inesperado y una respuesta muy rápida a mi anotación original en el blog. Debo elogiar a Intuit por buscar a los clientes que están teniendo problemas con sus programas y luego tomar las medidas necesarias para asegurarse de que queden contentos con los resultados. Quizás deberían dar un vistazo al esquema actual de activación y hacer lo que puedan para mejorar el sistema con el fin de minimizar los problemas potenciales como el que yo experimenté.

No sólo eso, sino que el director general en línea de Intuit, Paul Rosenfeld, escribió para disculparse por el asunto y para señalar el blog oficial de QuickBooks (http://quickbooks_online_blog.typepad.com/blogmain/).

En general, Intuit es un ejemplo fantástico de una empresa que no sólo escuchó y resolvió la situación, sino que fue más allá al crear una experiencia positiva para Kendrick ofreciéndole una actualización gratuita. Obviamente, hubiera sido mejor si nunca hubiera ocurrido la situación. Pero la próxima vez que Kendrick hable acerca de Intuit y QuickBooks, ¿qué cree que es más probable que mencione? ¿El hecho de que pasó un tiempo difícil activando su producto o el hecho de que dos representantes de Intuit por separado lo ayudaran con su problema *y* actualizaran su software sin costo alguno?

Reglas para una búsqueda negativa

Del ejemplo de Intuit puede aprenderse una diversidad de lecciones. El proceso para tratar con un comentario negativo puede resumirse mejor usando el *concepto FIND* que aprendí al principio de mi carrera en el servicio al cliente. *FIND* significa encontrar, investigar, neutralizar y entregar (del inglés *Find, Investigate, Neutralize y Deliver*).

La idea detrás de *FIND* es que nunca podrá crear experiencias positivas con los clientes de los eventos negativos si primero no busca y *encuentra* eventos negativos. Segundo, necesita *investigar* el evento para ver cuál fue el problema del cliente, dónde estuvo el fallo y qué se puede hacer para aliviar sus preocupaciones. Después, debe resolver, o *neutralizar,* el problema del cliente. Finalmente, debe *entregar* una experiencia positiva. Cuando aprendí ésto en la universidad, argumentaba que en realidad deberíamos esforzarnos por ofrecer más, dado que no sólo crea una experiencia positiva para el cliente, sino también una experiencia memorable. Prometa menos, entregue más y genere así fantásticas experiencias y relaciones memorables en el proceso.

Tratar con comentarios negativos usando la metodología *FIND* permite asegurarse que no sólo el cliente es tratado apropiadamente en su angustia, sino que además es recompensado por ayudar a su empresa a seguir siendo mejor en lo que ya debería ser la mejor: tratar a las personas como personas.

Pero si no busca, no podrá ENCONTRARLO.

CONCLUYENDO

Participar en su blog puede ser un negocio emocionante y aterrador. ¿Cómo encuentra y responde a los comentarios? ¿Cómo trata a los usuarios con respeto y, finalmente, cómo genera clientes apasionados y agradables? son preguntas con las que los negocios luchan dentro o fuera del mundo del blogging. En el siguiente capítulo, veremos el reto y la oportunidad más grandes de todos: la retroalimentación negativa; ésta puede hacer o romper cualquier negocio. Examinaremos ejemplos, consejos y formas firmes de convertir la retroalimentación negativa en experiencias positivas no sólo para sus clientes, sino también para su negocio. Después del siguiente capítulo, no volverá a temer ningún comentario negativo ni a ningún cliente frustrado. ¡Se deleitará con ellos!

9

ENFRENTE
LA NEGATIVIDAD

A lo largo de todo este libro, he comentado las razones para lidiar con la negatividad que puede o no llegar a su blog de negocios. Tratar la negatividad requiere hacer un cambio, con frecuencia en los niveles más profundos de su empresa. Pregúntese qué promesas hace su empresa y cómo se refleja en ellas cualquier asunto negativo que surja.

Tener una promesa y sostenerla puede ser el reto más difícil de cualquier negocio. Microsoft se dio cuenta de esto cuando comenzaba a crecer la empresa. Su promesa fue, y siempre ha sido, crear software excelente que haga la vida de las personas más fácil. Al principio, todo lo que se necesitaba para realizar ese sueño era presentar un sistema gráfico fácil de usar con el cual los usuarios pudieran interactuar. Actualmente, hacer software excelente se ha convertido en sinónimo de hacer *software perfecto*, un cambio para el que la empresa simplemente no estaba preparada.

Medir la caída de Microsoft en la mofa de la cultura popular es una tarea difícil, pero los resultados son inequívocos. Por ejemplo, el movimiento software de fuente abierta tuvo, durante muchos años, el objetivo principal de destruir lo que llamaban "Micro$oft", "Microshaft" o "El Imperio del Mal". Incluso ahora, la búsqueda del término *Micro$oft* genera *millones* de resultados en Google. (El software de fuente abierta es gratuito y no lo crean empresas, sino miles de voluntarios. El movimiento Open Source es tristemente célebre por su empeño en burlarse y ridiculizar a empresas como Microsoft.)

Como sucede con todos los grandes cambios verdaderos, la respuesta de Microsoft a las críticas comenzó siendo pequeña. Al principio, los empleados de Microsoft comenzaron a participar en grupos de discusión, lo que asustó a muchos desarrolladores porque tendrían que lidiar con personas de verdad. Entonces Microsoft comenzó a crear comunidades en las cuales los desarrolladores pudieran interactuar con grupos más grandes de usuarios; finalmente, encontró los blogs, los cuales permitieron que los bloggers de la empresa preguntaran directamente a toda la comunidad qué es lo que estaba buscando, en lugar de preguntar a un pequeño subconjunto de personas para definir los deseos del mundo.

Tratar de entender por qué las personas pueden ser tan negativas hacia su empresa (específicamente en los blogs) es difícil. Jeremy Pepper, líder mundial de las relaciones públicas, interviene con su artículo "Por qué sucede la negatividad". En el transcurso de este capítulo, examinaremos los porqués de la negatividad, de la misma manera que examinaremos cómo responder a ella y cómo asegurar que usted haya manejado adecuadamente asuntos potencialmente dañinos.

POR QUÉ SUCEDE LA NEGATIVIDAD

Por Jeremy Pepper, blogger y presidente de POP! Public Relations

Con la capacidad de anotar comentarios anónimos en los blogs, establecer blogs con un nombre de batalla o pretender ser alguien que no se es, la naturaleza inherente al anonimato de la blogosfera se presta para las brabuconerías. Es la naturaleza humana que, cuando uno se esconde detrás de la pluma (ya sea por correo electrónico o en un blog), hará surgir el sentido más auténtico de uno mismo y, dada la facilidad de anotarlo en un blog, la oportunidad de derribar y ser negativo aparece en un primer plano.

¿Cómo lidia una empresa con esos ataques negativos, sean legítimos o no? Al ataque legítimo, formulado posiblemente de una forma más o menos sincera o amable, la empresa debe responder. Eso es sólo parte de las comunicaciones básicas de crisis. Pero, ¿qué hay acerca del ataque y la negatividad sin garantías en un blog que potencialmente se pueden dispersar por toda la blogosfera? ¿Debe una empresa responder a falsos alegatos o una respuesta va a avivar las llamas? Desafortunadamente, en la nueva naturaleza de los blogs, la ausencia de respuesta puede parecer que consiente y confirma la queja. Y entonces el falso alegato se expandirá como el fuego. La contención desde el principio es la mejor ruta a tomar para invalidar y responder a los falsos rumores y a los ataques negativos.

Atacar a alguien o a algo por medio de un blog es fácil. Ser tan enérgico en una situación cara a cara es una cosa totalmente diferente y, debido a que es más fácil pararse sobre una caja de jabón en Internet, donde nadie sabe en realidad quién es usted, comenzaremos a ver más negatividad y ataques en los blogs.

EL VALOR DE LA NEGATIVIDAD

Como menciona Pepper, y como estoy seguro de que usted ya se ha dado cuenta para este momento, estar en el negocio significa que algunas veces los clientes estarán insatisfechos. En Canadá, donde vivo, uno de los hitos nacionales es Tim Horton's, una tienda de café y donas. Tim Horton's hace un café que el canadiense promedio adora. Para un aficionado al café, probablemente no sea el mejor café del mundo, pero para la mayoría de los canadienses es reconfortante y nos recuerda el hogar, cualquier cosa que sea eso para nosotros. Sin embargo, incluso un lugar conocido por su excelente café a veces hace una mala olla, de la misma manera que hasta las mejores empresas de software tienen malos estrenos, etcétera.

Así que no debería sorprendernos que a veces los clientes no se impresionen por esos deslices en la calidad. La respuesta tradicional se encuentra generalmente en la línea de "arréglelo y haga que el cliente esté satisfecho". Algunas veces eso significará dar a un pobre y helado canadiense una taza de café mejor. Otras veces significará un reembolso de su dinero.

En una ocasión, en uno de los mejores restaurantes de Toronto, llegué al fondo de mi tazón y me encontré una mariquita y una hormiga, ambas muertas. Yo estaba tan disgustado que el gerente dio a todo nuestro grupo todas las comidas gratis y después nos obsequió un certificado de regalo por 50 dólares. Algunas veces arreglar una situación *y* dejar a un cliente satisfecho le puede costar. Pero dejar que un cliente insatisfecho se vaya insatisfecho le costará aún más, ya que contará a sus amigos sus malas experiencias, lo que sin duda dañará a su negocio más que un simple reembolso.

El restaurante en cuestión se las arregló para tornar una experiencia extremadamente negativa en una generalmente positiva. Cada experiencia negativa que tienen sus clientes es, a fin de cuentas, una oportunidad para convertirla en una positiva y así hacer que sus clientes se acerquen un paso más y se conviertan en apóstoles de su empresa.

OTROS TIPOS DE NEGATIVIDAD

Sería agradable pensar que todos los tipos de experiencias negativas son causados por errores menores en la calidad; sin embargo, ése sencillamente no es el caso. Hablando en términos generales, las experiencias negativas se pueden agrupar en cuatro tipos diferentes.

Errores en la calidad del producto

Tanto si es un café malo como uno recién hecho, o una camisa nueva con un dobladillo descosido, algunas veces los productos no son lo que se supone que deben ser. De cualquier manera, la mayoría de los clientes entiende estos errores, a no ser que, por supuesto, obtengan un mal servicio o se pierdan en un proceso ineficiente cuando están buscando que las cosas se hagan bien.

Mal servicio o apoyo

La mayoría de los clientes ha experimentado un mal servicio telefónico, como los interminables tiempos de espera o los sistemas telefónicos confusos. Éstos son los pequeños pasos que llevan a un mal servicio. Es peor tener representantes de servicio a clientes que les griten, les digan que están mintiendo o simplemente se rehúsen a ayudar. Esto sucede, y estas experiencias negativas a menudo son suficientes para anular cualquier experiencia positiva que se haya construido con un cliente. Se dice que se necesitan cuatro experiencias positivas para cancelar una negativa, así que asegurarse de que los clientes obtengan el mejor apoyo posible (especialmente cuando han experimentado un inconveniente leve, como un error en la calidad del producto) es esencial para su negocio. También es bien sabido que los clientes son más propensos a reportar una experiencia insatisfactoria que una satisfactoria, y que ellos reportarán esas experiencias a más personas.

Errores en el proceso

Los errores en el proceso son las peores experiencias negativas posibles que puede tener un cliente. Si a un cliente le están instalando su cable en la casa y necesita dejar de trabajar medio día para hacerlo, y entonces el técnico no se presenta, no tiene las herramientas correctas o simplemente no puede hacerlo, el cliente difícilmente se impresionará. De la misma manera, si un cliente tiene que registrar en línea un nuevo producto de software, no puede hacerlo por teléfono y el sitio web está estropeado, ha ocurrido un error grave en el proceso. Algunos errores son leves, pero algunos son tan importantes que los clientes se retiran insatisfechos y establecen un boicot mental en contra de su empresa. Tristemente, esos errores en los procesos suceden con frecuencia con los clientes que han tenido una mala experiencia de servicio o con quienes han encontrado un error en la calidad del producto.

Actividad ofensiva o criminal

Estos tipos de experiencias negativas son raras incluso en el peor de los negocios; sin embargo, suceden: mecánicos que cobran de más por un trabajo que, para empezar, nunca fue necesario, un corredor de bienes raíces que no revela asuntos al comprador de una casa o una tienda minorista que vende a su precio completo un artículo dañado. No importa cuándo sucedan los abusos o la actividad criminal, son el peor tipo de experiencia negativa que un cliente puede tener.

LOS BLOGS CAMBIAN LA ECUACIÓN

Ya sea que la experiencia negativa sea grave o leve, *sin embargo ha ocurrido*. En el mundo de antes de los blogs, esas experiencias negativas se contarían a unos cuantos amigos y, si era lo suficientemente mala, esos amigos se lo contarían a otros amigos. Experiencias como las de clientes que encuentran una rata muerta en un sofá nuevo, que tienen que esperar tres meses para un nuevo contacto telefónico o que descubren que hay corrupción dentro de su empresa pueden llegar incluso más lejos: a la prensa. Hablando en términos generales, la mayoría de las malas experiencias antes de los blogs estaban confinadas a aproximadamente una docena de personas. Afectarían sus resultados, pero no al grado de dañar realmente a su negocio.

Con el advenimiento de Internet, y de los blogs en particular, los clientes tienen ahora un tipo de influencia completamente diferente. Gracias a la visión de los blogs, la audiencia que en forma natural tienen los bloggers y la facilidad de publicar nuevas anotaciones, los clientes que tienen experiencias negativas pueden ahora difundirlas a cientos e incluso miles de sus lectores en lugar de sólo a 10 o 12 de sus amigos.

Añada a ello la propensión de los bloggers a enlazarse con otros sitios, y entonces incluso los asuntos leves de servicio a clientes pueden verlos miles de personas, mientras que los errores graves de servicio que nunca hubieran sido recogidos por los medios de comunicación principales son súbitamente visibles para millones, simplemente porque ahora hay tantas personas leyendo blogs.

RESPONDER A LA NEGATIVIDAD: SU ELECCIÓN

Cuando se responde a la negatividad, se tiene una elección: se puede crear otra experiencia negativa para un cliente y posiblemente perderlo para siempre, o se puede crear una experiencia positiva que podría, por lo menos, negar la experiencia negativa.

Si la experiencia positiva es lo suficientemente fuerte, se puede ganar un cliente satisfecho o incluso un cliente apóstol.

Mejor aún, al crear una fuerte experiencia positiva en los blogs, usted permite que otros clientes la experimenten y también sean influidos por ella. En la forma en que las malas experiencias se difunden por la blogosfera, lo hacen también las positivas. A los bloggers les encanta señalar a las empresas que "obtienen" blogs, y los ejemplos de empresas que no sólo leen los blogs, sino que también responden a ellos, son pocos y lo suficientemente diseminados para que usted se beneficie de una gran cantidad de enlaces y, tal vez, incluso de más ojos de los que hubiera tenido la historia original de la experiencia negativa.

Los blogs hacen a las malas experiencias exponencialmente más visibles, lo que significa que su empresa necesita estar al tanto de los asuntos que surgen en los blogs, tiene que ser capaz de responderlos rápidamente, de asegurarse de que el asunto se soluciona y de que el cliente insatisfecho original quede satisfecho. Hacer esto en el espacio público puede ser atemorizante y peligroso, pero hay un poder en ello que no puede ignorarse.

CÓMO SE VE LA NEGATIVIDAD

Para entender cómo lidiar con la negatividad que surge en los blogs, primero debe entender cómo se ve esa negatividad, dónde puede encontrarse y qué tipo de negatividad es posible encontrar.

TIPO DE CLIENTE Y RESPUESTA

Remontándonos al capítulo 2, le presentamos los cinco tipos de clientes: saboteadores, sufridores ocasionales, clientes renuentes, clientes regulares y apóstoles. Cada uno de estos clientes se crean según sus experiencias positivas o negativas y, como tales, habrá de responderles de maneras completamente diferentes.

Responda a todos sus clientes en los blogs como si fueran apóstoles o apóstoles potenciales.

Cada uno de estos tipos de clientes *expresará* su inconformidad con las experiencias negativas, pero lo harán de formas apasionadas, únicas y variables. Los clientes negativos más apasionados verán generalmente cualquier experiencia negativa como un refuerzo de sus percepciones sobre su empresa, mientras que generalmente los positivos la verán como un único error. De cualquier forma, necesita tratarlos con respeto, solucionar el problema *y* dejarlos satisfechos.

El saboteador

Un saboteador tratará cualquier experiencia negativa con una especie de actitud del tipo "esto es el colmo" y la difundirá tan ruidosamente como pueda. La mayoría de los saboteadores son simplemente clientes regulares que han tenido ya sea unas cuantas experiencias demasiado negativas o una abrumadora gran experiencia negativa, como sería una criminal o abusiva. Se puede esperar que estos individuos anoten comentarios cada vez que encuentren el nombre de su empresa para narrar su experiencia o, en el mejor de los casos, ser sarcásticos cada vez que bloggeen sobre su empresa en el futuro. Aunque lidiar en los blogs con los clientes del tipo saboteador puede ser un desafío, puede obtener un enorme beneficio no únicamente solucionando el problema y dejando satisfecho al cliente, sino también convirtiéndolo en un cliente apóstol.

Los sufridores ocasionales

Estos tipos de individuos han tenido experiencias negativas con su empresa, pueden o no bloggear sobre sus experiencias, pero definitivamente contarán su historia cada vez que alguien más tenga una experiencia negativa con ella, amplificando así el efecto. Si tienen un blog, pueden haber bloggeado sobre su experiencia cuando sucedió, pero es poco probable que la planteen de nuevo con el tiempo. Estos tipos de clientes a menudo son los que han pasado por errores de proceso o por varios errores en la calidad del producto. Son importantes para la sustentabilidad de su negocio, ya que normalmente se trata de clientes y compradores regulares de sus productos.

Clientes renuentes

Por lo general, los clientes renuentes no han tenido con su negocio ninguna experiencia negativa verdadera, pero tampoco han tenido una verdaderamente positiva. Compran en su negocio cuando tienen que hacerlo o cuando usted ofrece el precio más bajo, pero no sienten ningún compromiso con él. Como tales, son el tipo de personas que serán influidas viéndolo interactuar con otros clientes y fácilmente interpretarán esas experiencias positivas como reflejo de su empresa. Estos clientes en realidad no anotarán ni negativa ni positivamente acerca de su empresa en los comentarios de sus propios blogs, en gran medida porque no tienen nada apabullante que decir. Como resultado, es difícil llegar a ellos y empujarlos por el camino para que se conviertan directamente en apóstoles, pero las experiencias positivas indirectas que ven, si no ocurre nada más, los harán estar más al tanto de su negocio.

Clientes regulares

Sus clientes regulares mantienen su negocio funcionando. Ya sea que usted tenga una pequeña panadería o una enorme tienda de cajas, es posible que sus clientes regulares sean un porcentaje significativo de sus ingresos y, como resultado, mantenerlos satisfechos y lidiar positivamente con sus experiencias negativas es vital; bloggearán acerca de sus experiencias negativas con los negocios en los que ellos disfrutan comprar, en gran medida porque *no esperan* tener esas experiencias negativas. Esperan generalmente experiencias positivas y, como tales, son los objetivos primarios para dejarlos satisfechos. Este tipo de personas bloggean acerca de las experiencias positivas que usted generó y esparcen la noticia en anotaciones futuras acerca de su empresa, cosa que no necesariamente harían con las experiencias negativas.

Los apóstoles

Sus clientes apóstoles pueden cambiar, y lo harán, el rostro de su negocio. Estas personas pueden comer en un restaurante determinado tres veces por semana, constantemente sonar fanfarrias por sus autores favoritos y son el tipo de gente que comprará sólo un tipo de automóvil porque el fabricante siempre ha excedido sus expectativas. Sus apóstoles quedarán completamente en estado de shock por alguna experiencia negativa, algunos incluso tratarán de contactarlo directamente por ello. Es importante recordar que *cualquier* comentario negativo con el que se cruce en sus búsquedas y viajes pudiera provenir de un apóstol. La peor parte de una experiencia negativa con un apóstol significa que estas personas pueden progresar rápidamente bajando hacia el tipo de cliente renuente, y, si la experiencia es lo suficientemente mala, todo el camino hasta convertirse en un saboteador. Un cliente insatisfecho es uno satisfecho esperando surgir, un saboteador es un apóstol esperando surgir, y una experiencia negativa con un apóstol es un saboteador esperando surgir. Responda a todos sus clientes en los blogs como si fueran apóstoles o apóstoles potenciales.

FORMAS DE NEGATIVIDAD

Más allá de los perfiles individuales de sus clientes, la retroalimentación negativa puede venir en una gran variedad de formas, incluyendo el correo electrónico y las anotaciones y los comentarios en los blogs. Cada uno de éstos muestra un grado variable de compromiso para expresar la preocupación de un cliente determinado sobre su experiencia.

- **Correo electrónico** Para los no-bloggers que no hayan leído una anotación en un blog que los compense, el correo electrónico es el método elegido para la comunicación, especialmente si una llamada telefónica no sirvió antes. El correo electrónico es fantástico para una cosa en particular: permite responder directamente a las solicitudes de los clientes.

- **Comentario de blog**   Por lo general, un comentario de blog significa que alguien ha leído una anotación y se ha acordado de su experiencia negativa. Si es reciente, puede ser apasionado, o simplemente puede ser algo como "¡ah, sí, algo como eso me sucedió a mí también!"

- **Anotación de blog**   Una anotación en un blog muestra que, como con el correo electrónico, el cliente estaba lo suficientemente enojado como para tomarse el tiempo para escribir acerca de su experiencia, y esa persona, de hecho, quiere saber de usted. Una anotación en un blog es una invitación abierta para que alguien responda, incluyendo el negocio que generó o permitió la experiencia negativa.

Cada uno de estos métodos de retroalimentación posee desafíos únicos. El correo electrónico es difícil en gran medida porque es un medio basado en textos, así como porque los representantes de la empresa por lo general reciben tantos correos electrónicos que es fácil olvidarse de uno o pasarlo por alto. Los comentarios de blog son difíciles porque no ofrecen públicamente la información de contacto de un individuo, mientras que las anotaciones en los blogs son difíciles porque suceden en un espacio público (aunque nada dice que usted no pueda enviar un correo electrónico al blogger para ponerse al tanto de los detalles). Esto significa que se puede necesitar de alguna investigación para encontrar información acerca del blogger, y algunas veces significa que no es posible contactar directamente con el individuo.

TENER LA MENTALIDAD CORRECTA

Al inicio de este libro, examinamos la forma de desarrollar una mentalidad de blogging, la cual se enfocaba a desarrollar respeto por los clientes, a valorar la conversación que se lleva a cabo en la blogosfera, al deseo de contribuir y a ser significativo en la forma en que lo hace. Ésta es una mentalidad importante para el éxito en la blogosfera.

De la misma manera, la mentalidad es un ingrediente importante para el éxito a la hora de lidiar con los comentarios negativos. Esta mentalidad se enfoca hacia el respeto, pero también a valorar la retroalimentación por su potencial de cambio tanto en la empresa como en el cliente, a valorar rápida y eficazmente las respuestas a esa retroalimentación y a entender que el cliente ha hecho un sacrificio de tiempo tan sólo para responderle. A no ser que el suyo sea el único negocio en su localidad que venda su tipo particular de producto o servicio, los clientes tendrán otra opción y pueden hacer negocio en cualquier otra parte. A no ser que se generen experiencias positivas, se arreglen las negativas y *siempre* se trate a los clientes con respeto, se les podrá encontrar votando por su negocio favorito en otro lado.

UNA VEZ MÁS, RESPETO

He hablado mucho sobre respeto en este libro: respetar a su empresa lo suficiente para considerar que le añade valor al escuchar a los clientes; respetar a los clientes lo suficiente como para valorarlos a ellos y a sus contribuciones; respetar al blogging lo suficiente como para, por lo menos, escuchar, pero con suerte que usted mismo bloggee; y ahora, respetar la retroalimentación negativa.

Para los clientes, la retroalimentación negativa es simplemente un reflejo del hecho de que no creen que han sido tratados en forma justa.

Para la mayoría de las personas, la retroalimentación negativa es una afrenta personal para la calidad de su trabajo, su capacidad de producir resultados e, incluso, su ética. Sin embargo, para los clientes, la retroalimentación negativa es simplemente un reflejo del hecho de que no creen que han sido tratados en forma *justa*.

Seguramente nuestras madres nos han dicho que la vida no es justa, pero eso no significa que las personas no midan su negocio con base en qué tan justo es: los precios deben ser justos, los asuntos deben ser manejados con justicia, los tiempos de espera deben ser apropiados, la calidad de los productos debe tener un nivel que equivalga al precio, y debe haber disponible una cantidad justa de lugares de estacionamiento en su tienda.

El tratamiento injusto ofende de verdad a las personas: si sus precios son 20 por ciento más altos que los de otros y la calidad es la misma; si un cliente se siente maltratado por un empleado rudo, o si el cuarto de hotel no tiene suficientes toallas y sus solicitudes de que le lleven más son ignoradas. Las personas *esperan* un trato justo, y reaccionan con fuerza cuando no sucede. Como resultado, usted notará que la mayoría de los correos electrónicos y de los comentarios o de las anotaciones negativas en los blogs que ve usted durante sus búsquedas, tendrán una connotación general de individuos que son *personalmente ofendidos* porque una situación ocurrió. Como resultado, su capacidad de apaciguar sus preocupaciones, de admitir en dónde falló su negocio y de ser conciliador son determinantes para convertir una experiencia negativa en una positiva. Cuanto más respeto tenga por sus clientes, por su situación y por los errores que su negocio pudiera haber cometido para permitir esa situación, mayores serán sus oportunidades de detener el deslizamiento hacia la negatividad y posiblemente hacerla cambiar de dirección.

RESPUESTAS RÁPIDAS

En el mundo tradicional del servicio al cliente, una respuesta en 24 horas es considerada óptima; sin embargo, esta premisa asume que los clientes no están esperando una respuesta más rápida. Ahora que usted ha aprendido a *valorar* las conversaciones como constructoras dinámicas y fluidas de las relaciones y hacedoras de experiencias positivas, sería obvio que, aunque una respuesta en 24 horas es mejor que una en 48 o que una en siete días, el marco de tiempo no es muy conversacional.

Las respuestas por correo electrónico verdaderamente conversacionales significan un tiempo de respuesta inferior a una hora. Para la mayoría de los negocios, eso es difícil de alcanzar. Una vez fui propietario de una empresa basada en el servicio, y una de nuestras promesas era que responderíamos en *menos* de una hora, 24 horas al día, 7 días a la semana. Eso fue difícil. Pero nada genera lealtad, experiencias positivas y relaciones como los estilos conversacionales. Nuestra empresa sufrió una falla masiva de hardware, tanto que no pudimos ofrecer el servicio durante casi dos semanas, y, a pesar de ello, menos del uno por ciento de nuestros clientes nos dejó por otro servicio.

La rapidez, la eficacia y las respuestas personales enraizadas en la conversación cultivan un tipo de lealtad que la mayoría de los negocios no puede ni siquiera imaginar. Es decir, si las respuestas en 24 horas son las mejores que usted puede ofrecer, entonces *sobresalga* en esas respuestas en 24 horas. Sin embargo, si tiene los recursos, la pasión y las personas necesarias para responder más rápidamente, los beneficios serán exponencialmente mayores mientras más se acerque a una verdadera conversación con sus clientes.

En el mundo rápido y conversacional de los blogs, esto es incluso más importante, ya que las personas están *acostumbradas* a las comunicaciones rápidas. Se anota una aportación en un blog y, por lo general, las respuestas a esa anotación aparecen en minutos; entonces el autor de la anotación responde en minutos y se establece una conversación. Si no se es parte de esa conversación, o si se está ausente la mayor parte de ella, simplemente no se está teniendo el tipo de impacto que se podría tener si se estuviera participando.

Anotar una sola respuesta al día es tan eficaz como intentar participar en una conversación en una fiesta escribiendo sus respuestas en un papelito y pasarlo para que lo lean; eso es desarticulado e ineficaz. La mejor manera de participar en una conversación activa es estar escuchando activamente. Esto toma tiempo, pero también crea relaciones, valor y experiencias positivas que simplemente no serían posibles si sólo se responde una vez al día.

Tom Peters, respetado consultor de dirección, escribe un blog (www.tompeters.com), que se muestra en la figura 9-1, que frecuentemente experimenta la presencia de 20 a 50 comentarios a la vez, los cuales discuten ansiosamente los principios con los que él está bloggeando, compartiendo sabiduría y *aprendiendo unos de otros*. Éste es el tipo de conversación que trae gran éxito a un blogger y a su empresa.

Figura 9-1 El blog de Tom Peters es un excelente ejemplo de cómo otorgar poderes a las personas, no sólo para que aprendan de usted, sino para que aprendan unos de otros a través de discusiones en masa en su blog.

RESPUESTAS EFICACES

Algunos factores están implicados a la hora de formular una respuesta eficaz, ya sea que esté en un correo electrónico o en una anotación de blog. La mayoría de éstas se enfocan a solucionar el problema y dejar a los clientes satisfechos. Todo lo que escriba en sus respuestas *debe* partir de una de estas dos perspectivas; todo lo demás no sólo es ineficaz, sino que es como si tratara de quedar incluido dentro de la categoría de "cubrir su lado débil" o "sólo haciendo su trabajo". Ninguna de las dos ayuda a su cliente.

Una respuesta eficaz tiene tres partes principales:

- **Reconocimiento del asunto**   Incluso si usted no está preparado para admitir cualquier mal proceder, por lo menos admita que el cliente tuvo un momento difícil. Sin embargo, es mejor admitir que se procedió mal, porque el cliente ya sabe que fue tratado mal, y admitirlo hará que se sienta mucho mejor. Soslayarlo no hará eso e incluso puede hacer que se enoje más.

- **Ofrecimiento de una solución** Cualquier cosa que se pueda hacer para solucionar el problema debe ser cubierta. En este punto, puede ser demasiado pronto para ofrecer una solución, ya que usted puede no tener todo el contexto que necesita para hacerlo. Pero, por lo menos, ofrezca alguna forma de que la persona se ponga en contacto con usted (si usted no está ya en una conversación uno a uno, como cuando se comenta en una anotación de blog).

- **Seguimiento** El buen seguimiento da lustre a una gran solución, porque muestra que usted se preocupa. Todo el mundo se siente especial con un seguimiento, en gran parte porque un negocio no *tiene* que hacerlo, así que usted sabe que la persona de negocios ha sacado tiempo de su ocupado día para asegurarse de que la situación siga bien.

Después de todo lo dicho, muchos negocios hacen algunas cosas mal, incluso los inteligentes. Una vez más, si cualquier parte de su respuesta no está diseñada para resolver el problema o dejar satisfecho al cliente, tiene que evaluar exactamente por qué está ahí. Éstos son algunos ejemplos de cómo asegurarse respuestas exitosas:

- *Faculte a alguien que hable directamente con los clientes para solucionar los problemas.* Los clientes no tienen que hablar con múltiples personas para que les solucionen un problema.

- *No envíe cartas o respuestas modelos.* Las cartas modelo ahorran tiempo, pero en realidad no hacen nada por el cliente. Cada respuesta que usted genera tiene que proveer valor para el cliente; de otra manera usted no está ayudando ni al cliente ni a su negocio.

- *Ponga personas reales para hablar por teléfono con los clientes.* No hay nada como una persona real contestando el teléfono al primer timbrazo, especialmente si esa persona es capaz de resolver el problema de un cliente. Esto crea una experiencia positiva *masiva*.

VALORAR A SU CLIENTE

No importa qué tipo de comunicaciones ocurran con sus clientes del blog, tiene que valorar la conversación que está teniendo con ellos y con la blogosfera, y tiene que valorar a cada cliente como persona. Es demasiado fácil pensar en las personas como números, ventas potenciales y clientes recurrentes. La verdad es que los clientes son simplemente humanos.

A los clientes les gusta escuchar "Lo siento", "Gracias", "Haré lo mejor que pueda para arreglarle esto", y "¿Esto ayuda en algo?" A ellos no les gusta escuchar "Lo siento, pero ésa es nuestra política", "No hay nada más

EL TEXTO ES UN MEDIO HORRIBLE

Uno de los mayores retos a la hora de contestar los correos electrónicos de los lectores de blogs y de responder a los bloggers y a los comentarios en los blogs es que todos estos métodos de comunicación se basan en textos. Una parte tan importante de la comunicación real viene del tono de voz y del lenguaje corporal, que es increíblemente fácil malinterpretar a alguna persona basándose tan sólo en patrones culturales, como el sitio en donde se pone una coma, el uso de ciertas palabras o la estructura de una oración.

Durante mis más de 10 años en Internet, he participado en numerosas disputas en correos electrónicos, comentarios de blogs y foros simplemente porque suponía que el escritor quería decir una cosa, cuando en realidad quería decir algo completamente diferente.

El texto es un método horrible para la comunicación en el mundo moderno. Así que cuando reciba un mensaje, asegúrese de que no está buscando la peor interpretación; en lugar de eso busque la mejor; no sólo hará su respuesta más agradable, sino que es posible que eso haga que la persona situada en el otro extremo se sienta más valorada.

que pueda hacer" y "Tendrá que hablar con el servicio a clientes acerca de eso".

Ya sea que usted se encargue de su negocio o que simplemente ayude a que funcione, ya sea que su empresa sea una de las del *Fortune 500* o su propio rincón del cielo, usted *siempre* podrá elegir cómo tratar a sus clientes. Puede crear una experiencia negativa o una positiva, y depende de usted si ayuda a un cliente a convertirse en un apóstol o en un saboteador o en algo intermedio. Recuerde que algunas veces usted también es un cliente, y tiene que tratar a los clientes con el mismo valor y respeto que usted espera recibir cuando los asuntos tienen que ver con las empresas con las que trata, como frecuentemente sucede.

REVISAR LOS COMENTARIOS NEGATIVOS

Usted está empezando una nueva tendencia, está abriendo una nueva autopista de la comunicación y está comenzando a comprometerse directamente con sus clientes. En cierto momento, *recibirá* comentarios negativos. Prepárese para esa reacción. Si no está evocando respuestas tanto negativas como positivas, está siendo mediocre, y lo mediocre simplemente no funciona.

DEFENDER A SUS CLIENTES

Como Joe Flood lo ilustra en la breve historia que aparece en este libro, si se habla acerca de sus clientes, puede quedar bajo su fuego en su blog, lo cual puede ser un lugar bastante incómodo para estar.

Responder a los comentarios negativos acerca de la empresa de otro requiere de una táctica diferente a la usada para responder a los comentarios acerca de los suyos, en primer lugar porque en realidad usted no puede resolver la situación ni dejar al cliente satisfecho. Todo lo que puede hacer es agradecer el comentario, defender a su cliente (o no, dependiendo de la situación) y ser honesto.

Éste es un asunto de comunicación: Necesita pasar la retroalimentación a su cliente, tal vez incluso animarlo a bloggear y puede que hasta anotar una respuesta. Si la acusación es seria, y verdadera, puede causar que se reevalúe la relación con su negocio. En ese caso, también considere bloggear con información, no como una advertencia para los futuros clientes, sino como un mensaje para sus lectores y sus clientes en el sentido de que usted se preocupa acerca de cómo son tratados.

Al final del día, responder a los reclamos en contra de un cliente individual o una empresa cliente se reduce a comunicación, discreción y hacer lo mejor de su parte para mantenerse dentro de sus valores. También necesita valorar no sólo sus relaciones con sus clientes, sino también con sus asociados. No critique a sus socios o clientes cada vez que se dice algo malo de ellos. Use la sabiduría y el respeto para crear experiencias positivas a su alrededor.

EL PROCESO

Es necesario un proceso distinto y exitoso para responder a la retroalimentación negativa, ya sea en un correo electrónico relacionado con un blog o en una anotación o comentario en un blog. Aquí está la verdad desnuda en siete pasos:

1. *Encuentre el valor.* En primer lugar y sobre todo, necesita encontrar el valor en un comentario negativo. Si un comentario dice "¡Su producto es basura!", encontrar el valor puede ser increíblemente difícil, si no es que imposible. Sin embargo, la mayoría de los comentarios se sustentarán en alguna forma de verdad o experiencia que usted *puede* arreglar, y debe ser capaz de contar con algo que deje al cliente satisfecho. Busque el valor en el comentario, aun cuando esté profundamente enterrado.

2. *Encuentre el problema.* Habiendo encontrado el valor del comentario, determine exactamente cuál es el problema. ¿Es un error temporal en el proceso?, ¿servicio deficiente?, ¿el cliente fue maltratado o se abusó de él? Es necesario determinar el problema real y su causa antes de que pueda comenzar a resolverlo, reparar el asunto y dejar al cliente satisfecho.

3. *Encuentre a la persona.* Cuando se responde a un asunto, es muy fácil olvidar que están involucradas personas reales, tanto el cliente, quien sufrió la experiencia negativa, como posiblemente las personas del interior de su empresa que tuvieron parte en ello. Recordar que fueron personas las que causaron el problema y que fueron personas las que lo padecieron hará su respuesta más real, humana y preocupada.

4. *Encuentre la solución.* Ya sea que el problema haya sido un error en la calidad del producto que ya se haya arreglado, o un procedimiento interno que tarde semanas o meses en resolverse, la solución al problema general y al asunto específico del cliente tiene que descubrirse y afrontarse.

5. *Solucione el problema.* Cuando sea posible, implemente la reparación en sus procesos internos o capacitación, o lo que sea que haya causado el problema. Cuando una solución no sea posible, reconozca que está trabajando en ello. Para el cliente, solucione lo que sea que haya sucedido. Si es un producto deficiente, reemplácelo. Si la causa es la capacitación deficiente de un empleado o un error en el proceso, discúlpese y hágalo correctamente.

6. *Deje a la persona satisfecha.* Una vez más, las personas reales están allí. Sea empático y, cuando llegue el momento de responder, hágalo de una manera que haga que la persona crea que usted no sólo ha resuelto el asunto, sino que además se *preocupa* por él.

7. *Responda.* Ahora responda al comentario, manteniendo todos estos pasos en mente. No le daré ninguna débil carta modelo a seguir, porque no sería real. Pero si sigue realmente todos los pasos previos,

no tendrá ningún problema para solucionar el problema, hacer que el cliente sonría y mejorar las cosas internamente para que este tipo de cosas no surjan de nuevo.

El objetivo de responder es crear un espacio para las experiencias positivas. La primera respuesta puede, de hecho, no ser la última. Quizás su

COSAS PARA RECORDAR A LA HORA DE RESPONDER

Más allá de hacer uso de los consejos y trucos expuestos en este capítulo, puede formularse una serie de preguntas cuando reciba un nuevo correo electrónico, encuentre una anotación de blog o lea un comentario negativo:

- ¿Es este lector parte de mi mercado objetivo?
- ¿Hay otros lectores diciendo algo similar?
- ¿Tienen estas sugerencias sentido intrínseco?
- ¿Encajan con los valores, promesas y futuro de mi negocio?

Las personas se preocupan lo suficiente de su negocio como para decirle lo que piensan. Y si están haciendo sugerencias sobre cómo mejorar su negocio, se preocupan lo suficiente como para ayudar a que su negocio crezca. Algunas empresas con las que trabajo ofrecen, tanto a empleados como a clientes, compartir las ganancias o ahorros que resulten de las ideas que ellos han generado. ¿Y por qué no? ¿Qué mejor manera de cultivar una relación basada en el valor, respeto y comunicación, que valorar y respetar a sus clientes lo suficiente como para decir "gracias" con algo de valor para ellos?

primera respuesta sería disculparse y pedir más detalles para poder solucionar el asunto o quizás la respuesta inicial del cliente fue lo suficientemente detallada para que vaya directo al proceso completo y resuelva el problema. De cualquier forma, lidiar con personas reales puede ser difícil y requiere un proceso que se adapte a las necesidades individuales de cada una.

Su negocio depende de su habilidad para crear experiencias positivas, y lidiar con clientes que han tenido experiencias negativas es una de las herramientas más poderosas a su disposición. Use bien esa herramienta y comenzará a crear clientes apóstoles, pero haga mal uso de ella y es más que probable que esté creando saboteadores.

CLAVES PARA LIDIAR CON LA NEGATIVIDAD

Lidiar con la negatividad se trata, a final de cuentas, de equilibrar las necesidades personales de los individuos involucrados en la situación con las necesidades reales de su empresa. No se puede, por ejemplo, resolver la ansiedad de un cliente regalándole un automóvil nuevo; eso los haría muy felices, pero no hará que su negocio sobreviva si da un auto a todos los clientes insatisfechos. Ni tampoco puede irse al otro extremo y proteger su negocio de tal forma que en realidad no resuelva el problema *ni* deje satisfecho al cliente. Lidiar eficazmente con la negatividad se trata de caminar por la delgada línea entre el auténtico *servicio* al cliente y los auténticos principios del negocio.

Es decir, en realidad no puede dejar que se le escape ningún comentario, correo electrónico o anotación de blog negativo. Aquel a quien no le responda puede terminar convirtiéndose en el mayor escándalo en la vida de su negocio. Necesita estar al tanto de lo que se dice y ser capaz de responder eficazmente, incluso si no es capaz de resolver el problema del cliente al grado de obtener una solución ideal en un mundo perfecto.

Como tales, aquí hay más consejos, trucos y pensamientos sobre cómo lidiar eficazmente con los comentarios negativos.

No responda instintivamente

Antes de contestar cualquier tipo de retroalimentación negativa, deténgase, examine el comentario y siga el proceso definido anteriormente en el capítulo (sólo que más rápidamente) para tener la perspectiva correcta cuando responda. Algunos comentarios necesitan respuestas rápidas, pero tomarse cinco minutos para reenfocarse hacia las prioridades correctas cambiará una respuesta *rápida* en una respuesta *rápida y eficaz.*

Evalúe cada comentario por sus méritos

Como parte de encontrar valor, asegúrese de que examina cada comentario como su propia retroalimentación distintiva. ¿Tuvo el cliente una experiencia negativa?, ¿fue su negocio responsable por lo menos en parte?, ¿hay alguna manera de arreglar la situación?

No personalice

Para demasiados de nosotros, la respuesta instintiva a la crítica es defensiva por naturaleza. Ésta es una manera equivocada de reaccionar, ya que simplemente refuerza la creencia innata del cliente de que usted no hará nada para resolver el problema.

Responda

Cada vez que alguien le ofrece retroalimentación, incluye una pregunta subyacente. Algunas veces ésta será "¿Puede ayudarme?" o "¿Le preocupa?", mientras que en otras ocasiones será "¿Se da cuenta de que este producto realmente no funciona para mí?" o "¿Va a arreglar esto?" Asegúrese de que cualquier respuesta que dé sea la respuesta a esa pregunta subyacente.

Esté al tanto de los posibles resultados

Antes de que haga clic en *Enviar* o *Anotar,* debe ser consciente de que cada respuesta que dé hará una de dos cosas: crear una experiencia positiva y representar apropiadamente a su empresa para que su cliente escuche la verdad o crear una experiencia negativa que haga del asunto una *batalla* personal entre el cliente y la empresa.

La pasión es buena

La mayoría de las personas que responden a los eventos por medio del blog o correo electrónico posee algún grado de *pasión* acerca de la experiencia. Pueden ser quejas acerca de su producto o de su empresa en general, un error que ha sucedido o incluso el trato personal. De cualquier manera, ellos *tienen* pasión y la pasión es algo bueno. Responda eficazmente y esa pasión podrá trabajar para usted; responda de mala manera y sólo trabajará contra usted.

Espere retroalimentación negativa

Acostúmbrese a ella: la retroalimentación negativa sucederá. Aunque usted fabrique el mejor producto del mundo, aun así a algunas personas no les gustará. Hasta los mejores diseñadores de moda y chefs del mundo no complacen a todas las personas siempre. Incluso los más codiciados automóviles tienen sus fanáticos y sus detractores. No importa qué tan *bueno* sea su producto, empresa o servicio, usted recibirá retroalimentación negativa. No se escandalice cuando esto pase.

Las expectativas de las personas son una paradoja

Por otro lado, todos los clientes esperan una respuesta casi inmediata en Internet. Al mismo tiempo, debido a sus experiencias, tienen la expectativa de que las respuestas no sólo serán malas, sino que serán tardías y sin ninguna relación con la frustración que experimentaron. Una experiencia rápida es algo bueno, porque excede las expectativas del cliente, pero usted está entregando *exactamente* lo que esperan cuando responde rápida e impersonalmente. Su respuesta debe hacer que la persona se sienta *humana, valorada* y *respetada*.

Toda retroalimentación es una oportunidad

Ya sea un correo electrónico, un comentario o una anotación de blog, cada detalle de retroalimentación es una oportunidad para que usted genere una relación. Si responde rápida y apropiadamente y de una manera amistosa, prueba que su empresa (y usted, por asociación) la conforman personas reales que hacen productos reales para personas reales.

La primera respuesta no es la última

Su primera respuesta tiene que ser tan buena como pueda ser. Sin embargo, una primera respuesta excelente debe derivar en una segunda respuesta, en la que un cliente (cuando es tratado apropiadamente la primera vez) estará dispuesto a comprometerse en un diálogo constructivo. Si usted ha identificado el problema, opere la solución por su cliente y determine si él o ella cree que eso ayudará ahora y en el futuro. Sus clientes *son* sus mejores diseñadores de producto, porque son ellos quienes lo compran.

Las personas transfieren la culpa

Ya sea culpa de usted o no, las personas transfieren la culpa de *todo* el anterior mal servicio al cliente hacia usted y su empresa. Como resultado, responder de una manera "lo suficientemente buena" no es lo suficientemente bueno. Su respuesta ha de ser tan extraordinaria, que la persona sepa que está tratando con una empresa que respeta a sus clientes.

Responder requiere pericia

La mayoría de las respuestas viene en uno de dos sabores: un problema que se ha presentado o una opinión que se está expresando. El potencial para el diálogo y la relación al lidiar con un problema, por lo general, sólo llega hasta donde llegó la solución del mismo, a menos que usted de verdad decida involucrar al cliente en su negocio. Sin embargo, con una opinión, usted puede reconocerla y responderla, además de comenzar un diálogo con el individuo. Una opinión expresada es un cliente que solicita participar en su empresa. Las mejores respuestas, no importa si son para una opinión o un problema, hacen que sus clientes tengan un sentido de propiedad y participación en su negocio.

Un inglés deficiente no es malo

La mayoría de los negocios están acostumbrados a recibir retroalimentación en un solo idioma. Sin embargo, en Internet, usted puede recibir retroalimentación de personas que no hablan el inglés como su lengua materna. De hecho, gracias a los servicios de traducción en línea, usted puede recibir retroalimentación de una persona que no habla inglés en absoluto. Aunque los servicios de traducción son útiles, la traducción frecuentemente hace que la retroalimentación parezca venir de un niño que usa un diccionario para sonar importante.

Por ejemplo, al usar el servicio de traducción de AltaVista (http://world. altavista.com), la frase en inglés "No aprecio la carencia de su control de calidad. Apreciaría de verdad si usted resolviera este asunto de negocios" traducida al holandés y de nuevo al inglés genera esta obra maestra destrozada "No aprecio su carencia de control de calidad. De verdad lo apreciaría si usted confirmara esta pregunta de negocios". No suponga que, simplemente porque la calidad del lenguaje es deficiente, la experiencia de ese alguien y su capacidad de reconocer un asunto también lo son.

CONCLUYENDO

Toda retroalimentación es buena, incluso la negativa. Es mucho mejor tener un cliente insatisfecho que no tener ningún cliente, así que lidiar con cada respuesta es una oportunidad de crear una experiencia positiva. Este capítulo debe haberle dado no sólo la perspectiva necesaria para lidiar con la retroalimentación negativa eficazmente, sino también las herramientas necesarias para hacerlo. Aunque todo se reduce a una sola palabrita: respeto. Si puede respetar lo suficiente a sus clientes como para valorar *toda* su retroalimentación, hará bien las cosas incluso en los peores días.

En el próximo capítulo veremos cómo aplicar el blogging a su empresa, cómo establecer objetivos *inteligentes* para su blog, cómo medir su eficacia y cómo *asegurarse* de que éste tenga éxito.

10

CÓMO TENER ÉXITO
EN EL BLOGGING

Al llegar a este punto del libro, ya debe tener una clara perspectiva de lo que es un blog y de cómo bloggear. También debería estar enterado de cómo rastrear los blogs y cómo responder a los comentarios, y debería sentirse a gusto desarrollando una estrategia de blogging. Esto le deja formulando la pregunta más apremiante: "¿Cómo tener éxito?"

La mayoría de las preguntas que recibo en mi correo electrónico, cuando doy conferencias o cuando hablo con mis clientes, se refieren a una cosa: cómo tener éxito en el blogging. Algunas preguntas tratan acerca de cómo desarrollar tráfico; otras, de cómo cultivar relaciones, y otras preguntan cómo aumentar la visibilidad general. Concedido, los blogs hacen estas cosas de manera natural, pero una vez que obtenga un poco de tráfico, un poco de relación y un poco de visibilidad, de manera natural querrá *más*.

En mi opinión, la palabra *éxito* en relación con el blogging es extraña, porque el éxito en él no es como el éxito en los negocios, que se mide por el dinero; el éxito en el entretenimiento, que se mide por la fama; o incluso el éxito en la vida, que puede implicar una serie de cosas. Tener éxito en su blog significa, simplemente, que ha logrado sus metas.

Para su empresa, el éxito puede definirse sencillamente por el hecho de que ahora puede anotar noticias sobre ella más fácilmente; para otras empresas, el éxito puede basarse en aumentos específicos de ventas que se rastrean mediante cualquier medio necesario; mientras que otras medirán su éxito en el blogging en términos más pragmáticos: número de relaciones, conexiones, clientes apóstoles y experiencias positivas.

Este capítulo aborda algunas preguntas fundamentales acerca del éxito que pudieran formular las personas y los negocios que bloggean.

DIEZ CONSEJOS PARA EL BLOGGING EXITOSO

La mayoría de los bloggers exitosos pueden ofrecer algunos consejos para bloggear. Algunas personas desarrollan métodos con base en la experiencia; otros simplemente ofrecen lo que les han contado, como *anote a menudo*, *enlácese a menudo* y *sea usted mismo* (alguna vez identificadas como las tres reglas cardinales para el blogging exitoso). Lo que sigue son *mis* diez consejos para lograr un blog popular y exitoso dentro de su industria, cualquiera que ésta sea.

Sea real

Conocerse a usted mismo y a su audiencia son aspectos extremadamente importantes del blogging exitoso. Demasiados bloggers comienzan intentando bloggear acerca de *todo* lo que les interesa y, al hacerlo, se queman rápidamente, en gran parte porque hay simplemente *demasiado* acerca de lo que bloggear cuando se bloggea acerca de todo. Identifique quién es usted como blogger, de qué estará bloggeando y quién será su audiencia; éstas son las claves para un blog exitoso.

Sea apasionado

La pasión produce pasión. Si usted no disfruta de lo que está bloggeando, es difícil apasionarse, así que hágalo acerca de cosas que disfrute de verdad. Encuentre una voz que le guste escribir y luego quédese con ella.

La pasión que viene de escribir un blog y de enlazarse con docenas, cientos o miles de lectores es contagiosa.

Escriba a menudo

Escribir a menudo no sólo es bueno para el blog, es también un requerimiento absoluto para el éxito. Todo lo que sea menos de una vez al día (en días laborables) es abandonar el potencial de su blog. A menudo, su actualización tiene raíces en dos facetas importantes del blogging: "ordeñar" por medio de un motor de búsqueda y el hecho de que a los lectores les encanta el contenido nuevo y recién hecho. También a los motores de búsqueda les encanta el contenido recién hecho y visitarán su sitio más a menudo cuanto más actualizado esté. El resultado es que su blog será buscado regularmente y tendrá más peso entre los motores de búsqueda una vez que ellos confíen en su contenido siempre cambiante.

Lotes de enlaces

A los enlaces les llaman la "moneda de la blogosfera". La mayoría de los bloggers se enlazan por una de dos razones: o bien están interesados en la materia que se está tratando o respetan al blogger con el que se están enlazando. Los enlaces llevan un valor inherente, así que proporcionarlos muestra a sus lectores y usuarios lo que le interesa a usted; y cuanto mayor sea la calidad de las personas con las que se enlaza, mayor será el respeto que los lectores y otros bloggers tendrán por usted y por su blog. Combine eso con la capacidad de los bloggers de descubrir quién se enlaza con ellos mediante servicios como Technorati y PubSub, y podrá ver cómo un enlace puede ser una gran forma de mostrar a quién conoce y dejar que las personas sepan que usted existe. Muchos de los mejores que conozco han confesado que la forma en la que con más frecuencia encuentran nuevos blogs es después de que esos blogs se enlazan con ellos.

Deje comentarios en otros blogs

Crear una comunidad de interés es clave para bloggear exitosamente a nivel personal o de negocios. Para la mayoría de éstos, la comunidad será una mezcla de bloggers existentes, nuevas fuentes y gente influyente de la industria, combinados con empleados, asociados, proveedores y clientes. Su comunidad de interés es la comunidad en la que *usted está interesado* así como la comunidad que se *interesa en usted*. Al comentar en los blogs de su comunidad de interés, hace saber a sus bloggers existentes y a sus lectores que su blog podría ser de interés para ellos. Una de las maneras más comunes de que la gente encuentre nuevos blogs es mediante enlaces en los comentarios; implíquese y cosechará las recompensas del tráfico y cultivará relaciones con otros bloggers y con sus lectores.

Diviértase

El blogging tiene la intención de ser divertido. Sí, es un negocio serio que cambiará radicalmente la forma en que su negocio se presenta en línea (a la vez que cambia también la forma en que sus clientes le ven y se identifican con usted), pero también se trata de pasarla bien. Intente nuevas cosas y enlácese con sitios divertidos e interesantes.

Trascienda los límites

Uno de los retos del blogging es que es nuevo. Intente algo diferente, y si hace algo "incorrecto", *captará* cierta atención (mala o buena). Cualquier herramienta nueva de comunicación que permanezca estancada finalmente muere, así que no tema hacer cambios y formular preguntas. Se crearon formas totalmente nuevas de comunicación de vanguardia, tales como el podcasting y el video blogging, cuando alguien preguntó: "¿Por qué el blogging tiene que ser sólo texto?" Hágase sus propias preguntas de "por qué" y vea si puede idear maneras emocionantes de usar los blogs.

Haga contacto

El *pinging* es algo que el software de su blog hace para avisar a algunos servicios que usted ha anotado algo nuevo. Esta anotación rápida, o *ping*, se usa para producir listas de los blogs actualizados más recientemente, con el fin de permitir que Technorati y PubSub pasen y vean lo que usted ha anotado y, en general, para asegurarse de que la blogosfera permanece *enlazada*.

Si usted contacta con sólo un servicio, hágalo con Ping-O-Matic (www.pingomatic.com). Esta herramienta pequeña, limpia y gratuita de los creadores de WordPress (www.wordpress.org) le permite hacer contacto con Ping-O-Matic, el cual entonces hace contacto por usted con todos los servicios más importantes, en lugar de que usted tenga que hacerlo. Esto disminuye su esfuerzo, pero también significa que no tiene que preocuparse de si usted está haciendo contacto con los lugares correctos. Ping-O-Matic se ocupa de ello por usted.

Utilice feeds

Tanto si usted elige usar feeds llenos de texto o proporciona algo de texto, asegúrese de que esté ofreciéndolos. Soy un gran fanático de los feeds llenos de texto, porque crean menos que un límite para que sus clientes lean sus ideas. Facilitan que las personas lean su contenido en sus propios horarios, mientras viajan en un avión, mediante audio cuando conducen a sus casas, o en general cuándo y cómo quieran oír lo que usted tiene que decir. Los feeds tratan sobre todo de derribar las barreras para conseguir información de calidad, así que haga todo lo que pueda para asegurarse de que no está levantando ninguna barrera artificial.

Genere títulos significativos

Los títulos son absolutamente esenciales para bloggear con éxito: los buenos títulos significan que los motores de búsqueda le encuentran y le envían más tráfico; los títulos atractivos y útiles atraen a los lectores para que lean su asunto y esto se traduce en más enlaces. Todos los títulos de las anotaciones de los blogs deberían dar a los lectores una razón para querer leer toda la anotación. Si usted es propietario de una empresa de moda, por ejemplo, "Zapatos exquisitos" es posiblemente un mal título, mientras que "¡Ferragamo diseña zapatos exquisitos!" es bastante más descriptivo.

LOS DIEZ MANDAMIENTOS DE RUBEL PARA BLOGGEAR

En junio de 2005, Steve Rubel, destacado blogger de relaciones públicas, escribió estos "Diez mandamientos" para los profesionales de las relaciones públicas (vea www.micropersuasion.com/2005/06/10_commandments.html), pero también son excelentes puntos de inicio para lograr un verdadero éxito en el mundo del blogging:

1. *Escucharás.* Utilice todas las avenidas disponibles para escuchar activamente lo que su público tiene que decir y retroalimente a las partes adecuadas.

2. *Recordarás que todas las criaturas, grandes y pequeñas, son sagradas.* No importa si es *The New York Times* quien le llama o un blogger individual, los dos tienen poder. Tome a todos en serio.

3. *Honrarás a tus clientes.* Genere programas que celebren a los clientes y ellos le celebrarán a usted.

4. *No serás falso.* Manténgalo real; no se esconda detrás de personajes e identificaciones falsas.

5. *Ambicionarás clientes.* No demande a sus seguidores; los alejará.

6. *Serás abierto y comprometido.* Involucre a sus clientes en el proceso de relaciones públicas. Invítelos a que le ayuden a desarrollar ideas ganadoras y a convertirse en su portavoz.

7. *Adoptarás el blogging.* No es una moda pasajera; está aquí para quedarse. Sea parte de ello.

8. *Desterrarás el habla corporativa.* La gente quiere oír de usted con una voz humana. No se esconda detrás del habla corporativa. Pronto sonará como inglés anticuado.

9. *Dirás la verdad.* Si no dice la verdad, de todos modos saldrá a la luz.

10. *Pensarás en 360 grados*. No pregunte sólo qué puede hacer usted por su cliente, sino también qué puede hacer su cliente por usted.

CONSTRUYENDO TRÁFICO

Dado que un blog es un sitio web, y dado que los sitios web tienen métricas tangibles (como el número de visitantes por día, número de páginas que visitaron y de dónde vinieron esos visitantes), una de las medidas estándares para el crecimiento y éxito de cualquier blog es el tráfico, esto es, el número de visitantes que llegan a su blog, medidos, por lo general, diaria y mensualmente.

Aunque es posible que el tráfico no sea la mejor métrica de todas, vale la pena rastrearla. Además, siempre es agradable ver esas gráficas de tráfico subiendo mes con mes.

Sin embargo, el tráfico no importa tanto, porque si usted está construyendo una conversación valiosa, realmente no importa si es con dos personas o con 200. También, el *número* de visitantes no importa tanto como la *calidad* de esas visitas, qué tan influyentes son los visitantes y cuánto contribuyen a la conversación y a su empresa. Según lo dicho, más tráfico por lo general *significa* más conversación, más visitantes influyentes y más colaboradores. Así que, aunque es posible que el tráfico no sea la mejor métrica de todas, vale la pena rastrearla. Además, siempre es agradable ver esas gráficas de tráfico subiendo mes con mes.

El tráfico de los blogs generalmente proviene de uno de estos tres lugares:

- Enlaces con otros sitios web, específicamente blogs
- Motores de búsqueda
- Esfuerzos tradicionales de marketing

LA CONVERSACIÓN PRODUCE TRÁFICO

Los blogs son máquinas de enlaces y a los bloggers les encanta enlazarse. Dependiendo del grado de lectura de un blog, un único enlace al sitio de otro blog puede significar que cinco o 500 personas más visitarán su sitio. Por lo general, aquellos que siguen los enlaces con otros blogs serán de uno de estos tres tipos: otro blogger, un nuevo lector o un visitante "de paso".

Es bueno que otros bloggers vayan a su sitio, porque eso le da mayores probabilidades de asegurarse otro enlace. El tráfico impulsado por blogs tiende a ser más exponencial por naturaleza. Si un blogger envía cinco visitantes a su camino y uno de esos es otro blogger que se enlaza con usted y le envía otros diez más, y tres de esos son bloggers que se enlazan con usted y le envían seis visitantes más... Bien, inútil decir que incluso un enlace desde un blog menor puede resultar en cientos, si no es que miles, de nuevos visitantes para su blog.

El segundo tipo de visitante a su blog es un nuevo lector. Éstos también son lectores valiosos, en gran medida porque una vez que usted ha asegurado un lector, tiene la oportunidad de convertirlo en un cliente, un apóstol y un colaborador de su empresa. Los nuevos lectores son un poco como los accionistas de una empresa: *quieren* oír lo que usted tiene que decir y *quieren* que usted lo haga bien.

La clase final de visitante es el "de paso". Estos visitantes tienen poco valor inherente (casi como el que ve su anuncio en un periódico o lo oye en la radio), pero una serie de impresiones puede en algún momento llevarles a reconocer su empresa y su marca y llegar a ser clientes o lectores. No descarte el valor de los visitantes "de paso".

Finalmente, un enlace con un blog, cualquier blog, es muy, muy bueno. La mejor razón para esto es que, por lo general, los visitantes que provienen de otros blogs llegan porque están interesados en lo que usted ha dicho en el pasado, lo cual abre una enorme puerta para que se interesen en lo que está usted diciendo ahora. Una de las claves para diseñar un blog apropiadamente es hacer que los visitantes vean sólo una página (a la que llegan cuando provienen de un motor de búsqueda o de otro blog) para encontrar el contenido más reciente, el más valioso y con el que se identifiquen. Esto le ayudará a convertir a los visitantes "de paso" en lectores.

OPTIMIZACIÓN DE LOS MOTORES DE BÚSQUEDA

Para la mayoría de los bloggers, el tráfico que reciben se divide en algún lugar en un 30 por ciento de otros blogs, 30 por ciento de motores de búsqueda y 40 por ciento de sus lectores regulares. Como resultado, atraer a motores de búsqueda es increíblemente importante, porque puede significar ganar (o perder) cantidades ingentes de lectores, clientes y colaboradores potenciales. La práctica de hacer que su sitio sea tan compatible con un motor de búsqueda como sea posible es conocida como *optimización del motor de búsqueda* (para abreviar, SEO, por sus siglas en inglés). Esto es un poco de arte oscuro, pero si todo lo que usted hace en su blog son las siguientes tres cosas, conseguirá la mayoría de la mejor puntuación del SEO:

- *Tenga "buenas" direcciones de anotaciones de blogs.* A los motores de búsqueda les encantan los blogs que tienen su propia página para cada anotación. La mayoría de los paquetes de blogs como WordPress, Movable Type, TypePad y Expression Engine hacen esto por usted. Les gusta todavía más cuando esas direcciones son significativas. Por lo tanto, www.myblog.com/about-our-business.html es más significativo que www.myblog.com/5313.html, porque el primer URL contiene palabras reconocibles (separadas por guiones). Los motores de búsqueda encuentran su página más fácilmente cuando la dirección de ésta describe lo que hay en la página, y la mayoría de los paquetes de blogs le permiten hacer esto con algunas configuraciones mínimas.
- *Enlácese inversamente con su página de inicio del blog y con su página de inicio principal.* La mayoría de los motores de búsqueda usan actualmente una clasificación de páginas al estilo Google: más enlaces a una página significa más importancia para esa página. Así que enlazarse a su

página de inicio de blog y a su página principal de inicio como parte de la plantilla de su blog podría significar cientos o miles de enlaces distintos (cuanto más anote, más enlaces habrá). Algunos sistemas de blogs crearán estos enlaces para usted "automágicamente", mientras que otros requerirán que usted o la persona que mantiene su sitio web haga de los enlaces parte de la configuración de su blog. Ofrecer a los usuarios una manera de llegar a su sitio y a su blog es crucial.

- *Use buenos títulos de páginas.* La mayoría de los motores de búsqueda despliegan el título de la página como parte de los resultados de búsqueda. Si el título de su página es sólo el nombre de su empresa, la gente que la encuentre mediante motores de búsqueda puede no saber que contiene la respuesta a su pregunta (incluso aunque esté en la lista de resultados). Los títulos excelentes incluyen dos cosas: el nombre de su blog o empresa y el título de la anotación. Si usted ha desarrollado títulos significativos en las anotaciones, los nuevos visitantes sabrán no sólo *qué* es lo que verán cuando lleguen, sino también a *quién* encontrarán cuando lleguen.

SAQUE LO MÁS POSIBLE DE UNA VISITA

Una vez que los visitantes encuentran su sitio, es su trabajo facilitarles el que localicen la información, hagan preguntas y, finalmente, construyan relaciones con usted. (Consejo: tener una dirección *real* de correo electrónico en cada página es mucho, mucho mejor para los nuevos visitantes que tener que ir a *Contáctenos*, hacer clic en correo electrónico y luego llenar un formulario.) Puede facilitar en su nuevo motor de búsqueda que los visitantes (y todos los visitantes de primera vez) tengan la opción de empezar una relación de tres maneras:

- *Incluya una página "Acerca del autor".* Si es el blog oficial de su empresa, incluya información acerca de ésta (breve y dulce está bien, siempre pueden enlazarse con su página principal de "Acerca de nosotros" de su sitio web). Asegúrese de que el autor de cada blog es una persona, que tiene un nombre y que incluye información básica acerca de sí mismo. Las empresas grandes, con docenas de empleados bloggeando en su blog principal, tienden a enlazar el perfil inverso al blog del colaborador individual o a enlazarse inversamente con la primera anotación que hizo él. De cualquier forma, el objetivo es proporcionar a los nuevos visitantes una idea de quién es el autor y de quién es la empresa, de tal manera que quieran averiguar más.

• *Ofrezca enlaces importantes.* Aunque la mayoría de las plantillas de los blogs son las mismas para la página principal del blog o para una página de anotación individual, soy un gran fanático de tener diferente información en las páginas para las anotaciones individuales. Si no hay nada más, incluya un mensaje de bienvenida que diga a los visitantes adónde han llegado y cómo pueden encontrar información similar (por ejemplo, vea el blog de Jason Kottke en la figura 10-1). También

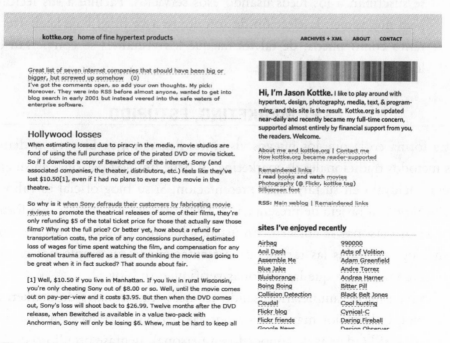

Figura 10-1 Jason Kottke (www.kottke.org) usa un área contextual al lado de su blog para decir a los nuevos visitantes adónde han llegado.

puede mostrar sus anotaciones más recientes, la lista de categorías, los enlaces con otros blogs y otra información. Ofrezca enlaces y *contexto relevantes,* de tal forma que los nuevos visitantes puedan explorar su blog si les gusta el contenido.

- *Convierta a los visitantes en lectores.* Proporcionar a los visitantes de primera vez una forma de suscribirse a su blog (mediante correo electrónico o feeds) es clave, ya que les permite establecer una rápida relación bajo sus términos. Usted puede incluir una página que explique cómo suscribirse, o puede incluir un enlace "afíliese a este sitio", con el icono naranja de XML que muchos blogs usan para mostrar que uno se puede suscribir en ese sitio. También puede ofrecer formas alternativas para que los usuarios de lectores específicos de feeds se suscriban a su blog. NewsGator, Bloglines, FeedDemon y la mayoría de los demás lectores de feeds incluyen estos botones, los cuales facilitan a los usuarios que se suscriban a los feeds usando esos servicios. Faculte a sus lectores para que tomen la elección de suscribirse a su blog. Baje las barreras tanto como pueda, de tal forma que los visitantes se conviertan en lectores.

ES EL MARKETING, ESTÚPIDO

Otra forma en la que los nuevos visitantes llegarán a su blog es mediante los métodos tradicionales de marketing. Si tiene un blog personal en su empresa, inclúyalo en su tarjeta de presentación. Si su blog oficial es valioso, inclúyalo en su tarjeta de presentación. Dicha tarjeta debería ser una forma de que las personas se enlacen con usted, e incluir "blog:www.mycompany. com/blog" en todas las tarjetas de presentación de sus empleados es una excelente manera de que las personas verifiquen su blog.

También puede anunciarlo usando técnicas tradicionales de marketing. Si su blog es la mejor manera para que las personas establezcan una relación con usted (además de conocerlo en persona), siéntase orgulloso de él y cuéntele al mundo que existe.

En cualquier sitio donde coloque la dirección de su sitio web debería también incluir la dirección de su blog. De manera similar, debería anunciarlo de forma destacada en su sitio web. Si no hubiera nada más, debería formar parte de la navegación principal, y debería ser uno de los elementos de navegación más importantes (no lo coloque debajo de "Contáctenos").

Anunciar su blog de esta manea le llevará visitantes "de paso". Pero si son clientes potenciales, un blog bien escrito no sólo les proporcionará otra experiencia positiva (suponiendo que su primer contacto con ellos fuera positivo, ¿de acuerdo?), sino que también les mostrará que usted es autorizado, apasionado y que conoce su industria. Si los asociados, proveedores o clientes ven su blog en su publicidad tradicional, tendrán otra forma de desarrollar una relación con usted y su empresa y posiblemente abrirán la puerta para otras conversaciones, las cuales podrían ir desde "Entonces, ¿cómo le está funcionando este blog?" a "¿No es eso de los blogs una cosa de moda?"

CONSEJOS PARA CREAR TRÁFICO

Dé a la gente una razón para volver a su blog, a los bloggers para que se enlacen con usted y a las personas para que les digan a otras acerca de una excelente anotación en él. Puede crear tráfico de muchas formas diferentes. Aunque el tráfico no es la única medida del éxito que debería tener en su blog, más personas leyendo su blog significa que hay más personas interactuando, comentando, contribuyendo y, por lo general, estando al tanto de su empresa, lo cual, para empezar, es el objetivo de la mayoría de los blogs de negocios.

A continuación hay unos consejos para crear tráfico en su blog.

Ofrezca notificación de comentarios

Muchas personas que leen su blog comentarán. Gracias a los feeds, pueden permanecer hasta actualizarse en su anotación más reciente. Si estoy interesado en la anotación que usted puso pidiendo opiniones sobre cómo arreglar uno de sus productos y yo le dejo a usted unas cuantas ideas, me interesaría *mucho* saber su respuesta. Sin embargo, actualmente no hay una forma basada en el blog (como los feeds) para que yo permanezca actualizado fácilmente sobre si usted (o cualquier otro) ha contestado mi anotación.

Tal vez quiera que los lectores reciban un correo electrónico que les notifique cuando alguien haya contestado a una anotación a la cual ellos han contestado. Esta notificación de un nuevo comentario (de ahí, *notificación de comentarios*) debe ser opcional (en caso de que un usuario no quiera recibir este tipo de correos electrónicos), pero para aquellos que eligen usarlo, es una manera excelente de hacer que la conversación continúe.

Cuando las personas saben que hay una conversación de interés, con frecuencia contribuirán todavía más. Gracias a las notificaciones de comentarios, las anotaciones que normalmente hubieran tenido sólo dos o tres respuestas pueden de repente obtener 20 o 30 cuando sus lectores entablan una discusión en su blog. De hecho, el día que yo añadí notificaciones de comentarios a mi blog, el tráfico aumentó en un 20%.

Entrevistas de conducta

Entrevistar a personas importantes de su empresa es una excelente manera de hacer saber a sus lectores quién trabaja en la empresa, que hay gente inteligente que trabaja allí, y que finalmente la empresa da empleo a personas reales con pasiones reales. Por ejemplo, el Channel 9 de Microsoft (http://channel9.msdn.com) se creó expresamente para dar a los lectores una visión de las vidas de las personas que trabajan dentro de la empresa. Sus entrevistas pueden no grabarse en video, y no necesitan aparecer frecuentemente, pero añadir entrevistas (especialmente con personas reales que trabajan en productos reales) es una excelente manera de ayudar a sus lectores a identificarse con su empresa. Como un bono extra, a los bloggers les encanta enlazarse con entrevistas interesantes.

Haga preguntas

La mejor manera de todas de conseguir que alguien participe en una conversación del mundo real es hacer una pregunta, y los blogs no son diferentes.

Preguntar a sus lectores "¿Qué creen?" y "¿Cómo lo hubieran maneja-do?" no muestra (como algunos pueden temer) que usted no sabe de qué está hablando; por el contrario, muestra que sabe que, incluso las personas más sabias del mundo, algunas veces necesitan que les lleguen ideas de otros, y los lectores de su blog son los mejores para ello, dado que quieren que usted tenga éxito. A los bloggers les encanta decir "la *empresa X* está buscando ideas para su producto más reciente, así que ve a decirles lo que piensas". Y a la gente le encanta dar opiniones.

Dé su opinión

La segunda mejor manera de hacer que alguien participe en una conversa-ción del mundo real es dar una opinión. Dar una opinión ofrece a la gente tres opciones: pueden estar de acuerdo, pueden no estarlo o pueden pro-poner una opinión diferente. Cuanta más conversación consiga tener en su blog, más gente volverá y más gente se enlazará con ella.

Tome y conteste las preguntas de los lectores

Responda de manera regular a los comentarios de los lectores, a sus pre-guntas o correos electrónicos en forma de una anotación; puede hacerlo, diciendo "Haga una pregunta" (como la reclutadora de Microsoft Gretchen Ledgard hace con su gatito de sugerencias, como se ilustra aquí), pregun-tando a un lector que le manda un correo electrónico con una pregunta si puede usar esa pregunta en su blog o tomando alguna pregunta que un lector anotó en un comentario. Esto responde a las preguntas de los lectores públicamente. Las preguntas abiertas "¿Qué le gustaría saber?" también son formas excelentes para solicitar este tipo de retroalimentación, y también son los tipos de anotaciones a las que a los bloggers les encanta enlazarse.

¡Envíanos un tema al
Gatito de sugerencias!
¡Cuidado... Muerde!

CONSTRUYENDO RELACIONES CON LOS BLOGGERS

El blogging se construye con base en las relaciones. Desde los primeros blog-gers hasta los modernos de hoy en día, las relaciones son una razón clave por la que a la gente le encanta bloggear (y también son una de las razones por las cuales a los bloggers les gustan tanto las conferencias de blogging). Establecer relaciones con ellos puede ser una parte valiosa de su estrategia de blog por diferentes razones, incluyendo las siguientes:

- *Permite al blogger ser un experto de su empresa.* Muchas de las mejores em-presas de blogging trabajan con personas que sirven como "grupies" o aficionados de blog. Estos bloggers observan lo que hace esa empre-sa y reportan regularmente los chismes interesantes. Muchos tienen contactos dentro de la empresa, hacen entrevistas con miembros del personal en su blog o podcast, y por lo general se mantienen involu-crados. Neville Hobson (www.nevon.com) cubre los blogs de GM, por ejemplo, y sus conceptos fueron valiosos cuando estuve reuniendo la información del capítulo 4. Tener estos expertos del blog trabajando con su empresa es impactante, porque no sólo se enlazarán frecuente-mente con usted, sino que compararán otras empresas que bloggean para saber qué tan bien bloggea usted, y luego anotarán sobre las diferencias. Puede leer los blogs de los expertos de su blog y de los aficionados de los blogs para descubrir cómo puede mejorar el uso del suyo.
- *Ofrece retroalimentación sobre qué tan bien está bloggeando.* Tener bloggers que lean su blog, y establecer relaciones con ellos, significa que ellos no tienen problemas en ayudarle con su blogging, como un músico que enseña un nuevo acorde en la guitarra o una nueva melodía en el piano. Cuando usted comience a establecer relaciones con los blo-ggers, siéntase libre de hacer preguntas, porque dar y recibir es parte de toda relación exitosa.

- *Construye experiencias positivas con un blogger que tenga un perfil público.* La mayoría de los bloggers no son reconocibles públicamente, pero eso no significa que los bloggers individuales no tengan una cantidad de influencia que se pueda medir. Cuando construya experiencias positivas al desarrollar relaciones con ellos, éstos estarán contentos de usar esa influencia para ayudar a su empresa. La mayoría de los bloggers creen que cualquier empresa que está dispuesta a pedir ayuda y a establecer relaciones verdaderas merece que hablen de ella.

PASOS PARA CONSTRUIR RELACIONES

Aunque no puede usarse un único proceso para construir relaciones con los bloggers, al igual que con otro tipo de relaciones, la mayoría de éstas siguen una progresión *natural*:

1. *Lea el blog.* Para la mayoría de los bloggers que no son de negocios, un blog es una forma excelente de conocer a alguien. Leer el blog o suscribirse al feed le dará una visión ocasional, si no es que regular, de quién es el blogger, qué le gusta, así como su personalidad y sus pasiones. Este marco fundamental de entendimiento ya le coloca a millas por delante de cuando le presentan a alguien por primera vez en la vida real, y le ofrece un gran marco para que la conversación siga adelante.

2. *Comente en el blog.* Después de que haya leído un blog durante cierto tiempo, el siguiente paso natural es comentar en una aportación ocasional. No tiene que comentar sobre cada una, pero dejar una anotación o una opinión en media docena de anotaciones durante un par de semanas será suficiente para que el blogger al menos reconozca su nombre, y posiblemente él o ella hará clic para leer su blog.

3. *Enlácese al blog.* Dado que los enlaces son una medida de respeto, una de las mejores maneras de mostrar respeto a un blogger es enlazándose a su blog. Una vez está bien, pero varias veces es todavía mejor, ya

que eso significa que usted está leyendo su blog activamente en lugar de sólo haber encontrado un tema de interés.

4. *Envíe correos electrónicos al blogger.* Después de aprender acerca del blogger, leer su blog y participar en él, además de enlazarse, usted ha establecido lo suficiente de una relación básica como para enviarle un correo electrónico. Esto no significa que no pueda empezar una gran relación con un blogger enviándole un correo electrónico desde el principio, ya que a la mayoría de los bloggers les gusta tanto este tipo de correo como les encanta un enlace. Pero desarrollar una base de respeto y conversación significa que cuando usted empiece a usar el correo electrónico, el primer mensaje no será algo como "Oh, mmmm, no me conoce pero..."; simplemente puede ampliar en un correo electrónico la conversación que estaban teniendo en los comentarios de las anotaciones y luego hacerlo crecer desde ahí.

5. *Hable con el blogger.* Si todavía no es obvio, a los bloggers les *encanta* hablar. El blogging es una extensión de su deseo de participar en conversaciones, especialmente con gente interesante y agradable (como usted). Así que no sea tímido acerca de solicitarle una llamada telefónica para continuar hablando de las cosas, y no tema intentar otros métodos de tiempo real como Skype. (Vea "¿What the Skype?" para más información de esta aplicación de software.)

6. *Encuéntrese con el blogger.* La mejor manera de todas de establecer una relación con un blogger es conocerle cara a cara. Casi todas las conferencias de blogging se agotan porque les encanta hablar entre sí. De hecho, ser los anfitriones de una conferencia de blogging para su industria puede ser una excelente manera de conocer bloggers que estén interesados en su negocio. Las conferencias de blogging rara vez tratan sólo acerca de eso; tratan de socializar (las bebidas, las charlas, las cenas y las fiestas). Considere asistir a una de estas conferencias, aprender más acerca del blogging o encontrarse con bloggers interesantes de todo el mundo.

¿WHAT THE SKYPE?

Skype (www.skipe.com) es una aplicación de mensajería instantánea, parecida a Windows Messenger o Yahoo! Messenger, con un cambio: también es un teléfono. Usando Skype, se pueden hacer llamadas gratis a cualquier parte del mundo a otros usuarios Skype (más de 100 millones de ellos). Esta pequeña aplicación gratuita también permite llamar a una red telefónica regular (por una tarifa nominal), recibir llamadas desde esa red (por una tarifa mensual mínima) y tener un sistema de correo de voz (por una pequeña tarifa). A la mayoría de los bloggers les encanta Skype por su diseño sencillo y porque les permite hacer llamadas telefónicas, enviar mensajes instantáneos y enviar archivos, todas las cosas que a los bloggers les gusta hacer. Considere usar Skype como una alternativa para telefonear a un blogger, dado que Skype puede ser menos intimidante debido a que está más socialmente orientado.

Es posible que algunos de estos consejos no le resulten prácticos, y si los bloggers realmente inician relaciones al enviarle correos electrónicos o anotando acerca de su empresa, ya lo logró. El objetivo de establecer una relación debería ser que usted y el blogger encuentren valor, así que cualquier cosa que les lleve a ese punto es algo bueno.

Además, usted puede, por supuesto, incluir otros pasos, tales como pedir ayuda, entrevistarlo, estar en su podcast o interactuar en docenas de otras formas. Usted sabe que está estableciendo una relación real cuando empieza a preocuparse menos de cómo la relación afecta a su negocio y más de la persona del otro extremo.

SABER VENDERSE A LOS BLOGGERS

Esto es, en muchas formas, parecido a saber venderse a los periodistas, pero también es completamente diferente. Saber venderse a los periodistas se llama *relaciones con los medios*, lo cual es una de las razones por las que al saber venderse a los bloggers lo llamo afectuosamente *relaciones con los bloggers.* Ambas son fuentes poderosas que ayudan a que el mundo sepa de su empresa, de tal forma que cuando usted esté buscando que ellos le mencionen específicamente, asegúrese de que está siendo tan eficaz como le sea posible en el arte de saber venderse.

Los profesionales de marketing y de relaciones públicas empezaron a despertar por primera vez a los blogs en el año 2004 y, de esa manera, los principios y las tácticas que se intentan para maximizar las relaciones con los bloggers son bastante distintas: todo es tan nuevo que nadie está seguro de cómo hacerlo mejor.

A principios de 2005, cuando empecé a recibir diariamente invitaciones de profesionales de las relaciones públicas, escribí una anotación acerca de este tema ofreciendo las siguientes tres cosas más importantes que se deben conocer acerca de saber venderse:

- *Hágalo personal.* Mi blog proporciona información más que suficiente para que cualquiera conozca mis intereses, y ofrece un rápido conocimiento de quién soy yo. Cualquiera que sepa venderse a un blogger debería, al menos, *sonar* como que escribió su invitación para el individuo. (Consejo: es aún mejor si *está escrito* individualmente).

- *Hágalo aplicable.* No me envíe invitaciones para industrias en las cuales no estoy interesado. No sólo mi blog está claramente etiquetado como uno de negocios y tecnología, sino que también es obvio a primera vista para cualquiera que lo lea que ésas son mis pasiones. No me invite a nuevas innovaciones para medias (las cuales he recibido) o de jardinería (que también he recibido).

- *Hágalo breve y amable.* Generalmente, cuanto más corta y concisa sea una invitación para un blogger, mejor. No hay nada de cierto en enviar el comunicado de prensa y suponer que tendrá un impacto. Dígame por qué debería estar interesado en su noticia en 50 palabras o menos, y luego déme un enlace para más información. Si no puede decirme por qué esta información es interesante para mí en 50 palabras, posiblemente no pueda hacerlo en 500.

Steve Rubel anotó lo siguiente (localizado en www.micropersuasion. com/2005/02/how_not_to_pitc.html) en respuesta a mi anotación:

La única cosa que añadiría aquí a lo que Jeremy escribió es aprovechar la exclusividad. Plante una idea poderosa con un blogger influyente y luego súbase a la Larga Cola (www.webpronews.com/news/ebusinessnews/wpn-45-20041117HowTo-PitchIntoTheLongTailNewsCurve.html).

Nota: Rubel ha escrito ampliamente acerca del tema de saber venderse. Vea "How to Pitch Into the Long Tail News Curve", en www.micropersuasion.com/2004/11/how_to_pitch_in.html; y "Abandoning Email in Favor of RSS", en www.micropersuasion.com/2004/07/dan_gillmor_to_.html.

FORJANDO RELACIONES EFICACES CON LOS BLOGGERS

Nick Wreden, autor de *ProfitBrand: How to Increase the Profitability, Accountability and Sustainability of Brands*, anotó siete claves para forjar una estrategia eficaz de relaciones con los bloggers.[1] A continuación mostramos un extracto de su anotación de febrero de 2005 (con permiso):

* *Nunca se venda, personalice.* Un principio de antaño de las relaciones públicas eficaces ha sido leer la publicación e, idealmente, el trabajo del reportero. Esto ha sido como predicar abstinencia a los adolescentes: excelente en teoría, pero no muy aplicable en el mundo real. No podría esperarse que ninguna persona de relaciones públicas leyera todas las publicaciones referentes a una empresa o industria, y mucho menos el trabajo de un reportero. Pero un blog tiene todo lo que un blogger ha escrito, complementado con destacados enlaces. No hay ninguna excusa para no saber cuáles son las pasiones e idiosincrasias de un blogger antes de conversar acerca de un concepto (no venderlo).

- *Respete el tiempo y la inteligencia de un blogger.* Comience los correos electrónicos con una línea informativa del tema. "Comunicado de prensa" es suficiente para que lo borren inmediatamente. Haga los correos electrónicos breves y concisos. Evite los anexos. Especialmente evite los anexos en PowerPoint. Si alguien puede mostrarme una presentación corporativa en PowerPoint que merezca la banda ancha que requiere, yo personalmente le limpiaré su auto durante un mes. No envíe correo electrónico en html, el cual tiene un peligro potencial. No se incline en señal de respeto; recuerde que es una conversación. No incluya más "leo su excelente anotación" u otras líneas llamativas. No envíe un correo electrónico a un blogger hasta que su sitio web esté en orden, con la información y un contacto fácil de encontrar y leer.

- *"Un blog no trata de usted, trata de mí".* Nunca, nunca use estas palabras: "Creo que sus lectores estarán interesados en esta historia". En gran medida, los bloggers están más interesados en un punto de vista o en el poder de una idea que en ser "lectores". Aunque el pensamiento de una audiencia mundial es ciertamente una quimera del ego, muchos bloggers continuarían el blogging para una audiencia de una sola persona. Piense menos en lo que yo puedo hacer por usted y más acerca de lo que usted puede hacer por mí (y por sus lectores). ¿Puede obtener acceso inmediato a un alto ejecutivo?, ¿proporcionar un cliente para entablar una conversación?, ¿qué tal las métricas?

- *Calidad, no cantidad.* Aquí hay una nueva regla para las agencias. Nunca envíe más de una o dos comunicaciones a blogs por día. Use el tiempo restante para investigar la industria y los temas relevantes, estudiar los botones buenos del blogger y para forjar un correo electrónico elegantemente afinado. Haga que este correo parezca que proviene del mejor amigo erudito y no de una cámara directa de correos.

- *Alimente la cadena alimenticia.* En los lejanos días en los que yo tenía una agencia de relaciones públicas, los clientes preguntaban: "¿Cómo hago para estar en la portada del *BusinessWeek*?" Primer paso: obtenga la portada de la publicación oficial de la industria donde se desarrolla, e inevitablemente, seguirán las portadas de publicaciones más conocidas. Casi todas las industrias tienen ya sus superestrellas del blogging, los blogger de referencia para entender y para cuchichear. En lugar de abarrotar su carpeta de entrada, comience por conversar con los bloggers que posiblemente sean leídos por la superestrella. Esto no es difícil; sólo lea las listas de enlaces de las superestrellas. No todo el mundo tiene listas de enlaces, pero para aquellos que sí, éstas pueden ofrecer una perspectiva de a quién valoran, así como ofrecer excelente material de lectura.

- *Ya no se trata de los medios.* Muchos profesionales de las relaciones públicas se enfocan hacia destacados periodistas y personas influyentes que tienen blogs. Esto es comprensible. Pero recuerde que los clientes, prospectos, proveedores, asociaciones industriales y otros que pueden influir en su marca también tienen blogs. Converse inteligentemente con ellos también. Es necesario reconocer que saber venderse a los bloggers influyentes es sólo otro método de presentarse, algo con lo que ellos tratan todo el día en un nivel creciente, ya sea en línea o fuera de ella. El respeto y la consideración es la clave: la última cosa que usted quiere hacer es llegar a ser otro emisor de "correo basura"; es mucho mejor invertir el tiempo en establecer una relación real.

- *Siga aprendiendo.* Según una organización de monitoreo de blogs, el número de los que merecen rastreo ha crecido de 1.5 millones a 7.5 millones en menos de seis meses. Este campo emergente está cambiando tan rápidamente que incluso estos consejos tendrán que revisarse en un año. Manténgase actualizado leyendo al menos los blogs de dos profesionales experimentados y reflexivos: Tom Murphy y Steve Rubel.

Consejo: Una excelente fuente para todo tipo de información relacionada con los blogs es NewPRWiki (www.thenewpr.com/wiki). Originalmente diseñada para contener información específica para las relaciones públicas, ahora contiene una riqueza de información de blogging de negocios, incluyendo un gran resumen de información acerca de cómo saber venderse a los bloggers. Disponible en www.thenewpr.com/wiki/pmwiki.php/Resources/PitchingBlogs.

PUBLICIDAD EN SU BLOG

El tema de la publicidad en su blog es difícil, especialmente porque los blogs tratan de conversaciones, y la mayoría de la publicidad trata, en realidad, de transmitir, en lugar de comprometerse con sus lectores mediante las conversaciones.

Una de las mejores formas de hacer publicidad en los blogs es no hacer publicidad de nada en absoluto.

Es decir, a veces querrá que los lectores de su blog se enteren de las cosas que ocurren en su empresa, y utilizar técnicas eficaces de publicidad es definitivamente una forma de hacerlo.

A continuación hay unos pensamientos para poner publicidad en su blog, si está decidido a ponerla ahí. Recuerde que, al final, todos los anuncios de blogs tienen que basarse en el respeto. Si puede respetar a su audiencia y llevar *valor* a su empresa, su publicidad basada en un blog será un éxito.

- *No se distraiga del contenido.* En el mundo de la publicidad en línea, puede usar una variedad de técnicas para que los usuarios hagan clic en los anuncios; la mayoría de ellas incluyen ponerla cada vez más delante de la cara del usuario superponiendo los anuncios sobre el contenido principal, teniendo una página de anuncios que los usuarios tienen que ver antes de que puedan ver el contenido y usar otros trucos de comercio. En su blog, su contenido es su único medio de ganar confianza, establecer relaciones y relacionarse con sus clientes. No permita que sus anuncios escondan su blog. La mayoría de los clientes que tienen relaciones con usted mediante su blog *querrán* saber cosas nuevas e interesantes de su negocio, así que descubra formas de decírselas sin que su contenido sea abrumador.

- *¿Por qué no escribir una anotación sobre ello?* En lugar de colocar un fantástico anuncio para un nuevo producto o algo que usted quiera destacar, considere escribir una anotación sobre ello. Esto le da espacio para la discusión y le permite decirles a sus lectores por qué le apasiona lo que está anunciando. Esta técnica no sólo resultará en más personas haciendo clic en un enlace del anuncio (porque les habrá dado una razón para ello), sino que también avivará la discusión y aumentará la confianza. A los usuarios les agrada que les digan por qué a usted le gusta un nuevo producto o servicio.

- *No use anuncios en sus feeds.* En algún momento, muchos ejecutivos se dan cuenta de que montones de personas están leyendo sus feeds. De hecho, si su blog es como la mayoría, más personas leerán sus feeds que las que visitarán su sitio web. Resista cualquier tentación de obligar a las personas a ir a su sitio o de poner publicidad en sus feeds. Recuerde que el tráfico no es el valor inherente a su blog, lo son las conversaciones que establecen relaciones y confianza. Hacer cualquier cosa que comprometa eso es una mala idea.

- *Coloque bien el anuncio.* Si usted pone un anuncio en su blog, colóquelo en una ubicación donde la gente que esté "mirando por ahí", lo encuentre. Esto puede ser en la sección superior de su blog, a un lado o incluso abajo del contenido. En tanto no interrumpa el contenido, hay una serie de opciones posibles para la colocación.

- *Dé a las personas una razón para hacer clic en el enlace de publicidad.* Si coloca un anuncio en su blog, dé a las personas una razón para hacer clic en él. No utilice técnicas estándares de publicidad como "¡Fantástico producto nuevo!" y "¡Esto cambiará su vida!". Respete lo suficiente a sus lectores para decirles la verdad en el anuncio. Considere ofrecer promociones específicas para el blog, tener concursos para la mejor retroalimentación acerca del producto o del anuncio, u ofrecer otras actividades en torno a ellos. Las personas disfrutan siendo parte de su empresa, así que aproveche eso en su publicidad.

- *Dé propiedad a los clientes.* He hablado varias veces en este libro acerca del sitio de Channel 9 de Microsoft. A principios de 2005, Channel 9 llevó a cabo un concurso para la conferencia anual de desarrolladores de Microsoft. Cualquiera podía entrar y ganar un viaje con todos los gastos pagados a la conferencia (unos 2,500 dólares) si bloggeaban acerca de ésta y desplegaban un pequeño gráfico promocionándola. Esto permitió a los lectores y participantes del Channel 9 no sólo entrar en un concurso genial, sino llevar el mensaje más allá del blog original. Dar a sus clientes la propiedad de la publicidad y permitirles que la saquen adelante es una forma poderosa no sólo de generar confianza, sino también de crear una comunidad en torno a un evento, producto o servicio.

- *No haga publicidad.* Una de las mejores formas de hacer publicidad en los blogs es no hacer publicidad de nada en absoluto. A los bloggers les encanta descubrir secretos, contárselos a otros y anotar acerca de ellos. Esta técnica de "esconder" un producto nuevo u otro anuncio en el contenido es extremadamente eficaz. Es un poco como psicología inversa: usted no dice a los bloggers lo que realmente quiere que hagan. Por ejemplo, si estuviera dirigiendo una empresa de ropa y bloggeara acerca de algunas de sus telas favoritas, podría anotar como de pasada que está usando las telas en su nueva línea de productos, de lo cual usted no está hablando en realidad.

- *Apasiónese.* Muchos blogs son de forma inherente herramientas de marketing y publicidad: se crean porque se quiere incrementar la visión, establecer relaciones, impulsar las ventas, incrementar la interactividad con los clientes, y por todo tipo de motivos. Éstas constituyen la razón por la cual tener un blog y no apalancarlo de ninguna manera para anunciarse es, en realidad, un método tan poderoso de la publicidad. Un gran número de bloggers han puesto a sus empresas en el mapa simplemente por ser increíblemente astutos en sus blogs. El blog de Joel Spolsky (www.joelonsoftware.com/) es en realidad el único medio de publicidad que usa su empresa, Fog Creek Software (www.fogcreek.com); la pasión de Joel y su inteligencia es toda la publicidad que Fog Creek en realidad necesita.

- *Tenga una causa.* Otra forma excelente de anunciarse es involucrarse en una causa o cuestión de caridad. Muchos de nuestros clientes han promovido con éxito fundaciones de caridad basadas en blogs para el saque inicial de nuevos productos que estaban lanzando. En general, a los bloggers les gusta enlazarse con eventos interesantes de caridad que ocurren en otros blogs.
- *Entreviste a la persona que hay detrás del anuncio.* En lugar de simplemente anunciar un nuevo producto, puede hacer que los lectores se interesen en él si tiene una entrevista en el blog o podcast con la persona a cargo. Es el equivalente al comentario del director en un DVD, y una excelente forma de introducirse en la mente y la pasión de la persona que convirtió una idea en una realidad, cualquiera que sea la cosa que se esté anunciando.

CONSTRUIR UNA COMUNIDAD DE BLOGS

Todos los negocios, tanto si les gusta como si no, operan en comunidades; en algunos negocios, se llaman *industrias*; en otras, se llaman *mercados verticales*, pero todos operan también en una comunidad más intangible: la comunidad de las ideas que se centran alrededor de sus negocios. Su comunidad de ideas está formada por su empresa, empleados, asociados, proveedores, clientes y cualquier analista de la industria, reportero o blogger que esté interesado. Esta comunidad de ideas incluye a toda la gente que tenga algún interés en su empresa, y posiblemente incluya un número considerable de gente, aun cuando el suyo sea un pequeño negocio de una sola persona.

Una comunidad saludable de ideas e intereses se construye a sí misma: significa que dos clientes que pueden tener oportunidades de oferta y demanda (un nuevo negocio que necesita tarjetas de presentación y una empresa de imprentas, por ejemplo) aprenden uno del otro y trabajan juntos. Su blog es una de las mejores maneras para unir a esa comunidad en torno a su empresa. Tener un blog bien escrito específicamente para este grupo o al menos con este grupo en mente le permite recurrir al potencial que se

CONFERENCIAS DE BLOGGING: LA VÍA RÁPIDA PARA ESTABLECER RELACIONES

Las conferencias de blogging son para los bloggers lo que salir a tomar una copa es para muchas personas: una forma de conectarse. Las conferencias de blogging ocurren cada mes (o cada semana) por todo el mundo, y por lo general asisten de 200 a 300 bloggers y personas de diversas industrias. Estas conferencias son principalmente acerca de dos cosas:

- Conocer gente que bloggee o que quiera aprender cómo bloggear.
- Escuchar charlas, generalmente mientras se bloggea acerca de ellas.

Para la mayoría de los bloggers, la conferencia en sí misma es lo secundario. Éstas tratan de solidificar relaciones, ponerse al corriente de los chismes, conocer gente nueva y hablar a los representantes de las empresas que están presentes. Los bloggers de mayor perfil también llevarán a cabo entrevistas de prensa, podcasts desde el lugar de la conferencia, sesiones de paneles y sesiones de discusiones abiertas (éstos vienen en diferentes sabores).

crea cuando las empresas, individuos, medios, bloggers, clientes y gobierno trabajan juntos para que surjan grandes ideas: y permite que todo esto ocurra en su blog.

A QUÉ SE PARECE LA COMUNIDAD

Un blog de comunidad de ideas o de comunidad de intereses es un fenómeno bastante nuevo y que muy pocas empresas están usando (aún); sin embargo, es una herramienta increíblemente poderosa.

La comunidad difunde noticias acerca de lo que está ocurriendo en ella. Si usted es propietario de una empresa que hace señales, su comunidad puede incluir una gran variedad de negocios, la mayoría de los cuales podrían estar en una zona geográfica muy específica. También puede incluir los proveedores de los materiales que usted usa, los lectores de sus blogs, empleados y cualquier funcionario de gobierno que trabaje con usted. Puede incluir competidores (si tiene alguna relación con ellos). Un blog sano de comunidad ofrecerá una lista de cosas interesantes que ocurran en todos estos grupos: desde un nuevo restaurante shish-kabob hasta los nuevos asuntos gubernamentales que afectan a los negocios como el suyo y a los de su comunidad, pasando por un nuevo tipo de producto que usted u otros negocios de su comunidad encuentren interesantes. Al difundir noticias acerca de lo que está pasando y de lo que es aplicable, todos permanecen informados y el negocio de todos se beneficia.

La comunidad anuncia nuevas oportunidades. Un blog próspero de comunidad anotará nuevas oportunidades de trabajo en el negocio implicado, anunciará nuevos contratos que estén disponibles, anotará enlaces con nuevas concesiones del gobierno que puedan ser aplicables, y generalmente mantendrá a todo el mundo informado de las oportunidades que puedan ser de interés. Obviamente, esto no tiene que ser en detrimento de su negocio, pero si alguna información puede ayudar a alguien, merece la pena anotarla.

La comunidad ofrece retos. Conozco un negocio en el que entraron a robar, y la compañía de seguros rehusó cubrir los daños o los bienes perdidos. Esta noticia fue anotada en un sitio de comunidad, y algunos negocios intervinieron para ofrecer ayuda; el negocio que fue robado pagó los favores en forma de nuevos negocios y de diversas formas. En otra comunidad, uno de los propietarios de una tienda de impresiones que llevaban entre dos, fue diagnosticado con cáncer. Cuando esta noticia se anotó en la comunidad, algunas personas se ofrecieron como personal de medio tiempo (pagados por la imprenta, por supuesto) para poder ayudar uno o dos días a la semana. Esto no se trata tanto de generosidad como de darse cuenta de que una gran y saludable comunidad ayuda a todos los negocios involucrados.

La comunidad comparte información o consejos importantes. Cualquier información que sea relevante para la industria de la comunidad, una ubicación geográfica o una escuela de pensamiento debería anotarse en el blog de la comunidad. Quizás sea de interés una nueva conferencia, o llega a la ciudad una tienda importante de departamentos que la gente pueda apoyar. Compartir esta información hace a los negocios de todos más fuertes y más capaces de competir.

De muchas maneras, la comunidad es como un sistema avanzado de contactos en línea, como LinkedIn (www.linkedin.com), donde todo el mundo intenta estar disponible para ayudar a todos los demás. Como dice el viejo dicho, "Cuando sube la marea todos los barcos flotan". Al dar el servicio de hospedaje a esta comunidad de ideas o comunidad de intereses, su negocio no sólo será identificado como el que está haciendo la participación real, sino que establecerá relaciones más fuertes con todos estos negocios mientras mantiene los contactos, comparte ideas y, finalmente, lleva al negocio de todo el mundo a un nivel más alto de lo que hubiera pasado sin usted y sin el nuevo blog de la comunidad.

CONCLUYENDO

A fin de cuentas, tanto si usted comparte mi visión general del blogging como si no, éste todavía es valioso para su negocio, dado que *incrementa* su visión (cuando se hace bien) y le *permite* experimentar con todo tipo de interacciones interesantes con los clientes. Lo que usted elija hacer con su blog depende de usted a fin de cuentas, y qué tanto éxito tenga con él se decidirá por qué tan comprometidos estén usted y su negocio con él.

En el próximo y último capítulo de este libro, examinaremos el futuro del blogging y cómo está retando a diversos paradigmas de negocios. He hablado acerca de muchos de esos paradigmas en todo este libro, tales como entablar conversaciones, tratar a sus clientes como participantes en lugar de hacerlo como carteras, etcétera. En el próximo capítulo examinaremos cómo al final el blogging evolucionará hasta chocar con éstos y otros paradigmas.

Mi esperanza es que este libro le haya dado algo en qué pensar, la información y los ejemplos necesarios para desarrollar una estrategia de blogging y la emoción necesaria para dar un salto hacia algo tan nuevo y a veces tan temible como puede ser esto. El capítulo 11 pretende ofrecerle alguna información de pensamiento proactivo para hacer que ese salto sea un poquito más fácil.

11

EL FUTURO DEL
BLOGGING DE NEGOCIOS

*El blog fue un éxito indescriptible. Al anotar ejemplos de cómo una buena señal
podía impactar a un negocio, Arnold había inspirado en la ciudad una ola de
compras de señales. Los negocios competían ahora para ver quién tenía la mejor
señal. Hasta los nuevos desarrollos junto a la carretera interestatal se pusieron
manos a la obra. Una tienda de bolitas colocó un pedido para una gran señal
autónoma para el frente de la tienda.*

*Zylon había apreciado la forma diplomática en que Arnold había defendido
a la empresa en el incidente "tú, desgraciado". Zylon era un buen ciudadano
corporativo en lo que a Arnold se refería, y estuvo contento de decirlo.*

*Fue una enseñanza para todos. Hasta los terribles comentarios del blog,
los líderes de Zylon no se habían percatado de las malas relaciones que la
empresa tenía con la comunidad, y el director ejecutivo juró abordar el problema.
Había empezado su propio blog para explicar la postura de Zylon en la historia
y llegar así a toda la comunidad. Zylon incluso había comenzado un blog interno
para incrementar la eficacia de los empleados y hacerlos sentir como socios valorados.
"Entiendo la web. Hasta entiendo los blogs", Arnold le explicó orgullosamente a
June, cuyo cabello era ahora color durazno pálido.*

"Aún no te duermas en los laureles", dijo June con una sonrisa. "Estamos apenas comenzando."

—Parte 4 de "Blog", una breve historia de Joe Flood

La mayor parte de este libro se ha enfocado hacia lo que es y lo que puede ser el blogging. Sería negligente si no le dijera lo que muchos en la industria y yo pensamos acerca de hacia dónde se dirige el blogging. Después de todo, no se estancará, ya que hay nuevas empresas que se dedican a la blogosfera, se han empezado a formar nuevas comunidades y surgen nuevos métodos de innovación, lo que dará como resultado una cantidad considerable de cambios, tensión y crecimiento.

Se ha dicho que la forma de medir a un hombre está en qué tan rápidamente acepta el cambio. Creo que lo mismo es cierto para el blogging. Éste comenzó como un medio para que la gente se comunicara y se actualizara entre sí sobre asuntos relevantes e importantes, y para establecer relaciones. Desde los primeros días del blogging, la honestidad de las relaciones se valoraba por encima de cualquier otra cosa. De la misma manera, la mayoría de los bloggers creen que son agentes del cambio y que ayudan al mundo por venir a apreciar el blogging.

Sin embargo, esos agentes de cambio no se dan cuenta de que, al involucrar a más gente, lo que más quieren *cambiará*.

Como el cambio es inevitable, este capítulo está dedicado a ofrecer cierta visión interna y las mejores suposiciones acerca de cómo serán esos cambios y qué papel desempeñarán. No puedo juzgar si esos enfoques serán buenos o malos. A fin de cuentas, requiere de personas audaces y preparadas para llevar a cabo innovaciones sorprendentes, para que todos veamos lo que el blogging puede y llegará a ser.

Aunque es seguro que ocurran cientos de cambios grandes y pequeños a lo largo de los años, tocaré tres tendencias específicas conforme este libro se acerca a su final:

- El enfoque alternante: de la precisión y las relaciones a la comunicación y las relaciones
- La tendencia creciente de los negocios que quieren construir "verdaderas" relaciones con sus clientes
- Los principios de la "publicación de conciencia" y de cómo las empresas pueden relacionarse uno a uno con sus clientes en una escala global

TENDENCIAS PARA EL FUTURO

Autenticidad, relaciones y honestidad: usted recordará estos tres temas, ya que se han incluido como una parte constante en este libro. Los bloggers, que son una representación de su audiencia, valoran estos temas por encima de todos los demás; en primer lugar porque valoran las relaciones por encima de cualquier cosa, y porque creen, con justa razón, que cualquier relación que no sea auténtica y honesta posiblemente no valga la pena tenerla.

Este enfoque en las relaciones de autenticidad es una de las razones por las que el blogging creció tan rápidamente. Cuando las personas se cansaron de las perspectivas establecidas por los medios principales de comunicación, pudieron obtener un auténtico informe de los sucesos; las personas que querían un verdadero consejo financiero sin ningún giro podían obtener una opinión real, y los voyeristas que quisieran husmear en la vida de alguien, podían hacer exactamente eso, todo esto usando los blogs. Al principio, casi todo era *real*.

Conforme su empresa entre en el blogging, usted *debe* estar alerta de qué tan importantes son estos valores para su audiencia y, dado que estos valores cambian ligeramente, es necesario ser consciente de que las reacciones de las personas cambiarán. Algunas empresas que no son conscientes de estos valores han intentado una serie de cosas para atraer a los lectores de blogs, acabando al final en "lecciones aprendidas" bastante desastrosas.

Primero, los *blogs de caracteres* fueron escritos por novelistas que trataron de crear personas "reales" en línea. Uno de los más grandes fue "Plain Layne", una joven sexualmente activa y muy angustiada. Tenía decenas de miles de seguidores por todo el mundo, hasta que se supo que cada historia, cada imagen y cada recuerdo doloroso que los lectores habían seguido y para los que ofrecieron ayuda eran falsos.

Después llegaron las empresas que empezaron "blogs" que eran total y absolutamente falsos. No sólo no había ninguna persona real detrás de ellos, sino que su único propósito era que las personas creyeran en alguna campaña publicitaria. McDonald's, por ejemplo, se involucró en este tipo de actividad con un blog acerca de una papa frita que se veía como Abraham Lincoln y que fue vendida en eBay (vea www.museumofhoaxes.com/hoax/weblog/comments/2450/).

Y, como siempre sucede en nuestra sociedad capitalista, el cambio de una comunidad impulsada por las relaciones a una comunidad que todavía valorara las relaciones, pero que también buscaba hacer dinero avanzó lentamente. Primero fueron anuncios en páginas individuales; luego, las empresas pagaron para que bloggearan sobre ellas; después, las empresas patrocinaron blogs enteros.

Cada uno de estos cambios causó gran impacto en el mundo del blogging, pero también trajo más equilibrio natural. Sí, algunas veces los bloggers contarán historias. Y, sí, algunos de ellos quieren ganar dinero. En general, la mayoría finalmente aceptó estos hechos, mientras que los bloggers y las empresas *revelaran* que eso es lo que estaban haciendo. La palabra *revelación* llegó a ser tan importante que no revelar si se estaba recibiendo dinero de la corporación o no revelar una relación con las empresas de las cuales se estaba bloggeando era un tiro en contra de su autenticidad y su carácter.

Todas estas tendencias seguirán entrando en colisión en el futuro. Las empresas *querrán* verter dinero en el blogging. Los bloggers *querrán* hacer dinero con el blogging. Los bloggers falsos, los blogs de personajes y los que no son auténticos *aparecerán*. Pero ésos no prosperarán a menos que el escritor que esté detrás de ellos sea auténtico. La autenticidad continuará operando el blogging serio durante muchos años más, lo cual es algo bueno para su negocio, porque esto le permite *relacionarse* directamente con sus clientes, algo que los negocios inteligentes desean fervientemente.

Creo que entrarán en colisión algunas tendencias menores con resultados interesantes en el futuro:

- Veracidad frente a puntualidad
- Relaciones frente a lectores
- Honestidad frente a ingresos

En el pasado, informar cosas de un modo veraz era muy apreciado por los bloggers que reportaban los eventos; sabían que aunque esto tomara una media hora extra para hacerlo, verificar los hechos era una parte importante de lo que estaban haciendo. De muchas maneras, estaban actuando como micro-periodistas o como ciudadanos periodistas. Sin embargo, algunos individuos y grupos se han dado cuenta que ahí fuera se están haciendo cosas similares en blogs; como resultado, algunos bloggers han llegado a ser, en general, más como medios de comunicación masivos en donde no sólo se esfuerzan por publicar algo antes que los medios principales (lo que es sorprendentemente fácil de hacer), sino también publicarlo *antes que otros bloggers*. Esto es algunas veces a costa de la veracidad. Veo que esta tendencia continuará durante algún tiempo, al menos hasta que los bloggers decidan adoptar una postura a favor de la verdad en lugar del blogging a favor de la atención.

La presión en los bloggers cada vez más populares es inmensa. La mayoría de ellos empiezan sólo con amistades y conocidos que leen sus nuevos blogs. Luego, lectores que no les conocen los encuentran, y se puede desarrollar una comunidad de cientos o incluso de miles de lectores. Cuando un blogger tiene una base de lectores de ese tipo, lo que sigue es la presión de escribir acerca de ciertos temas, de ciertas maneras y hacer todo esto frecuentemente. El reto para los bloggers que entran a esta etapa es seguir valorando las *relaciones* por encima de los *lectores*. Sin embargo, el atractivo de los lectores, la fama y la fortuna pueden ser fuertes, y algunos bloggers han abandonado a sus amigos, o hasta los han apuñalado por la espalda, buscando esa fama o fortuna. Supongo que este tipo de conducta continuará. Guste o no, la fama del blogging puede distorsionar su visión de la realidad hasta llegar al punto donde la razón de por qué se inició, llega a ser menos importante que las cosas que se pueden obtener de él.

En un estilo parecido, creo que la honestidad del blogging comenzará a ponerse en duda, específicamente por aquellos que lo iniciaron desde el principio. Muchos de estos primeros, y muy ruidosos, bloggers verán como algo malo la creciente presencia de los medios y de las corporaciones en el mundo del blogging. Esto es irónico, considerando que alguna vez ellos afirmaron que esto llegaría a ser vital para esas mismas corporaciones. Sin embargo, muchos de los bloggers más recientes evitarán esa honestidad a favor de los ingresos, la reputación y la visión. No porque necesariamente estén menos interesados en la autenticidad, honestidad y otros temas, sino que estarán buscando algo que les dé beneficios *a ellos* y no que beneficie sólo a la blogosfera.

En conjunto, supongo que la blogosfera y los bloggers llegarán a ser más profesionales, más enfocados al dinero y la visión, y que, a pesar de eso, sigan resistiendo el cambio. (¡Suena mucho como al movimiento de fuente abierta!)

VERACIDAD VS. OPORTUNIDAD

Uno de los sellos distintivos del blogging es su *veracidad*; no necesariamente en el tipo de veracidad de los medios de comunicación principales, sino veracidad hacia lo que el blogger está experimentando. Cuando los bloggers escriben información, lo hacen en gran medida desde un punto de vista emocional y de su experiencia. Exponen sus opiniones, hacen alarde de otras opiniones, se enlazan con una variedad de sitios y, de alguna forma, se unen escribiendo algo que es verdadero, honesto y exacto, al menos para el blogger que escribió la anotación.

Este enfoque en la veracidad es una de las razones por las que los bloggers y los lectores del blog no disfrutan escuchando lo que ellos llaman "el lenguaje del marketing", el cual es, efectivamente, el tipo de lenguaje pregrabado y exagerado que va a los comunicados de prensa y que enfatiza la naturaleza "nueva", "innovadora" y "transformadora del mundo" de algunos productos nuevos que alguna empresa está tratando de vender. Los bloggers, y en creciente medida el público en general, preferirían escuchar *por qué* su empresa está haciendo algo, *por qué* lo emociona, y qué cree *usted* que esa cosa hará por los clientes.

El blogging es también una actividad *increíblemente* sensible al tiempo. En el mundo de la prensa principal, es mucho si se está detrás de una historia por unas pocas horas (en TV), por un día (en periódico) o por una semana (en una revista). En el blogging, se pierde la ventaja si se queda fuera por *minutos*. Para los bloggers cuyo tráfico, reputación y estilo están construidos sobre su capacidad de encontrar las noticias primero, los minutos importan.

Como resultado, he visto ocasiones en las que estos dos paradigmas chocan: nadie puede ser más rápido *y* el más veraz; uno u otro tiene que ser prioritario. Cuando se empieza a explorar más el blogging, indudablemente encontrará este fenómeno y posiblemente luchará contra el deseo de escribir algo *primero* en lugar de escribir lo *cierto*.

EL VALOR DE LA RAPIDEZ

Hablando en términos generales, el blogger que encuentra y anota algo primero es reconocido como tal al recibir la mayoría de los enlaces de ingreso sobre el tema. Las personas examinan la anotación original más que cualquier otra, principalmente porque se supone que es el que tiene la mayor cantidad de información.

Sin embargo, el valor de filtrar información rápidamente es una espada de doble filo, porque es difícil incluir cada perspectiva, verificar la información y formar una opinión completa si sólo se tienen unos segundos o minutos para escribir una anotación. Estas anotaciones a menudo serán enmarcadas en un estilo del tipo "Me acabo de encontrar esto..." o "Esto es sólo un rumor por el momento...".

Es decir, a diferencia de los principales medios de comunicación, los blogs pueden ser *editados* en directo, de tal forma que muchos bloggers empiezan a añadir contexto, veracidad, opiniones, y otras perspectivas de sus anotaciones originales. No obstante, este valor en la rapidez por encima de hacerlo bien juega a su antojo con los primeros lectores de una anotación, quienes no necesariamente obtienen toda la información veraz de la historia.

Gawker Media (www.gawker.com; vea figura 11-1) es una red interesante de blogs, que está muy enfocada al lado "rápido" del blogging: en este blog aparecen montones de rumores y de historias sin confirmar y mucho sensacionalismo. Gawker se basa en el concepto de información rápida, proporcionando posteriormente más información en profundidad (si hay algo nuevo de interés). De muchas formas, esto es parecido a un tabloide, y todos sabemos cuánto mejoran los tabloides el valor de la prensa principal.

Conforme usted comience el blogging, a menudo encontrará la opción de informar *todo* o de informar *algo*. Cualquiera que sea la opción que elija, sea consciente de que *está* haciendo una elección, y que está sentando (de

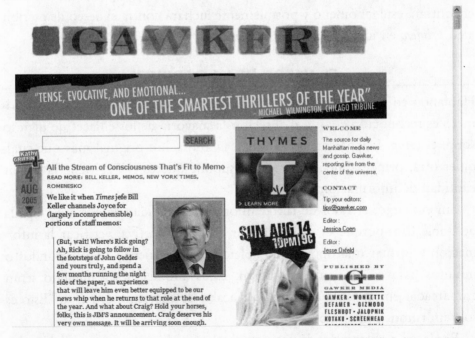

Figura 11-1 Gawker Media se enfoca en gran medida al lado "tabloide" de las noticias: rumores, chismes y noticias interesantes de los famosos.

muchas maneras) un precedente; así que asegúrese de que sea el precedente que quiere sentar.

En última instancia, la opción de valorar la rapidez o el hacerlo bien tiene que considerarse mientras esté desarrollando su estrategia de blogging y las estrategias de las relaciones con los bloggers. Los verdaderos blogs de nichos tienen la capacidad de estar en primer lugar, dado que a menudo las historias que se harán públicas les serán enviadas antes de ser ofrecidas a los principales medios de comunicación.

EL VALOR DE LO CORRECTO

En términos de blogging, lo "correcto" trata de dos cosas: los *hechos* y el *contexto*. Los hechos son hechos; el contexto es su opinión o la opinión de otros sobre lo que la situación que se vive de cerca significa para su empresa e industria, así como cualquier asunto que pudiera interesar a sus lectores. Recopilar una anotación totalmente contextual a menudo significa considerar los temas desde diferentes puntos de vista. Al principio del blogging, el contexto trataba totalmente acerca del individuo, de lo que pensaba y cómo las cosas se aplicaban en él; pero con un negocio, es necesario dar más profundidad: los lectores quieren saber su opinión, qué significa para su empresa *y* qué significa para la industria.

Es posible proporcionar contexto de tres maneras:

- **Opinión** Al dar su opinión (o la opinión de su negocio) sobre un asunto, ofrece a los lectores sus creencias de lo que la situación, evento o noticias significa. ¿Es importante? ¿Cambiará la industria? ¿Es simplemente una información "buena para conocerla"? Su opinión es clave para posicionar la situación en la mente de sus clientes.

- **Perspectiva** La perspectiva trata por completo de dar un paso atrás y preguntar, "¿Qué significa ésto?" además de "¿Estamos examinando esto de la mejor manera?" Uno de mis primeros informes de negocios se refería al escándalo de oro de la Canadian Bre-X a finales de la década de 1990, donde un informe falso del geólogo Bre-X indicaba que se encontró un enorme depósito de oro en las junglas de Borneo. En el momento en que el escándalo estuvo en las principales noticias, todo el mundo hablaba sobre lo que esto significaba para los inversores y para la industria del oro, mientras que yo estaba buscando dar una perspectiva diferente: lo que significaba para la confianza en los negocios canadienses, y cómo podría prevenirse en el futuro una situación así. En realidad, la perspectiva trata de tomar lo que se está diciendo en cualquier otra parte y formular *diferentes preguntas* para proporcionar un tipo diferente de valor.

- **Significado** Siempre que hay un escándalo político, una de las primeras respuestas de las partes implicadas es "Eso no tiene importancia". Aunque, por lo general, esto significa que el escándalo *es* importante, es también un excelente ejemplo de asignar significado a una situación. Por ejemplo, para bien o para mal, el presidente estadounidense George W. Bush envolvió seguridad nacional, terrorismo y patriotismo dentro de un gran ovillo que no se puede deshacer; siempre que alguien intenta retar una de éstas, él insiste en que están desafiando la democracia y la libertad estadounidenses. Afortunadamente, cuando se proporciona significado, no será en esos términos de blanco y negro; ofrecer las respuestas a las preguntas "¿por qué?" y "¿qué significa esto?" es una de sus responsabilidades claves cuando bloggee para sus clientes.

El blogging es una plataforma fantástica para comunicarse con sus clientes y obtener su retroalimentación. Asegúrese de que escribe sus anotaciones de tal manera que se puedan dar ambas, y de que reconoce que seguir adelante con los dos paradigmas de *bien* y *rápido* colisionarán, en gran medida con resultados inesperados.

LOS PARADIGMAS EN JUEGO

Los blogs fueron fundados en el valor de lo *correcto*. Para la mayoría de los blogs, se trataba de individuos que eran *auténticos* y, por lo tanto, fieles a sí mismos; pero incluso los primeros blogs a veces sacaban nuevas cosas interesantes, sin reportar necesariamente todos los hechos. De hecho, los primeros blogs realmente no daban mucho valor a una veracidad objetiva, al menos en un nivel de comunidad. Obviamente, los autores de los blogs no estaban tratando de engañar a nadie, y no estaban informando de falsedades, pero poca gente se cuestionaba lo que otros bloggers escribían.

Esta colisión de paradigmas entre la rapidez y lo correcto es una consecuencia natural del crecimiento del blogging: conforme pasa el tiempo y se formulan más preguntas, las personas se vuelven más cínicas y escépticas y empiezan a hacer más preguntas (valorando lo *correcto*); además, se busca tener tráfico, reputación y dólares de publicidad (valorando lo *rápido*). Fundamentalmente, el cambio de paradigma es el resultado de un movimiento que se aleja del valor del relato, opinión y perspectiva sinceros de una única persona (para ellos mismos, al menos), así como una valoración total de relaciones y personas y un cambio hacia la verdad, seguridad e *integridad* (la cual, sin autenticidad, es una cosa interesante para desearla).

Para sus negocios, este paradigma de cambio significa que los bloggers tendrán *diferentes* expectativas de usted, dependiendo de sus perspectivas. Algunos esperarán que usted comente en seguida sobre un nuevo escándalo, producto o desarrollo, mientras que otros estarán contentos esperando unas pocas horas o un par de días mientras reúne los hechos. (Eso no significa que esperar sea *siempre* lo mejor que se puede hacer.) A fin de cuentas, los valores entrarán en colisión de diferentes maneras, así que decir "valorar lo correcto siempre es mejor para su empresa" en el futuro será difícil lograrlo.

Sea consciente de estos paradigmas de cambio y de las expectativas del lector y del blogger, y aproveche sus ventajas. Por ejemplo, si su empresa está enfrentando un escándalo importante, ¿por que no *reconocerlo* en su blog, poniendo al día a sus lectores según pasen los eventos internamente? Éste es un ejemplo rápido de cómo uno de mis clientes manejó un escándalo reciente usando uno:

Día 1
10:00 Anoté reconocimiento en el blog.

1:00 Anoté acerca de la clasificación de demanda en el blog.

3:00 Anoté (de una fuente de confianza) un desmentido, prometiendo más detalles mañana después de que él hubiera tenido una oportunidad de examinar exactamente en dónde estaba la empresa.

Día 2

9:00 Anoté visión general detallada de a lo que se llegó en la demanda.

11:00 Anoté entrevista con el individuo dentro de la empresa que había manejado mal la situación (no fue una demanda penal, y terminó siendo una civil menor).

2:00 Anoté una disculpa a los clientes, al cliente que había sido mal atendido y a la industria en su conjunto.

Día 3

Quedó una fuente de noticias objetivas sobre el tema.

Finalmente, este cliente intentó equilibrar la *rapidez* con lo *correcto*. Dado que esto fue una cuestión de demanda, la empresa obviamente consultó con los abogados a cada paso del camino, pero mis clientes realmente querían mantener el sentido de ser el *primer y mejor* lugar para obtener información de lo que había ocurrido, por qué había ocurrido, qué estaba pasando dentro de la empresa y adónde la estaba llevando esta experiencia.

Una demanda es un ejemplo extremo, pero muy bueno: si usted tiene que hacer una elección, puede elegir hacer *ambos* (rápido y correcto) aclarando a los lectores que estará anotando más información cuando pueda. Hacer una promesa de tiempo es también una buena idea, si puede cumplirla.

SACAR PROVECHO DE LAS TENDENCIAS

Es difícil decir exactamente cómo y cuándo esas tendencias entrarán en colisión, pero los precursores están empezando a aparecer. De muchas maneras, tienen que esperarse esos tipos de tendencias: en algún momento, algo va desde el nicho hasta los problemas de crecimiento establecidos, siempre seguidos de valores cambiantes. Afortunadamente para su negocio, usted puede sacar ventaja del actual enfoque en la autenticidad y las relaciones, así como dedicar recursos a las tendencias que vienen de la oportunidad y la profundidad de la información. No hay ninguna razón por la que no pueda sacar provecho de las tendencias, lo que al final le envía un mensaje más profundo y más significativo en la conversación.

RELACIONES VS. LECTORES

Cuando el blogging comenzó, las relaciones eran un enorme foco. Esto no ha cambiado mucho a través de los años, ya que a los bloggers todavía les encanta reunirse, encontrar nuevos blogs, hablar con gente nueva, inter-actuar con nuevas empresas y, generalmente, ser mariposas sociales. Sin embargo, las cosas han empezado a cambiar conforme el valor del blog ha venido tratando menos acerca del blogger real y más acerca de cuánta gente lee el blog.

Los creadores del blogging han hecho algunos intentos de contrarrestar esta tendencia, los cuales tratan de enfocarse hacia quién está leyendo un blog en lugar de a cuántos lo leen, imaginando que tener 10 personas "influ-yentes" leyendo su blog es exponencialmente más poderoso que 1000 tipos "no influyentes". Sin embargo, para la mayoría de los blogs, este argumento simple no sirve de ejemplo, ya que *ni siquiera* tienen 10 personas influyentes leyéndoles. Esta tendencia ha llegado a ser cada vez más visible, conforme los bloggers de alto perfil comienzan a anotar sus niveles de tráfico públi-camente y la blogosfera comienza a estar separada en dos grupos distintos: aquellos que *tienen* (tráfico, esto es) y aquellos *que no*.

Real e históricamente, una parte moderada del sistema de clases se acerca sigilosamente a la blogosfera. Los bloggers de la *lista A* son los más popula-res en cualquier nicho dado. Estas personas fueron, casi sin excepción, los primeros en comenzar a bloggear en ese nicho. Aquellos que empezaron más tarde disfrutaron de lejos la popularidad de los bloggers de la lista A.

Este sistema de clases, aunque mencionado frecuentemente en el reino del blogging, generalmente no importaba mucho, dado que incluso los bloggers de la lista A valoraban las relaciones (aunque fueran generalmente con otros bloggers de la lista A). Finalmente, se mencionaban los bloggers de la *lista B* (aquellos que estaban haciendo olas, pero que no eran lo verdaderamente populares como para estar en la verdadera lista A) e incluso los de la *lista C*, aquellos que tenían tráfico, pero que no estaban haciendo olas y que no eran extremadamente populares.

A mediados de 2005, un sitio reveló haber recopilado las listas definitivas de la A a la C; Blogebrity se muestra en la figura 11-2 (www.blogebrity. com). Este sitio fue realmente tratado como una sátira, pero las listas todavía están anotadas y siguen siendo lo que más se aproxima a cualquier sistema documentado de clases de blogger.

A pesar del concurso de popularidad, las relaciones todavía importan a los bloggers, y aunque la tendencia hacia medir la importancia de un blogger por su tráfico posiblemente aumentará (ya que a las personas le gusta medir

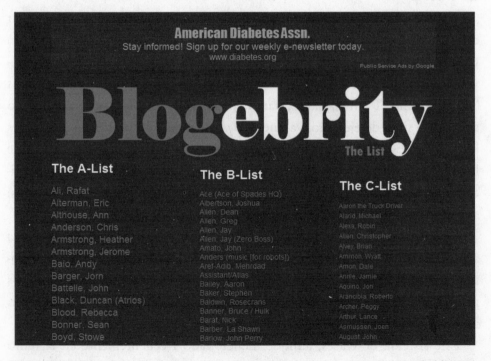

Figura 11-2 Blogebrity produjo una lista documentada de las mejores clases de bloggers.

qué tan importantes son), seguirán tomándose medidas para "preservar" la blogosfera; algunas de éstas se enfocarán a recordar a los bloggers y a los lectores lo que realmente significa el blogging, y algunos se enfocarán a definir su propia "lista personal A" de las personas que le interesan a usted.

Estas tendencias son importantes para los negocios, no porque un negocio deba estar inmerso en cualquiera de estos debates, sino porque estas subculturas de las personas (aquellas que valoran el tráfico y aquellas que valoran las relaciones) visitarán su blog y buscarán señales de si, a sus ojos, usted está a su altura.

MEDIR EL ÉXITO DE SU BLOG DE NEGOCIOS

La presión para medir el éxito de un blog por estándares externos (como los enlaces, la clasificación de Technorati y la de PubSub, el tráfico, los comentarios y la clasificación por listas) es alta y también es increíblemente natural. Los humanos tendemos a buscar formas de compararnos con otros, bien para sentirnos mejor dándole una paliza al otro o para impedir que nos sintamos mal porque no somos *tan malos* como él. Esta tendencia también es natural en el blogging, pero su negocio debe combatirla.

Desarrollar una estrategia de blogging que se enfoque hacia sus métricas para el éxito es importante. Si la única manera que tiene de medir el éxito es por el tráfico y otras medidas externas, podría fácilmente cerrar su blog a pesar de la importancia de las relaciones que establezca, la comunicación que dé y el valor real que lleve ese blogging a sus negocios.

Parte de ese grupo de métricas serían casi seguro medidas externas, y está bien, porque es bueno conocer su alcance, su audiencia, cuántas páginas están viendo las personas en cada visita y otras estadísticas. Todo esto es información valiosa de *marketing*. Sin embargo, también necesita descubrir formas de medir el valor que el blogging está llevando a sus negocios mediante otros factores: ¿Con cuántos clientes le ayudó el blogging? ¿Cuánto rumor creó el blog? ¿Los comentarios de los clientes aportaron más claridad acerca de cómo debería funcionar un producto (o por qué no lo hace)? Todas ésas son piezas importantes del rompecabezas del blog exitoso. Medir el éxito simplemente por el tráfico es como medir el éxito de un equipo de béisbol sólo por cuántos lanzamientos hacen: es bueno saberlo, pero no ayuda a determinar si debe permanecer en el juego.

Proyectar su importancia

El reto de los blogs de negocios es que algunos lectores estarán ocupados en "qué tan importante" es el negocio y más específicamente qué tan importante es el blog. Esto puede ocurrir de maneras no tan obvias, sino subversivamente. Al definir públicamente su éxito y qué tan bien lo está haciendo, y proyectar que *valora el blogging*, puede proyectar su importancia y superar este desafío.

Demuestre que usted valora a sus lectores y al blogging, quizás empapelando una pared de su oficina con postales y correos electrónicos enviados por los lectores, y luego tomando fotos regularmente de esa pared y colocándolas en el blog. O cuéntele al mundo las cosas anotadas en su blog, y luego apunte al mundo hacia su blog. O patrocine concursos. A fin de cuentas, los lectores tienen que saber que usted valora su blog, no por el tráfico que lleva o por qué tan visible es externamente, sino por cómo les afecta a ellos, los lectores.

Complacer a todo el mundo

Conforme usted avance en su blogging, encontrará retos internos y externos; también encontrará expectativas ampliamente diferentes por parte de sus lectores, clientes y socios. Algunos pensarán que se habrá perdido por empezar un blog o por anotar cierta información en él, mientras que otros pensarán que usted es excelente por hacer las mismas cosas.

Todos sabemos que no hay manera de complacer a todos, y ésta es la mayor razón para definir su propio éxito en lugar de dejar que la blogosfera, los analistas, o incluso sus lectores del blog, lo definan por usted. En tanto usted haya creado su estrategia de blogging y pueda identificarse continuamente con ella, usted sabrá si está teniendo éxito o no.

Al igual que debe ser prudente cuando se introduzca al blogging para asegurarse de que lo hace por las razones correctas, así también debe ser precavido cuando ya esté bloggeando: no permita que nadie más defina su éxito; de otra forma, también les permitirá que definan sus fracasos.

HONESTIDAD VS. INGRESO

Muchos de los paradigmas y tendencias que hemos expuesto en este capítulo son acerca de "viejos valores" frente a "nuevas oportunidades", y los argumentos de honestidad *versus* ingreso no son diferentes. Hasta 2004, ver cualquier clase de anuncios en los blogs era algo anómalo, y el blogger que permitía anuncios era generalmente mencionado con cierto desprecio. Cuando Google lanzó su programa de AdSense, que permitía incluso a los editores más pequeños de blogs ganar dinero de sus sitios web, los blogs comenzaron a incluir más publicidad.

Durante las elecciones presidenciales de Estados Unidos en el año 2004, la publicidad llegó a destacarse en muchos tipos de blogs, ya que tanto los partidos políticos como todo tipo de grupos de acción intentaban saturar la blogosfera con opiniones, "hechos" y diatribas. Desde entonces, la publicidad en los blogs ha llegado a ser un lugar bastante común. Algunos blogs han entendido que los anuncios apenas cubren los costos de operarlos, mientras que otros están orgullosamente a favor de los esfuerzos por conseguir beneficios. Algunos bloggers, como Darren Rowse (www.problogger.net), incluso viven exclusivamente de sus esfuerzos de blogging, y han surgido redes enteras de blogs para beneficios, como Weblogs, Inc. (www.weblogsinc.com) y Gawker Media (www.gawker.com). Incluso las redes de publicidad específicas para blogs, como Blogads (www.blogads.com), AdBrite (www.adbrite.com) y Pheedo (www.pheedo.com), están incrementando su número.

La publicidad se ha convertido en una práctica aceptada en los blogs, pero eso no significa que todo el mundo esté contento con eso.

En 2005, ocurrió una crisis en el blogging referente al uso de anuncios en los feeds de blogs. Mientras que el uso de anuncios en ellos fue posiblemente un paso natural de evolución para la publicidad basada en los blogs, irritó a muchos bloggers originales hasta el punto en el que Dave Winer, uno de los fundadores del blogging, consiguió patrocinio para una charla que dio en una conferencia, sólo para mostrar lo ridículo que eran los anuncios en sus feeds. Con todo, los bloggers y los editores de blogs iban a la cabeza con el programa de anuncios en los feeds. Sin embargo, los lectores no terminaron haciendo clic en muchos anuncios, de tal forma que muchos editores al final los quitaron completamente, pero no antes de que un cierto cuadro de bloggers se molestara lo suficiente como para levantar un escándalo menor.

El argumento a favor de la honestidad es, en gran medida, que cualquier intento de anunciar productos en un blog disminuirá la capacidad del blogger para hablar honestamente; después de todo, si a usted le está pagando una empresa para que hable acerca de ella, ¿*realmente* es posible ser objetivo y honesto? También, no todos los blogs hablan acerca de anuncios que aparecen en el sitio. Los anuncios de blog pueden parecerse mucho a anuncios de las revistas: una empresa destacada pide anotar un anuncio y el editor lo incluye por una tarifa. Sin embargo, al dar al blogger la palabra final acerca de qué anuncios se anotan, el tema de la objetividad es debatible. Los anuncios llegan a ser tan auténticos como el contenido del blog. Por supuesto, muchas personas dicen que, de cualquier manera, sólo ignoran los anuncios de los blogs.

TRABAJAR PARA SUS NEGOCIOS

Esta colisión de ideales posiblemente nunca se resolverá verdaderamente: es poco probable que la gente que se rehúsa a creer que los bloggers (o los negocios) deben hacer dinero cambien de opinión, y también es poco probable que las personas que creen que es natural ganar dinero con algo en lo que pasan un montón de tiempo, hagan una concesión.

Sin embargo, es importante observar esta tendencia para su blog de negocios, porque podría modelar las expectativas que tienen sus clientes de cómo usted trata con el público, cómo y por qué bloggea y qué beneficios está recibiendo. Si la gran mayoría de los lectores empiezan a querer un blog más "puro", pueden decirle que su negocio tampoco debe recibir un beneficio financiero directo del blogging.

El grado de preparación es la clave. La opinión pública cambia constantemente, y estar preparado y ser flexible hará que su respuesta sea más valorada y moderada.

PUBLICACIÓN DE LA CONCIENCIA

Los blogs dan la posibilidad a las personas para que escriban en línea sus propios pensamientos rápida y fácilmente, como un foro de "expresión personal". Sin embargo, los blogs son igualmente poderosos para las empresas, como hemos explorado en este libro. En realidad, el blogging de negocios no trata en absoluto de la expresión personal; es un tipo diferente de poder de publicación: yo lo llamo "publicación de la conciencia".

Usando el blog, las empresas grandes y pequeñas son las encargadas de generar conciencia, visibilidad y de llamar la atención. Antes de los blogs, la comunicación ocurría a través de los medios, las relaciones públicas y el marketing; con los blogs, los negocios y sus líderes pueden hablar directamente con los clientes y establecer relaciones en formas totalmente nuevas, con excelentes resultados.

La publicación de la conciencia y el blogging de negocios son importantes porque dan a las empresas el control. Crean un nuevo grado de interactividad con los clientes que raramente había sido experimentado antes, dado que gran parte de la interacción ocurría a pequeña escala, con unas cuantas docenas o cientos de sus clientes. Sin embargo, ahora se puede interactuar también con cualquiera, con sus clientes y con cientos o miles de nuevos clientes potenciales, todo al mismo tiempo, y puede permitirles que le respondan directamente.

Además, su audiencia puede estar en control. Una de las razones por las que los blogs funcionan tan bien es porque la gente responde en el área de comentarios del blog. Los comentarios crean una excelente conversación de dos vías, permitiendo que su blog interactúe con los clientes, en lugar de ser sólo el medio para introducir sus ideas en ellos. Como resultado, los clientes tienen el poder de escoger leer y participar en su blog y, por tanto, están facultados para empezar una relación con usted, lo que habría sido mucho más difícil en otras circunstancias. En otros medios, la comunicación trata acerca de que sus negocios *vendan* algo al cliente, mientras que los blogs en realidad tratan acerca de la *comunicación,* sin condiciones.

La publicación de la conciencia también ayuda a difundir el mensaje. Tan bueno como su mensaje pueda ser, y tan buena como sea la comunicación que seguramente se dé en su blog, su negocio debe llegar más allá de las cuatro paredes que rodean sus oficinas físicas para ir a un mundo más grande. Los blogs difunden el mensaje de diferentes formas, con herramientas de rastreo que van desde Technorati hasta la tendencia de los bloggers a enlazarse generosamente a chismes interesantes, y esto da a su mensaje una mayor capacidad de difundirse natural y rápidamente por toda su comunidad.

NUEVA CONCIENCIA

Los conceptos de publicación de la conciencia no tratan sólo acerca de aumentar la visibilidad de su empresa, sino también de cómo aumentar la conciencia en áreas a las cuales sus clientes y lectores puede que de otra manera no tengan acceso. Los blogs proporcionan una forma para que usted arroje luz sobre lo que su empresa está haciendo y de lo que trata su empresa en realidad. Esto no necesita venir en forma de anuncios o comunicados de prensa; en cambio, debe estar en el tono conversacional del blog. Si, por ejemplo, un cliente pregunta sobre su grado de civismo, puede hacerle saber que, honestamente, se preocupa tanto por la comunidad, que ha decidido patrocinar un parque local y que estará dando tiempo laboral para ayudar en un asunto del pantano local.

Los blogs no deben usarse como un púlpito para este tipo de cosas, pero ofrecen una manera de llamar la atención de su audiencia en áreas de las cuales de otra manera no estarían enterados. Use esta capacidad sabiamente: No necesita presumir de los eventos filantrópicos o de otras hazañas de la empresa. Recuerde que las conversaciones reales se basan en el respeto, y que su retroalimentación es más deseada y más valorada cuando es *solicitada*. Así que, aunque sus proyectos del pantano puedan ser excelentes, alardear de su mentalidad comunitaria no tiene por qué ser la mejor manera de responder a alguien que anote un mensaje como "¡Ustedes apestan!"

LOS BENEFICIOS DE UNA PUBLICACIÓN DE LA CONCIENCIA

Cuando imaginé este libro, los conceptos de publicación de la conciencia eran increíblemente importantes para mí. El problema fue que en gran parte eran conceptos hasta que mi editor empezó a presionarme para lograr *verdaderos* beneficios. Cuando hicimos lluvia de ideas sobre estos beneficios, quedó claro que el blogging trataba de algo más que sólo elevar su conciencia y visibilidad de negocios.

Aumentar la conciencia

Como hemos comentado varias veces en este libro, la medida de su marca y del grado de eficacia de su publicidad trata realmente acerca de la recordación de marca que tiene entre sus clientes. Las conversaciones son formas excelentes de aumentar la recordación de marca, y su blog ofrece un gran mecanismo para, al menos, activar esas conversaciones.

Obtener retroalimentación

Cuantas más personas sean conscientes de usted y de su empresa, más hablarán de ambos. Al ofrecer un lugar para que la gente hable con usted y con otros, acerca de sus alegrías y frustraciones, no sólo crea una comunidad de personas que consigue que oigan directamente de usted, sino que consigue que participen en algunas sesiones de retroalimentación excelentes.

Presentar su postura en la historia

Algunos ejecutivos de alto perfil, como Dallas Mavericks, propietario de Marc Cuban, y Jonathan Schwartz, de Sun Microsystem, han convertido el blogging en una forma de expresar los *auténticos* "por qué" que hay detrás de una historia. Demasiado a menudo entre la prensa de las corrientes principales, la verdad de la historia puede perderse en el "ángulo" del reportero. Los blogs ofrecen una forma fantástica para que usted no sólo diga exactamente lo que quiere decir en un contexto, sino también para que dé respuestas de una manera abierta y honesta de por qué su negocio está haciendo lo que está haciendo.

Crear oportunidades de diálogo

La mayor actividad de un blogging es el diálogo. Hay muchas charlas en la blogosfera, pero uno de los excelentes beneficios de bloggear es que puede empezar conversaciones persona a persona. El texto es excelente para las presentaciones, pero nada le gana a una llamada telefónica, una cita para comer o una partida de golf o de tenis para conocer a alguien realmente. Los blogs son excelentes para presentarse, establecer relaciones y empezar conversaciones que generen nuevas oportunidades.

HACIA DÓNDE SE DIRIGE EL BLOGGING

Así que, ¿hacia dónde va el blogging? Al principio de este capítulo, examinamos algunas de las tendencias que empezarán a converger (o divergir), pero nuestra área final de discusión de este libro tratará de hacia dónde va el blogging y qué es lo que obtendrá allí.

He dado cientos de entrevistas en revistas, periódicos y programas de radio sobre el blogging. Frecuentemente me preguntan: "¿hacia dónde se dirige el blogging en los próximos cinco o diez años?"

El blogging es tan nuevo que es difícil decir exactamente dónde estará, digamos, en el año 2010. Por lo general, cuando me preguntan, ofrezco una de estas tres respuestas:

- *Los blogs desaparecerán.* Los blogs se volverán tan ubicuos que se olvidarán como un cliché. Todo el mundo tendrá un blog, será una extensión natural de cada sitio web y será normal que las personas anoten comentarios con contenidos de todo tipo, incluyendo artículos de noticias y avances de películas.

- *Los blogs cambiarán todo.* Ésta se usa algunas veces sólo para precipitar la discusión, pero a veces diré: "Los blogs redefinirán por completo todo lo que hacen los negocios", con el fin de empezar una verdadera conversación acerca de los méritos del blogging. El hecho es que los blogs podrían cambiar fácilmente muchas de las facetas de cómo las personas reaccionan ante los negocios (y de cómo esperan interactuar con ellos), desde las tiendas de la esquina hasta las grandes corporaciones. Los blogs son la personificación de la capacidad del cliente para discernir y de la capacidad del negocio para escuchar: juntas, estas dos fuerzas podrían cambiar fácilmente la forma en que interactúan y conversan todos los negocios con los clientes.

- *Los blogs son un medio de comunicación y nunca morirá.* Cuando comencé el proceso de escribir este libro, tuve una revelación apacible: los blogs son un medio de comunicación. Me di cuenta de que ningún medio de comunicación que haya alcanzado la corriente principal ha muerto: ni el fax, ni el telégrafo, ni la carta, ni el teléfono. De acuerdo, algunos han muerto (rara vez usamos palomas mensajeras o ya no hacemos señales de humo), pero el argumento sigue: una vez que algo está en la corriente principal, toman años, incluso décadas, para que cambie, incluso aunque se presente algo mejor.

Los blogs cambiarán. Muchas empresas tendrán blogs. Los blogs son revolucionarios, pero, sin importar lo que pase, serán un medio de comunicación durante muchos años más. En tanto usted siga comunicándose con sus clientes usando su blog, e incluso aunque los blogs ya no estén de moda y los siga usando y comunicándose con ellos, todavía pueden llevar valor a su empresa; puede que *nunca* exista una razón para dejar de usar los blogs.

LOS BLOGS REEMPLAZAN A LOS SITIOS WEB

Una de la principales escuelas de pensamiento referentes a dónde están yendo los blogs es que, al final, éstos pueden reemplazar completamente a la mayoría de los sitios web corporativos. En lugar de tener una página de "Acerca de nosotros" que permanezca inmutable, las empresas tendrán una categoría de "Acerca de nosotros" en sus blogs que se actualizará por lo menos una vez al mes con nueva información relacionada con la empresa. En lugar de tener una página "Acerca del director ejecutivo", él tendrá su propio blog.

En lo esencial, los blogs son simplemente sitios web que fortalecen la comunicación. ¿Por qué no querría una empresa fortalecer la comunicación por todo su sitio web?

CONCLUYENDO

Cada una de las tendencias de este capítulo es importante; sin embargo, las formas en que se agotarán estas colisiones y qué significarán los cambios en el blogging para su negocio son inciertas. ¿Importa si un blogger hace dinero con su blog, en tanto que él permanezca auténtico? ¿No puede un blogger encontrar la manera de ser rápido y preciso? ¿Puede el tráfico importar a un negocio, en tanto las relaciones todavía importen?

Todas estas preguntas serán contestadas con el tiempo. Su negocio necesita dejar su dedo en el pulso del blogging; necesita saber por qué está usted bloggeando, por qué está teniendo éxito y cómo usar mejor para su ventaja este emocionante medio, plataforma de edición y herramienta de comunicación. Algunos de éstos serán internos para su empresa y algunos serán externos para el mundo. Sin embargo, de cualquier forma tiene que descubrir cómo puede usar el blogging para ayudarse a usted y a su negocio.

Este libro termina con el vistazo al futuro del blogging. He incluido un apéndice con una muestra de política de blogging, así como un glosario de términos, en caso de que los necesite. Espero que este libro le haya proporcionado una perspectiva de cómo se puede usar el blogging de la mejor manera. Si tiene alguna pregunta, por favor consulte el blog del libro (www. blogmarketingbook.com), mi blog (www.ensight.org) o envíeme un correo electrónico (jeremy@ensight.org).

¡Buena suerte con sus esfuerzos de blogging!

APÉNDICE

MUESTRA DE POLÍTICA
DE BLOGGING

A lo largo de este libro, he mencionado la importancia de crear políticas de blogging que le guíen mientras bloggea. Estas políticas pueden ser estrategias complicadas que toman en consideración temas tanto jurídicos como culturales y, desgraciadamente, ninguna política "unitalla" de blogging funciona para todos los negocios. Por ejemplo, algunas empresas animarán a sus empleados a bloggear (aunque restrinjan las anotaciones de información acerca de temas financieros), mientras que otras no querrán que de ningún modo sus empleados bloggeen externamente acerca de temas relacionados con el trabajo. Sin importar los detalles, usted debe comunicarse con sus empleados respecto a los límites de lo que es aceptable en el blogging en y para su empresa. Algunas empresas, como IBM, piden a sus empleados que escriban sus propias políticas de blogging, las cuales luego la empresa revisa y aprueba, si son adecuadas.

Este apéndice examina específicamente la política del blogging de la empresa editora de Thomas Nelson.

La política de Thomas Nelson toma las valientes medidas de no sólo permitir que los empleados bloggeen, sino de animarlos a hacerlo, y la empresa proporciona una ubicación central donde los empleados pueden ir a leer las anotaciones del blog de los empleados, de tal forma que los que no son bloggers puedan ponerse al día sin la necesidad de un lector de feeds. Esta política de blogging centrada en la comunidad es un excelente ejemplo que proporciona consejo (comience con un servicio, escriba siendo usted mismo y sea agradable) y límites (lo que usted diga es su propia responsabilidad; guarde los secretos y respete los derechos de autor). En general, es una de las mejores políticas de blogging que he visto: es sencilla, clara y *comunica*.

PAUTAS PARA EL BLOGGING EN THOMAS NELSON

En Thomas Nelson, queremos animarle a que bloggee acerca de nuestra empresa, nuestros productos y su trabajo. Nuestro objetivo es triple:

- Elevar la visibilidad de nuestra empresa,
- Hacer una contribución a nuestra industria, y
- Permitir que el público dé un vistazo a lo que pasa dentro de una empresa editorial en la vida real.

Por tanto, hemos establecido una "página agregadora de blogs" enlazada al sitio web ThomasNelson.com. "House Work" (Trabajo de casa), el nombre de esta página, contiene enlaces a los blogs de los empleados, junto con las primeras oraciones de la entrada más reciente. La página se actualiza automáticamente cada vez que un blogger crea una nueva anotación; de esta forma, los lectores pueden buscar rápidamente nuevas entradas, hacer clic en aquellas que les interesen y luego leer la entrada en el sitio del blogger. Esto es conveniente para las personas interesadas en leer los blogs de los empleados; también ayuda a dar publicidad a los blogs individuales y genera tráfico para todos.

Con el fin de dar alguna orientación a los empleados que deseen bloggear, hemos establecido un *Comité de supervisión de blogs* o CSB; es un grupo de bloggers que son compañeros empleados y que se han comprometido a promover el blogging dentro de nuestra empresa y a asegurarse de que se sirvan los intereses de la misma.

Si quiere que nosotros enlacemos su blog, debe remitirlo al CSB. Antes de hacerlo, debe diseñar su blog y escribir, al menos, una entrada. Una vez que haya hecho esto, envíe un correo electrónico a Gave Wicks con un enlace a su blog. El CSB revisará entonces su blog y le notificará si cumple con los criterios o no.

Para participar en este programa, debe atenerse a las siguientes pautas. (Por favor, recuerde que la revisión por parte del CSB y la participación en este programa no le absuelven de la responsabilidad de todo lo que anote.)

1. Comience con un servicio de blogging. Nosotros no hospedamos los blogs de empleados. Creemos que agrega más credibilidad si la empresa no los patrocina oficialmente. Por lo tanto, use, por favor, uno de los muchos sitios de hospedaje de terceras partes de Internet. Algunos son gratuitos, como Blogger.com, LiveJournal.com, Blog-City.com, Xanga.com y MSN Spaces. Otros cobran una tarifa nominal; Por ejemplo, TypePad.com, SquareSpace.com, BlogIdentity.com y Bubbler.com. Si usa uno de los últimos, cualquier gasto queda bajo su responsabilidad.

2. Escriba como usted mismo; en otras palabras, por favor, use su verdadero nombre. No queremos gente que escriba de forma anónima o bajo un pseudónimo. Su nombre debe verse de manera destacada en el título o subtítulo de su blog. Esto agregará más credibilidad entre sus lectores y promoverá la responsabilidad dentro de nuestra empresa.

3. Sea dueño de su contenido. Los sitios de los blogs de los empleados no son comunicaciones de la empresa. Por lo tanto, las entradas de su blog le pertenecen legalmente a usted; representan sus pensamientos y opiniones. Creemos que es importante que usted recuerde a sus lectores este hecho incluyendo la siguiente exención de responsabilidad en su sitio: "Las anotaciones de este blog están ofrecidas `en las condiciones en las que se encuentran' sin garantía y sin concesiones de derechos. Las opiniones expresadas en este sitio son de mi propiedad y no necesariamente representan los de mi empleador". Usted asume

total responsabilidad legal y de cualquier otra naturaleza por todas las acciones que surjan de sus anotaciones. También le animamos a poner una nota de copyright en su sitio en su nombre (por ejemplo, "© 2005, John Smith").

4. Escriba de manera pertinente. Escriba a menudo. Tanto si sabe hacerlo como si no, usted es un experto. Tiene una perspectiva única de nuestra empresa basada en sus talentos, habilidades y responsabilidades actuales. La gente quiere oír acerca de esa perspectiva. También, para desarrollar una lectura consistente, debe intentar escribir de manera regular. Para algunos, esto será diariamente; para otros, semanalmente. Lo importante es la anotación consistente. Los contenidos nuevos hacen que los lectores regresen. También puede escribir en tiempo de la empresa, siempre que no sea excesivo y que no interfiera con sus asignaciones y responsabilidades laborales.

5. Haga publicidad, si lo desea. Aunque no hay exigencia de que opere anuncios en su blog, es libre de hacerlo si así lo desea. Algunos de los servicios gratuitos de blogs operan anuncios como una forma de compensar sus costos; si usa dicho servicio, no tendrá elección. Por otra parte, si usted paga por su servicio, puede evitar del todo la publicidad o participar en un servicio como el AdSense de Google o el Associate Program de Amazon. Estos tipos de programas le pagarán basados en las "vistas de páginas", "por medio de clics" o compras hechas en los sitios web participantes. Podría pedir al CSB o a los compañeros bloggers alguna sugerencia. Lo único que solicitamos es que, en la medida en que usted tenga el control, opere anuncios o recomiende productos congruentes con nuestros valores centrales como empresa.

6. Sea agradable. Evite atacar a otros individuos o empresas. Esto incluye compañeros, empleados, autores, clientes, vendedores, competidores o accionistas. Puede estar en desacuerdo con los líderes de la empresa, siempre que su tono sea respetuoso. Si tiene duda, le sugerimos que usted "lo consulte con la almohada" y luego remita su entrada al CSB antes de anotarla en su blog.

7. Guarde los secretos. No revele información delicada, patentada, confidencial o financiera acerca de la empresa, que no sea la que está públicamente disponible en nuestras clasificaciones de la Bolsa de Valores y comunicados de prensa corporativos. Esto incluye ingresos, beneficios, pronósticos y otra información financiera relacionada con autores específicos, marcas, productos, líneas de productos, clientes, unidades de operación, etcétera. Una vez más, si tiene duda, compruebe con el CSB antes de publicar este tipo de información.

8. Respete los derechos de autor. Para su protección, no anote ningún material que esté bajo derechos de autor, a menos que (a) usted sea el propietario del derecho de autor, (b) usted tenga permiso por escrito del propietario del derecho de autor para anotar en su blog el material protegido por ese derecho, o (c) esté seguro de que está permitido el uso de cualquier material bajo los derechos de autor por la doctrina legal del "uso honesto o de limitación del derecho de autor". (Por favor, considere que esto es su responsabilidad. La empresa no puede ofrecerle consejo jurídico respecto a esto.)

9. Obedezca la ley. Esto no hace falta decirlo, pero, como recordatorio, no anote ningún material que sea obsceno, difamatorio, profano, calumniante, amenazante, acosador, abusivo, odioso o embarazoso para otra persona o entidad, o que viole los derechos de privacidad de otro. Tampoco anote material que contenga virus, caballos de Troya, gusanos o cualquier otro código informático que tenga intención de dañar, interferir con, interceptar clandestinamente o expropiar cualquier sistema, dato o información.

10. Recuerde el *Manual*. Como condición de su empleo, usted estuvo de acuerdo en atenerse a las reglas del *Manual* de The Thomas Nelson Company. Esto también aplica a sus actividades de blogging. Le sugerimos que se tome un tiempo para revisar la sección titulada "Responsabilidades de los empleados" (pp. 36-39).

Si usted no se atiene a las pautas anteriores, nos reservamos el derecho de suspender el enlace con su blog.

Nota: Se pueden ver más ejemplos de políticas de blogging en www.blogmarketingbook.com.

GLOSARIO

Lo siguiente es un glosario de los términos de blogging usados comúnmente y sus significados.

biz blogs   También conocidos como *blogs de negocios*, estos blogs son escritos por personas de negocios acerca de temas de negocios y de operaciones cotidianas para impartir sabiduría desde dentro de una empresa, ofrecer educación y proporcionar información acerca de la industria.

blog interno   Mientras que los blogs externos de negocios a menudo se crean con propósitos de marketing o de comunicación, los blogs internos están generalmente dedicados a incrementar la eficacia de la comunicación dentro de una empresa y entre los individuos, equipos y departamentos. También conocidos como *K-logs*, (del inglés *knowledge logs* o bitácoras del conocimiento), los usos comunes incluyen la administración del conocimiento, la administración de proyectos y la conciencia de proyectos.

blog/weblog   *Blog* es una contracción de *weblog*, y es una serie de comentarios individuales, llamados *anotaciones* o *posts*, que generalmente aparecen en orden cronológico inverso. Un blog es un medio de comunicación y, como tal, la mayoría incluye a menudo comentarios disponibles para cada anotación, aunque no se requiere. Vea *blog interno*; *anotación*.

El analista de la web, Steven Streight define un blog en un sentido más abstracto:[1]

> Una plataforma de comunicación, conectividad e interactividad que posibilita a los usuarios sin habilidades de HTML publicar, rápida y fácilmente, contenido en la web para una audiencia global, llevando así la democratización de la edición de contenido en la web, el auge revolucionario del acceso universal al contenido de Internet. En resumen, un blog es como un "sitio web ligero": todo el poder de un sitio web completo, sin tener que conocer todos los detalles técnicos.

blogger   Una persona que posee un weblog o escribe en él.

blogosfera   El blogging se expande más allá de los blogs individuales, hacia una comunidad mayor de personas que bloggean, y a sus sitios de blogs, todo ello llamado blogosfera. Los blogs son un mecanismo de publicación. Lo que los diferencia de otros medios de comunicación es la naturaleza comunicativa y conectiva de la comunidad más grande del blog, es decir, la blogosfera.

blogroll o lista de enlaces   Una lista de enlaces que generalmente aparece en el lateral de una página de blog donde puede hacerse clic para enlazarse con otros blogs que el autor (o los autores) respete o le guste. También, un sistema de administración de enlaces de blogs tales como www.blogrolling. com. Vea también *barra lateral* o *sidebar*.

comentarios   Los comentarios son propuestos por los usuarios en anotaciones individuales en el blog, extendiendo así el pensamiento del autor de un lado a otro de la comunidad de lectores. Por lo general, los comentarios aparecen al final de una anotación, con los comentarios más antiguos al principio de la lista, de tal forma que los lectores puedan leer la anotación y luego leer la discusión subsiguiente en orden cronológico.

comentarios de spam   *Spam* se define como un correo electrónico no solicitado de naturaleza comercial; el spam de comentarios son comentarios superfluos que intentan conducir a los usuarios a otro sitio. El spam de comentarios se tipifica por estar completamente fuera del tema y a menudo es creado por un programa que envía comentarios automáticamente a miles de blogs con cientos de comentarios cada uno. Hay disponibles numerosos sistemas antispam de comentarios, la mayoría de los cuales descansan en palabras claves específicas que usan los creadores de los spam, las cuales tienen que ver con el juego, diferentes drogas y una diversidad de actividades ilícitas.

comentador   Un individuo que deja un comentario en un blog.

feed   El sistema basado en XML que permite a un lector actualizarse automáticamente cuando se crea una nueva anotación en un blog, por lo general usando algún tipo de aplicación de lector de feeds. Vea *lector de feeds*.

feeds, lector de,   Al igual que usted puede tener acceso al correo electrónico vía el correo electrónico basado en la web, o mediante su cliente de correo electrónico de escritorio, los feeds pueden leerse mediante un lector basado en la Web o mediante un lector de escritorio. Ambos tipos de lectores de feeds trabajan bien. Algunos pueden añadirse a otros programas, tales como Microsoft Outlook, Internet Explorer, Mozilla FireFox y una variedad de otras aplicaciones populares.

HTML   Siglas en inglés de Hypertext Markup Language, el lenguaje en el cual se crean las páginas web. El HTML permite formatear cambios, tales como poner texto en negritas o cursivas, cambiar estilos de letras, etcétera. Una ventaja de los blogs es que, por lo general, no requieren que el blogger sepa HTML para crear las páginas, aunque muchas herramientas de blogs permiten el uso de HTML para las personas que quieran tener más control sobre la apariencia de sus anotaciones.

permalinks o enlaces permanentes   Debido al número de anotaciones individuales que la mayoría de los blogs genera, no sería práctico incluirlos a todos en una página; como resultado, existen archivos para casi todos los blogs. Para hacer práctico el enlace con las anotaciones individuales de los blogs, se crearon los enlaces permanentes. Un enlace permanente es un enlace a una anotación específica que permanece válido incluso después de que la anotación ya no esté en la página de inicio del blog. Un enlace permanente da al blogger una forma de ayudar al lector a determinar fácilmente acerca de lo que está hablando el blogger.

ping   El pinging permite notificar a otros sitios que su blog ha sido actualizado. Ping-O-Matic (www.pingomatic.com) es un servicio útil que transmite la noticia de que su sitio ha sido actualizado a todos los servicios más importantes de actualización de blogs, incluyendo Technorati.

podcast   Así como el blogging permite que los individuos publiquen para sí mismos y su audiencia, el podcasting permite que los individuos generen emisiones en línea para sí mismos y su audiencia. El podcasting es la técnica de crear un espectáculo como un archivo de MP3, y luego actualizar un feed con la ubicación del mismo. Un lector de feeds especial baja luego el espectáculo a un aparato de música. Los podcasts son ofrecidos por aficionados de todo el mundo y pueden ser alimentados directamente a su reproductor portátil de música. Lo bueno del podcasting radica en su conveniencia: ya no se pierde ningún espectáculo importante porque no se encuentre cerca de un radio. Los oyentes controlan cuándo escuchan el programa.

post o anotación   Una única entrada de contenido, de cualquier longitud, que puede ser de gráficos y textos en un blog.

remitidor   Como en la vida real, donde usted puede ser referido a un doctor, un *remitidor* es la persona que le envió a un blog específico. Puede ser importante saber quién está enviándole tráfico, de tal forma que esté al tanto de quién está hablando acerca de usted. Los servicios como Technorati, PubSub y BlogPulse pueden también rastrear esta información para usted.

RSS, RDF, Atom   RSS (Really Simple Syndication), RDF (Resource Description Framework) y Atom son estándares que conforman el esquema general de los feeds. Aunque las diferencias entre ellos son importantes para los desarrolladores de software, para las personas que utilizan los lectores de feeds, las diferencias son insignificantes. Atom es el formato más reciente y el líder, con RSS y RDF como los formatos originales en los que se crearon los feeds. Por lo general, Dave Winer, uno de los primeros bloggers, recibe el crédito de la popularización (si no de la creación) del RSS, así como de los sistemas de feeds para el podcasting.

sidebar o barra lateral   Una o más columnas a lo largo de uno o de ambos lados de un blog. Estas columnas pueden contener la lista de enlaces (*blogroll*), la información de contacto, las listas de las anotaciones recientemente actualizadas, los libros que el blogger está leyendo y cualquier otra información pertinente para el blogger o el tema del blog.

trackbacks/pingback o enlaces inversos   Un enlace inverso (trackback o pingback) es la técnica de enviar un ping a otro sitio para hacer saber a un blogger que usted está enlazado con su sitio. Los enlaces inversos son uno de los mecanismos para los enlaces virtuales que se forman entre los blogs, ya que permiten que las conversaciones sean distribuidas sin interrupciones entre ellos. Si Johnny anota información en su blog y Timmy escribe acerca de ello, Timmy puede enlazarse inversamente al blog de Johnny de tal forma que tanto Johnny como sus lectores sepan que Timmy ha anotado también en el tema.

URL/URI   Siglas de Uniform Resource Locator/Uniform Resource Identifier. La dirección específica en la web de una página web, la cual puede incluir tanto el nombre del dominio (por ejemplo, http://blogmarketingbook.com) como un archivo o página web específicos en un sitio web (por ejemplo, http://blogmarketingbook.com/category/blogging-for-your-business/).

wiki Un ambiente colaborativo en línea que permite a los lectores añadir contenido a un tema. Los usos típicos del wiki incluyen enciclopedias, documentación de productos y sistemas de ayuda. Aunque no están relacionados directamente con los blogs, el concepto de interacción social también es fuerte en los wikis. Por lo general, las empresas que adoptan los blogs empiezan utilizando wikis para los proyectos internos.

XML Siglas de Extensible Markup Language. Un lenguaje de la web utilizado para una variedad de tareas. Los diversos estándares de feeds (RSS, RDF y Atom) son todos estándares basados en XML que los lectores de feeds entienden y traducen a un formato legible para los humanos.

NOTAS FINALES

Capítulo 1

1 De Duncan Riley, *The Blog Herald*: "Blog Count for July: 70 Million Blogs", 19 de julio de 2005, www.blogherald.com/2005/07/19/blog-count-for-july-70-million-blogs/.

2 Vea "Blogs Will Change Your Business", de Stephen Baker y Heather Green, en www.businessweek.com/magazine/content/05_18/b3931001_mz001.htm.

3 Respuesta de Mark Cuban a la pregunta "Why are you blogging?" del sitio Web I Want Media, 6 de septiembre de 2004, www.iwantmedia.com/onequestion.html.

Capítulo 4

1 Neville Hobson, "The GM FastLane Blog", 2 de septiembre de 2005, www.tle.us.com/weblogs/nevon2wp/new-media-focus/the-gm-fastlane-blog/.

Capítulo 10

1 Nick Wreden, "7 Habits of Highly Effective PR, FusionBrand", 24 de febrero de 2005, http://fusionbrand.blogs.com/fusionbrand/2005/02/nbsp_nbspnbsp_n.html.

Glosario

1 Cita de Steven Streight tomada de un artículo del *Wall Street Journal* e incluida en "Still in the Dark About Blogs", sitio Web Vaspers the Grate, 26 de mayo de 2005, http://vaspersthegrate.blogspot.com/2005/05/wall-street-journal-still-in-dark.html.

ÍNDICE

360 grados, visión de los clientes de, 15
3DStats, 172

A

Actividad criminal, experiencias negativas de, 216
Actividad de los blogs, rastreo de la, 38-42
Activos, clientes como, 18-20
AdSense, programa (Google), 285
Agregación, 117
Agregadores, explicación, 34
Alexa, medidas de visibilidad de, 173-174
AltaVista, servicio de traducción de, 236
Análisis de tendencias, 151, 163
Análisis de Web, 149
Análisis histórico, 151
Analistas, blogs de, 204
Anderson, Chris, 150-151
Anónimo, grupo, clientes como, 190
Anotaciones del blog (*vea también* Comentarios)
    definición, 7
    escribiendo en el suyo diariamente, 35
    negativas, 221
    número de, enlazadas a un sitio, 41
Apóstoles, 18, 27, 220
Apóstoles, clientes, 18, 27
Apple Computer, 18, 20, 202
Aprender unos de los otros, 224-225

Área contextual a un lado del blog, 247
Arieanna Foley, usos de los blogs de, 70-72
Asuntos negativos, cortar de raíz, 66
Asuntos, cortar de raíz, 66
Atmósfera de blogging, establecer una,
    saludable, 83-87
Autenticidad de los individuos, 278
Autenticidad, explicación, 23
Autor, acerca del, página (blog), 246-247
Autoridad de los enlaces, 159-161
Ayuda a los clientes, de los bloggers herreros,
    100-101
Ayuntamiento, bloggers, 96

B

Bailey, Brian, 107
Barberos, bloggers, 93-94, 97-99
beneficios para una empresa, 98
    de su lado, 99
Barra de herramientas de Google, 177
Barrera a las ideas, explicación, 47
Basecamp, sistema de administración de
    proyectos, 127
Baseler, Randy, 31
Berners-Lee, Tim, 11
Bitácoras de cambio de turno, basados en
    blogs, 77-83

Blog administrativo, 135-137

Blog agregador de la industria, 129

Blog del director general, 114-115

Blog Herald, The, 3

Blog interno de equipo, 134-135

Blog sastre, 115-116

Blogads, 286

Blogaholicos, 70

Blogebrity, 282

Bloggear (*vea también* blogging exitoso)
   administración del conocimiento, 5
   algunos empleados ya están, 84
   bases de, 1-13
   comenzar lentamente cuando se es nuevo
     en, 37
   comenzar sencillo, 91
   cómo comenzar a, 31-38
   cómo tener éxito en, 237-267
   complaciendo a todos, 284-285
   dar a los empleados tiempo para, 91
   dejar que los empleados se involucren en,
     89-91
   diez consejos para el exitoso, 238-241
   encontrar su voz, 35
   futuro del, 269-293
   hacer algo diferente, 67
   hacia dónde está encabezada, 290-292
   historia del, 11-13
   ignorarlo o adoptarlo, 56-57
   información, 5
   los diez mandamientos de Rubel, 242-243
   presentación y lanzamiento del, 194-195
   puede ayudar a su negocio a crecer, 25
   quién lo está haciendo el día de hoy, 8-11
   razones por las que un negocio debería, 29
   relaciones, 5
   sensibilidad del tiempo de, 275,
   tener un propósito, 92
   usted no necesita llamarlo blogging, 89
   valorar, 284

Bloggers, 7
   clases de, 282
   construir experiencias positivas con, 253
   construir relaciones con, 252, 255
   crecimiento de, 12
   número de, 3
   ofrecer retroalimentación en su blog, 252

   pasos para construir relaciones con, 253-255
   respetar su tiempo e inteligencia, 258
   saberse vender al, 255-260
   tipos de, 114-121
   tratarlos como clientes, 63
   valorar a los, 85

Bloggers pub, beneficios para la empresa de
   los, 110-111

Bloggers señal de tránsito, beneficios para la
   empresa, 108

Bloggers ventana, beneficios para la empresa, 106

Bloggers, pub, 95, 110-112

Bloggers, señal de tránsito, 94, 108-110

Blogging de empleados, (*vea también* Blogging
   interno)
   algunos ya lo están haciendo, 84
   como facultamiento, 62
   comunicarse con los empleados acerca de, 84
   darles tiempo para, 91
   involucrar a los empleados en, 89-91
   por qué quiere que lo hagan, 88-92
   y conectarse unos con otros, 131-132

Blogging de negocios, futuro del, 269-293

Blogging exitoso, 237-267
   genere títulos significativos, 241
   deje comentarios en otros blogs, 239-240
   diez consejos para, 238-240
   diviértase, 240
   amplíe sus enlaces, 239
   escriba a menudo, 239
   haya contacto (pinging), 240-241
   sea apasionado, 238-239
   ser real, 238
   trascienda los límites, 240
   use los feeds, 241

Blogging externo, tipos de personalidad del,
   93-112

Blogging interno (*vea también* Blogging de
   empleado)
   beneficios del, 138-141
   comenzar de forma sencilla, 91
   cómo comienza, 123-125
   por qué se equilibra, 88-89
   tener un propósito, 92

Bloglines, 34, 171

Blogosfera
   definición, 3, 7

motivación para el rastreo, 66
preservación, 283
BlogPulse, 40-41, 148, 151, 156, 162-168
Conversation tracker, 166-168
opciones de búsqueda de enlaces, 165
perfiles, 166
Blogs, 2, 7
asuntos de la empresa o errores revelados en, 216-217
atrayendo clientes, 54-56
búsqueda de, en Google, 33
búsqueda pasiva de los, 156
cambiarán su negocio, 6
cambiarán todo, 291
como compromiso, 195
como herramientas de marketing, 54-55
cómo los puede usar su empresa, 69-92
cómo observarlos, 156-170
cómo pueden ayudar a su negocio, 45-50
cómo pueden impactar su negocio, 51-54
como punto de reunión tecnológica, 58
cómo usarlos internamente, 125-137
con área de contexto en el lado de, 247
crecimiento de, 12
cualidades esperadas de los, 4
declaración de valores fundamentales, 85
dejar comentarios en, 154-156
desaparecerán, 291
empleado, 88-92
enlazándose con otro, 253-254
entregar resultados de negocios, 157-159
especialistas, 121-121
en realidad se tratan de comunicación, 288
facultando a las personas, 141
hacer publicidad de sus, 248-249
hacer público, 38
incremento de la comunicación interna, 123-146
lanzamiento, 38
leer, 198-199
leer y comentar en, 35
liderando la industria, 120-121
lo que pueden hacer, 4-6
maneras de determinar el éxito de, 192-193
negocios teniendo un número de, 84
número de anotaciones enlazadas con, 41
número de enlaces que apuntan hacia, 159

nunca morirán, 291
observación activa de los, 156
para beneficios, 285
participar en los, 179-210
poder del, 2, 45-67
propiedad de y responsabilidad de los, 193
protección con contraseña, 35
proyectando su importancia, 284
publicidad en, 260-263, 285-286
pueden ser editados en directo, 275
que están enlazados con su sitio, 159-160
razones para empezar, 192
responder en otro, 185-187
son localizables, 136
sustituirán a los sitios Web, 292
tipos populares de, 114
trabajar para su negocio, 286-287
una vez que ha empezado no puede detenerse, 195
usar en formas innovadoras, 77-83
usar los feeds en, 34
usos de los, 70-73
valorar, 85
ventajas sobre el correo electrónico, 128, 134
vs. sitios Web, 206
Blogs corporativos. *Ver* Blogs
Blogs de administración de proyectos, 126-128
metas de, 126
participativo, 128
Blogs de agregación, 117-118, 129
Blogs de empleados, 131-133. *Vea también* blogs internos
beneficios de los, 88-92
como fuerzas igualadoras, 132, 137
Blogs de equipos oficiales, 133-134
Blogs de especialistas, 120-121
Blogs de ideas, 47, 129-131
características de, 131
y permanecer destacado, 129
Blogs de industrias líderes, 120-121
Blogs de la industria, 205
Blogs del personal, 118-120. *Vea también* Blogs de empleados
Blogs internos, 10-11, 134-135. *Vea también* Blogs de empleados
cómo usar 125-137
Disney Channel, 10

IBM, 10
lanzamiento, 89
Blogs para beneficios, 285
Blogware, definición, 7
BMW, 20
Boeing, Randy Baseler de, 31
Bolsa de valores (SEC), 204
Boyd, Stowe, 155-156
Brazell, Aaron, 23
Buscadores de feeds, 205
Buscar blogs
en Google, 33
con IceRocket, 162
Buscar en los blogs, 136
búsqueda pasiva, 168-171
metas de, 197-198
por comentarios negativos, 207-209
por información acerca de su negocio,
198-199
por información, 197-209
por personas que lo quieren, 198-201
Buscar enlaces, 164-165
Business Blog Book Tour, 120
Business Week, revista, 3
Búsqueda activa (de blogs), 171
Búsqueda pasiva, de blogs, 156, 168-171
Búsquedas de palabras, 200-201
Búsquedas, sugeridas en PubSub, 171

C
CafeGeek,201
Caja de sugerencias, 130
Calidad de las visitas vs. número de, 243
Calidad del producto, error en la, experiencia
negativa por, 214-215
Camahort, Elisa, 52
Candado Kryptonite, escándalo del, 64-66,
166-168
Candado Kryptonite, reporte del escándalo
del, 168
Card, David, 204
Carnival of the Capitalists, blog de, 120
Causa, involucrarse en una, 263
Chaney, Paul, 29, 35-36
Channel 9 (Microsoft), 53-54, 112
Charman, Suw, 88

Clasificación de enlaces, 161
Clasificación general, Alexa, 173
Clasificar los resultados basados en la
autoridad, 161
Cliente renuente, 19, 219
Clientes
blogs que atraen, 54-56
categorías de, 18-19
como activos, 18-20
como un grupo anónimo, 190
comprometiéndose con, 4
contacto con, 189
creación de nuevos, por los bloggers
puente, 104
crear experiencias positivas para, 19-20
crear verdadera pasión en, 189
dándole la propiedad a, 262
defender a sus, 228-229
descontentos, 17
encontrarlos en donde se hallen, 181-182
espacios en los que expresen su pasión, 189
experiencias positivas de, 189
hablar a, 20-21
necesitar una razón para ser apasionado, 189
nunca deben ser consumidores, 16
pensar en, como propietarios, 191
propietarios de negocios que respetan, 181-182
regulares, 19
renuentes, 19
respetar, 222
retroalimentación directa de los, 182-185
saber cómo tratar a, 16-26
tipos de, 218-220
tratar a los bloggers como, 63
tratar justamente, 222-223
valorar a los, 189-191, 227-228
vista de 360 grados de los, 15
Clientes regulares, 19, 219-220
Clientes, tipos, 218-220
CNN.com, 160
información básica de Alexa en, 174
relativo a otros sitios de noticias
principales, 176
visibilidad de acuerdo a BlogPulse, 164
Cobertura de los medios, 31
Comentarios (*vea también* Respuestas de blog;
Retroalimentación)

anónimos, 212
dejar en otros blogs, 154-156, 239-240
moderados o no, 196
negativos, 221
odiosos, 197
ofrecer retroalimentación a los, 152-154
permitir los anónimos o no, 197
reglas para responder a, 153-154
tipos de, que no están permitidos, 196
Comentarios anónimos, 212
Comentarios buenos, dar retroalimentación
a los, 152-154
Comentarios de blogs. *Vea* Comentarios
Comentarios negativos (*vea también* Negatividad)
búsqueda de, 207-209
contestar, 233
evaluar, 233
FIND, concepto, para lidiar con, 209
preguntas para hacerse a sí mismo sobre, 231
proceso para responder a, 229-232
responder a todos, 233
revisar, 228-232
Comentarios positivos, 198
Comentarios, políticas de, 196
Comentarios, respuesta a, *Vea* Respuestas de blog
Comenzar sencillo, 83
Comité de Supervisión del Blog, 296
Common Craft, 194
Community Server software, 129, 132-133
Compartición del origen, por el blogger
ventana, 106
Competidores
espiar a, 201-203
juego limpio con los, 77
rastrear sus enlaces, 62
Completa, mantenerse informado de la
retroalimentación (comunicación
de blog), 139
Comprometer vs. transmitir la información,
30-31
Comprometerse con los clientes, 4, 30-31
Comunicación basada en texto, inconveniente
de, 227
Comunicación eficaz, cinco pasos para la, 21,
23-24, 26
Comunicación interna
blogs y la, 123-146

importancia de la, 128-129
Comunicación para mantenerse informado, de
los blogs, 139
Comunicación, 3-6, 288
basada en textos, punto débil de la, 227
blogger ventana y la, 106
con los empleados acerca del blogging, 84
eficaz, cinco pasos para la, 21, 23-24, 26
interna, los blogs incrementan la, 123-146
por correo electrónico contra blog, 128, 134
Comunicación, estar bien informado de la
(blog), 139
Comunicados de prensa, 30-31
Comunicados de prensa, servicios por cable,
204
Comunidad
a qué se parece, 265, 266
construcción, 263-266
sentido de, 111
Comunidad de intereses, 240
Comunidad del blog, construcción de la,
263-266
Comunidades de negocios, 263
Conciencia, edición de, 287-290
beneficios de la, 289-290
diálogo, 290
logrando conciencia, 289
nueva conciencia, 288-289
obteniendo retroalimentación, 289-290
su lado de la historia, 290
Conferencias de blogging, 264
Confianza, construcción con los clientes,
27-28
Confianza del cliente, construcción de la,
27-28
Conocimiento, administración del (KM), 5
Construcción de relaciones con los bloggers
comentar en el blog, 253
conocer al blogger, 254
enlazarse al blog, 253-254
enviar correo electrónico al blogger, 254
hablar con el blogger, 254
leer el blog, 253
siete claves para la, 257-259
Consumidores
los clientes nunca deben ser, 16
no trate a las personas como, 180-189

Contacto con los clientes, 189
Contenido, propiedad del, 196
Contexto
    bloggers ventana y, 106
    maneras de ofrecer, 277-278
Contraseña, proteger su blog, 35
Contribuir (en la comunicación), 24, 26
Conversación, 7
    beneficios de participar en, 26
    escuchar la, 62
    rastrear, 147-178
    tráfico cruzado, 244-245
    valor de, 85-87
Conversaciones de los bloggers, escuchar las, 62
Convicción, 23
CooperKatz, 98
Corante, 155
Correo electrónico
    negativo, 221
    reducir, 136, 138-140
    ventajas del blog sobre el, 128, 134
Correo electrónico, cultura del, 140
Covey, Steven, 12
Crear clientes apóstoles, 27
Crecimiento del blogging, 12
Crecimiento del negocio a través del blogging, 25
Crecimiento del número de visitantes, 149
Cristianos, blogs, 107
CRM, software, (Administración de relaciones con los clientes), 15-16
Cuban, Mark, 9, 114
Cultura amigable hacia los blogs, en su empresa, 85-87

D

Dallas Mavericks, propietario de, 9, 114
Davidson, Peter, 95
Definiciones de términos, 301-306
Denali Flavors, helados, 157-159
Derechos de autor, respeto a los, 299
Descubrimiento, fase de (de la estrategia del blogging), 141-143
    identificar objetivos, 143
    identificar retos, 142
    identificar valores, 142
    métricas del éxito, 143

Diálogo, 30
Diatribas, 285
Diez mandamientos del blogging de Rubel, 242-243
Diez mandamientos del blogging, 242-243
Dirección de anotaciones de blog, SEO para, 245
Disney Channel, bitácoras de cambio de turno de, 77-83
Disney Channel, blogs internos de, 10
Disney Channel, estudio de caso, 77-83
    bitácoras de cambio de turno basadas en papeles, 78
    lecciones aprendidas, 82-83
    los resultados, 81-82
    nuevo sistema nuevos retos, 9-81
    trabajar en una solución, 79
Distribución administrivia, 135-137
Divulgación, blogging y, 272
Doc Searls Weblog, 96
Documentos, administración de, 126-136
Documentos, compartición de, 135
Drupal, 132

E

Ego surfing, 148-149
Elección presidencial (2004, E.U.), 11-12, 285
Empresa. *Vea también* Negocio (suyo)
    cómo puede usar los blogs, 69-92
    darle una voz, 73-77
    experiencias individuales con los blogs, 19
    mejores tipos de blog para la, 93-122
    qué se dice acerca de la, 147-178
    quién debería bloggear, 58-60
    reconocer un escándalo importante, 279
    responder a un comentario negativo de blog, 188
Empresas que bloggean, 58-62
Empresas que no bloggean, 62-62
Enfoque, grupos de, 15
Engadget blog, 64-65, 96
English Cut, blog de sastrería, 115-117
Enlace, opciones de búsqueda, en BlogPulse, 165
Enlace, rango de, 161
Enlaces
    autoridad de, 159-161
    destacados, ofrecimiento de, 247-248

para servicios noticiosos principales, 165

Enlaces de publicidad, dar una razón para hacer clic en los, 261-262

Enlaces inversos, 160-161

Enlaces permanentes, definición, 7

Enlaces, búsqueda, 164-165

Enlaces, rastreo de, 151, 155
los de sus competidores, 62
usando Technorati, 159-162

Enlazarse a otros blogs, 253-254

Enlazarse inversamente con sus páginas de inicio, 245-246

Enlazarse mucho, para el blogging exitoso, 239

Entendimiento (en la comunicación), 23-24

Entrevistar, 250, 263

Equipo, blog oficial de, 133-134

Equipo, blog ventana de, 134

Equipo, comunicación interna, 134-135

Equipo, creación al vuelo, 137

Equipos
autoformados y autosustentados, 50
cómo los blogs pueden ayudar a los, 50
dinámicos, creación de, 132

Equipos autoformados y autosustentados, 50

Equipos dinámicos, creación de, 132, 137

Error de proceso, experiencias negativas por un, 229-232

Escribir frecuentemente, para el blogging exitoso, 239

Escribir primero en lugar de escribir bien, 275

Escribir, esperar antes de, 279

Escuchar (en comunicación), 23

Espacio mental, 54-56

Especialista de productos, 47

Esperar antes de escribir, 279

Espiar a la competencia, 201-203

Establecimiento de marca, y experiencia del cliente, 42

Estadísticas de actividad pasada, tipos de, 172

Estadísticas de Google, explicación, 172-173

Estadísticas de posición, explicación, 172-173

Estadísticas Web, 149, 151, 172-177

Estrategias de blogging interno, 141-146

Estrategia de blogging, 62, 66, 141-146
desarrollar una, 191-197
fase de descubrimiento, 141-143
fase de excavación, 142

fase de exploración, 142
forjar una, 192-195
vs. confundirse, 192

Eventos negativos, reaccionar a, 53

Evolución del consumidor, 190

Excavación, fase de (de la estrategia de blogging), 142, 144-146
aceptación, 145
ejecución, 145
seguimiento, 146

Éxito del blog, medición del, 283-285

Éxitoso blogging interno, consejos para un, 91-92

Expectativas, 279

Experiencia del cliente, marca y, 42

Experiencia negativa
las experiencias positivas niegan, 217
tipos de, 214-216

Experiencias individuales con su empresa, 19

Experiencias positivas
como moneda, 18
construir con los bloggers, 253
crear para los clientes, 19-20
crear un espacio para las, 231-232
de los clientes, 189
que niegan las experiencias negativas, 189

Exploración, fase de (de la estrategia de blogging), 142-144
contraer, 144
decidir, 144
expandir, 144

F

Facultamiento (de las personas) a través de los blogs, 62, 141

FastLane Blog (GM), 8-9, 51, 53, 73-75

Feed personal, 170

Feeds de blogger. *Vea* Feeds

Feeds, 80
monitorización de, con PubSub, 63, 169
usar en su blog, 34
usar para el blogging exitoso, 241

Feedster (sistema de rastreo de feeds), 39, 156, 171

Feedster Top 500, 74

Fellowship Church, blog de, 107

Filtrar la información por los bloggers señales de tránsito, 108

FIND, concepto, para lidiar con los comentarios negativos, 209

Flood, Joe, 2, 70, 180, 270

Foley, Arieanna, 70-72

Foro de publicación personal, 287

Fuente abierta, movimiento de la, 212

Fuente de información, blogs señal de tránsito como, 108

Fuentes, elegir para los blogs de agregación, 108

Fuerzas igualadoras, blogs de empleados como, 132, 137

Fundamentos del blogging, 1-13

Futuro del blogging de negocios, 269-293

G

Gawker Media, 276, 285

General Motors (GM)
  Bob Lutz en, 53, 73-77, 114
  buscar información acerca de, 199-201
  Presidente Rick Wagoner, 53

General Motors, blogs de, 75, 193
  FastLane Blog, 8-9, 51, 53, 73-75
  lecciones aprendidas de los, 76-77
  Smallblock Engine blog, 8, 73

Gerentes de producto, 47

Gladwell, Malcolm, 12, 42

Glosario de términos, 301-306

Google, 32, 171, 176-177
  búsqueda de blogs en, 33
  mediciones clave de, 176
  PageRank, 176-177
  programa AdSense, 285

H

Hablar a sus clientes, 20-21

Haga publicidad de su blog, 248-249

Halo 2, 48

Hechos, 277, 279, 285

Herreros, bloggers, 94, 99-103, 119
  beneficios de los bloggers herreros para una empresa, 100-101

Hertz, Adam, 155-156

Historia del blogging, 11-13

Hobson, Neville, 75

Honestidad, 76

Honestidad vs. ingreso, 273, 285-287

Hopper, Robin, 86-87

How to Save the World, blog de, 96

Huba, Jackie, 27

I

I Love Bees, campaña, 48-49

IBM, 132
  blogs internos, 10
  políticas de bloggeo de, 295

IceRocket, 148, 162

Ideas para ayudar a su negocio, 52-54
  de los blogs, 46-47, 51, 98
  de los bloggers barbero, 8

Igualdad, sentido de la, 110-111

Industrias (comunidades de negocios), 263

Influenciar a los influyentes, 53-54

Información de la industria, 203-207

Información de marketing, información de blog como, 283-284

Información, blogging e, 5

Innovaciones en el uso del blog, 77-83

Integridad, 279

Inteligencia de mercado, decisiones de negocios basadas en la, 2

Inteliseek, blog, 163

Interpretar y evaluar (en comunicación), 24

Intuit, 188
  Paul Rosenfeld en, 208
  QuickBooks, blog de, 208
  QuickBooks, producto de, 185-207

Invitar a retroalimentar y crear diálogo, 201

Ito, Joi, 187

iUpload, 85-87

iUpload, Robin Hopper, director general de, 86-87

J

JetBlue, David Neeleman, director general de, 17, 22

Joyería, historia de éxito, 102-103

Jupiter Media, Alan Meckler, director general de, 204

Jupiter Research, 204
Justicia con los competidores, 77
Justicia, sentido de la, 111

K

Kawasaki, Guy, 12
Kendrick, James, 188, 207
Kottke, Jason, 247

L

Lanzar un blog, 38
Lanzar un blog interno, 89
Larga cola, viajar sobre la, 150-151
Lark, Andy, 98, 206
Lealtad de los clientes, 52-53
Lectores de feeds, 34-35, 170
Lectores de feed, basados en la Web, 34
Lectores de feeds de escritorio, 34
Lectores de noticias, explicación, 34
Lectura del blog, eficaz, 33-35
LeFever, Lee, 194
Liderazgo de pensamiento, 28, 30
Link Popularity Check (Marketleap), 175
LinkedIn, 226
Lista A, bloggers de la, 281
Lista A, personal de la, 283
Lista B, bloggers de la, 282
Lista C, bloggers de la, 282
Listas de enlaces, 32-33, 76
Lluvia de ideas, 144
Lutz, Bob, 53, 73-77, 114

M

Macleod, Hugo, 99, 115-116
Mahon, Thomas, 99, 116
Marketing, herramientas, blogs como, 54-55
Marketing, lenguaje de la, 274
Marketing, voz auténtica de la, 115-117
Marketleap, 174-176
McConnell, Ben, 27
Meckler, Alan, 204
Mensajería instantánea, 255
Mentalidad (blogging), 13, 15-43, 221-228
Mentalidad de transmisión, 30
Mentalidad para el blogging, 13, 15-43, 221-228

Mercados verticales (comunidades de
    negocios), 263
Marketing viral, explicación, 48
Mercedes, 20
MetaFilter, 111
Método de búsqueda, elección del, 171
Métricas del éxito, 283
Microsoft
    blogs, 8-9
    Channel 9, 53-54, 112
    clientes y, 22
    negatividad acerca de, 211-212
    Robert Scoble en, 59-60, 107
Misterio, popularidad del, 49
Moda, boutique, historia de éxito, 25
Monitorear los blogs con BlogPulse, 162-168
Monitorización de blog, 162-168
Monster, blog, 61
Monster.com, 60-62
Moore, Johnnie, 115
Moose Tracks, sitio Web, 157-159
Motores de rastreo del blog, 151
Movable Type, 37, 82, 128, 136
MP3, reproductores de, podcasts para, 74

N

Nardini, John, 157-159
Neeleman, David, 17, 22
Negatividad (*vea también* Respuestas de blog a
    la negatividad)
    claves para lidiar con la, 232-236
    cómo se ve la, 217-221
    formas de la, 220-221
    lidiar con la, 211-236
    por qué sucede la, 212-213
    tipos de clientes y, 218-220
    valor de la, 213-217
Negocio (su)
    blogs cambiarán los, 6
    buscar información acerca de su empresa,
        198-199
    buscar información, 197-209
    cómo pueden ayudar los blogs, 45-50
    cómo pueden impactar los blogs, 51-54
    construir una cultura que valore los blogs,
        85-87

crear grandes ideas, 46-47
crear grandes productos, 47-48
ideas para ayudar, 52-54
incrementar su visibilidad, 48
necesidades esenciales del, 46
tener grandes equipos, 50
tener un número de blogs, 84
New Communications Blogzine, 96
NewPRWiki, 260
NewsGator, 34, 80-81
Nombre de batalla, usar comentarios
anónimos, 212
Nooked, blog de, 53
Noticias
bloggers herreros dispersan, 101
lado sensacionalista de, 276
Noticias, sitios de, visibilidad relativa de los, 176
Notificación de comentario, proporcionar,
249-250
Número de visitantes vs. calidad de, 243

O

Observación activa (de blogs), 156
Observación del blog, 62
Oficina de correos, bloggers, 96
Opinión, 251, 277, 285
Oportunidad vs. precisión, 273, 274-281
Oportunidad, retroalimentación como, 234-235
Oportunidades de negocio, bloggers puente
y, 104
Optimización del motor de búsqueda (SEO),
245-246

P

Página agregadora de blogs, 296
Paquete de blogging y de reportes (estadísticas
Web), 149
Paradigmas en juego, 278-280
Participación, produce pasión la, 26-31
Participar en la conversación, beneficios de, 26
Participar en su blog, 179-210
Pasión, 23, 76-77, 262-263
como buena, 234
cómo los blogs pueden ayudar con la, 50
crear, 27, 189-191
en el blogging exitoso, 238-239

espacio en el que los clientes pueden
expresar su, 189
participación produce, 26-31
razón para la, 189
Pautas de comentarios, desarrollo de, 196-197
Pautas para el blogging, 296-300
Pensar fuera de un marco rígido, 83
Pepper, Jeremy, 213
Periódicos, bloggers, 95, 112-113
Personajes, blogs de, explicación, 271
Personalidad de blogging externo, tipos de,
93-12
el ayuntamiento, 96
el barbero, 93-94, 97-99
el herrero, 94, 99-103
el oficina de correos, 96
el periódico, 95, 112-113
el pub, 95, 110-112
el puente, 94, 103-105
el señal de tránsito, 94, 108-110
el ventana, 94, 105-108
Personas, no son sólo clientes o consumidores,
180-181
Perspectiva, 277-278
Perspectiva del director general, 58-59
Perspectiva humana, del blogger barbero, 98
Peters, Tom, 12, 224-225
Pheedo, 286
Pinging, 24-214
Plataforma del blog, ideal, 36
Plataformas de blogging interno, propiedades
de las, 90
Podcasts, 74
Poder de los blogs para los negocios, 45-47
Política de blogging, 295-300
de la editorial Thomas Nelson, 296-300
Pollard, Dave, 96
Popularidad, 282
Precisión vs. puntualidad de un blog, 273, 274-281
Presentación y lanzamiento del blogging,
194-195
Primero y mejor, 280
Proceso para responder a la retroalimentación
negativa, 229-232
Productos, cómo los blogs pueden ayudar con
los, 47-48, 51
Propiedad del contenido, 196

Propietario de negocio que respeta a sus
  clientes, 181-182
Propietarios, pensar en los clientes como,
  191, 262
Publicar antes que otros bloggers, 273, 275
Publicar primero en lugar de correctamente, 275
Publicidad en su blog, 260-263, 285-286
PubSub, 39-40, 148, 156, 168-171, 204
  búsquedas sugeridas, 171
  características de la interfase, 169
  clasificación, 283
  monitorear los feeds de los bloggers, 63
  Subscription Stack, 170
Puente, bloggers, 94, 103-105
Puente, bloggers, beneficios para una empresa,
  104
Punto de reunión tecnológica, blog como, 58
Punto de vista personal, en blog de
  agregación, 118
Pusateri, Michael, 79

Q

Quejas, bloggers ventana lidiando con las, 106
QuickBooks, 185, 207
QuickBooks, blog de, 208

R

Radiant Marketing Group, 29
Radio en línea, 74
Rango de alcance, Alexa, 174
Rápido vs. bien, (blogging), 279
Rápido y bien (blogging), 280
Rastreador de conversación (BlogPulse), 166-168
Rastreadores de estadísticas, 149
Rastrear la actividad del blog, 38-42, 151, 159
Rastrear la blogosfera, motivación para, 66
Rastrear lo que los blogs dicen, 41
Rastrear los enlaces, 62, 151, 155, 159-162
Rastrear los enlaces de sus competidores, 62
Rastreo de blog en tiempo real, 159
Rastreo de feeds, sistemas de, 39. *Vea también*
  Feedster; PubSub
Rastreo del blog, 38-42, 159
Rastreo del blog, sistemas de, 38. *Vea también*
  Technorati
Rastreo inverso, definición, 7

Recordación de marca
  blogs afectando la, 54-56
  explicación, 54
Relación comunicación valiosa/ruido, 140
Relaciones, 5
  establecer por los bloggers herreros, 273,
    281-285
  valorar por encima de los lectores, 273
  vs. lectores, 273, 281-285
Relaciones con los bloggers, explicación, 256
Relaciones con los medios, 255
Reportar todo vs. reportar algo, 276
Respetar a los clientes, 222
Responder. *Vea* Respuestas de blog
Respuestas del blog
  anotándolas en otros blogs, 185-187
  asegurando respuestas exitosas, 226
  diez consejos para, 183-185
  eficaces, 225-226
  rápidas, 223-225
Respuestas del blog a la negatividad, 232-236
  contestar, 233
  destreza en, 235
  esperar la retroalimentación negativa, 234
  estar al tanto de los posibles resultados,
    233
  evaluar cada comentario, 233
  la pasión es buena, 234
  la primera respuesta no es la última, 235
  las personas transfieren la culpa, 235
  no contestar instintivamente, 233
  no personalizar, 233
  proveer una solución, 226
  reconociendo el asunto, 225-226
  retroalimentación como oportunidad,
    234-235
  seguimiento, 226
  un inglés deficiente no es malo, 236
  y expectativas paradójicas, 234
Resultados de negocio, entrega de blogs, 157-159
Retroalimentación (*vea también* Comentarios
  negativos)
  abrir las compuertas de, 17
  comentarios buenos, 152
  como oportunidad, 234-235
  de personas con inglés deficiente, 236
  decisiones de negocios basadas en la, 2

directa, 182-185
invitar, 199
malos comentarios, 152
responder a, 151-156
Retroalimentación de los clientes. *Vea*
    Comentarios; Retroalimentación
Retroalimentación directa de los clientes,
    182-185
Rosenfeld, Paul, 208
Rowse, Darren, 285
RSS (Really Simple Syndication), 81
RSS, feeds de, 80
RSS, rastreo de, 53
Rubel, Steve, 98, 115, 242-243, 257
Rumor, fabricación temprana de, 53

S

Saboteador, como categoría de cliente, 19, 218
Sacar provecho de las tendencias, 280-281
Schwartz, Jonathan, 58-59, 106, 114
Scoble, Robert, 59-60, 107
Semana New PR Blog, 120
Sensacionalistas, lado de las noticias, 276
Sensibilidad al precio, 57
Sensibilidad del tiempo del blogging, 275
SEO (optimización del motor de búsqueda),
    245-246
Servicio activo de rastreo, de blogs, 159
Servicio o soporte deficiente, 215
Servicios de traducción, 236
Servicios noticiosos, enlaces para los, 165
Sifry, Dave, 148
Sindicar este sitio (enlace), 248
Sistema de ideas, 130
Sistema de tablero de mensajes, 193
Sistema nuevo trae retos nuevos, 79-81
Sistemas de administración de contenido
    (CMS), 88
Sistemas de administración del conocimiento, 88
Sistemas de tendencias, 40. *Vea también*
    BlogPulse
Sitios Web
    reemplazo por blogs, 292
    vs. blog, 206
Skype, aplicación de mensajería instantánea,
    255

Slashdot, 111
Smallblock Engine Blog (GM), 8, 73
SMS.ac, 187
Social Software Weblog, 194
Software de blogging, 82
Solución Hosted, explicación, 36
Starbucks, 20
    buscar información acerca, 199-201
    blog Starbucks Gossip, 199-200
StatCounter, 172
Stonyfield Farm, yogurt, historia del, 54-55
Sufridores ocasionales
    como categoría de clientes, 19
    negatividad de los, 218-219
Sun Mycrosistems, 98, 16
Sun Mycrosistems, Jonathan Schwartz,
    director general de, 58-59
Suspensión y cese, 187

T

Tanglao, Roland, 109
Technorati, 38-41, 63, 148, 156
    observa a los blogs, 62
    usar para rastrear un enlace, 159-162
Technorati, clasificación de, 283
Technorati, responde, 155-156
Tendencia para el futuro, 271-274
Tendencias, 271-274, 280-281
Tender a una búsqueda a lo largo del tiempo,
    162
Términos de blogging, 7, 301-306
Términos usados en el blogging, 7, 301-306
Texto, como un medio horrible, 227
Thomas Nelson editores, políticas de blogging
    de, 295-300
Thomas, Rebecca, 102
Tim Horton, tienda de café y donas, 213-214
Tinbasher, blog de, 41
Tipos de blog que son mejores para su
    empresa, 93-122
Tipping Point, The, 42
Títulos, creación de, significativos, 241
Todos al tanto de la información, 135
Tom, Peter, blog de, 224-225
Trabajo en equipo, impacto de los blogs en
    el, 52

Tráfico del blog
consejos para la construcción del, 249-251
construcción del, 243-251
Transmitir vs. comprometer, 30-31
Tratamiento justo a los clientes, 222-223
TypePad, plataforma, 36

U

Usuario, sistemas enfocados en el, 81-82

V

Valor de la conversación, 85-87
Valor de la corrección, 277-279
Valor de la rapidez, 275-277
Valor único, ofrecer, 57
Valor, encontrar en una cacofonía de datos, 149-151
Valorar el blogging y los blogs, 85, 284
Valorar las contribuciones de todos, 24
Valorar las relaciones por encima de los lectores, 273
Valorar los bloggers, 85
Valorar sus clientes, 189-191, 227-228
Valores antiguos, vs. nuevas oportunidades, 285
Vandermaas, Mark, 86-87
Ventana, bloggers, 76, 94, 105-108
Visión
cómo los blogs pueden ayudar con, 48
de los bloggers barberos, 98
impacto de los blogs en, 51-52
Visibilidad del blog, visión de foto fija de la, 162
Visibilidad de acuerdo a BlogPulse, 164
Visibilidad del motor de búsqueda, verificar la, 174-176
Visibilidad para los motores de búsqueda, verificar la, 174-176

Visibilidad relativa a sitios competidores, 175-176
Visibilidad, campañas de, 48
Visibilidad, medición de la, por Alexa, 173-174
Visitantes
convertirlos en lectores, 248
darles enlaces destacados, 247-248
darles un contexto, 247-248
hacer preguntas de, 250-251
tomar y contestar sus preguntas, 251
Visitas
hacer la mayoría de, 246-248
número de vs. calidad de, 243
Voz
encontrarla cuando se bloggea, 35
genuina, 77
Voz auténtica de marketing, 115-117

W

Wagoner, Rick, 53
Weblogs Compendium, 34
Weblogs Inc; 285
Weblogs, *Vea* Blogs
Wilcox, Joe, 204
Wired, revista, 150
WordPress, 37, 128-129, 132, 136
Wreden, Nick, 257-259

Y

Yahoo! News, feeds de, 205
YAMO, Yet Another Marketing Outlet (*Sólo otro resultado de marketing*), 58

Z

Zawodny, Jeremy, 105

ACERCA DEL AUTOR

Jeremy Wright es una autoridad del blogging reconocida internacionalmente, que se enfoca hacia la forma en que los negocios pueden usar mejor los blogs para ampliar sus horizontes financieros y de clientes. Wright ha trabajado con un amplio rango de empresas, desde Microsoft e eBay hasta *BusinessWeek* y Can West Global, así como con docenas de pequeños negocios, para determinar cómo los blogs pueden funcionar mejor para ellos. También ha escrito cientos de artículos de este tema para docenas de publicaciones y hablado en numerosas conferencias de blogging. Su blog, Ensight.org, es leído por más de 250,000 personas cada mes.

Acerca de la editora técnica

Ivonne DiVita es una escritora y blogger exitosa que ha sido ampliamente citada y entrevistada con referencia al blogging de negocios; ha bloggeado para negocios desde 2003 y usa su propio blog como una herramienta decisiva de marketing. Ivonne opera un blog de escritura y edición en http://windsormedia.blogs.com/aha y mantiene un blog para apoyar en línea su enfoque de marketing para mujeres en http://windsormedia.blogs.com/lipsticking.